KB205400

고대근동의 신화와 성경의 믿음:
성경이 수용한 고대근동 신화

포스터 R. 맥컬리 지음

주원준 옮김

고대근동의 신화와 성경의 믿음:
성경이 수용한 고대근동 신화

지은이 포스터 R. 맥컬리
옮긴이 주원준
교정교열 김요셉, 박이삭, 이판열
색 인 이상원

발행인 이영욱
발행처 감은사
전 화 070-8614-2206
팩 스 050-7091-2206
주 소 서울시 강동구 암사동 아리수로 66
이메일 editor@gameun.co.kr

종이책
초판1쇄 2022.05.30.
ISBN 9791190389525
정 가 22,000원

전자책
초판1쇄 2021.05.30.
ISBN 9791190389532
정 가 15,200원

* 천주교 의정부 교구 이기헌 주교 2022년 2월 23일 승인

Ancient Myths and Biblical Faith: Scriptural Transformations

Foster R. McCurley

Foster R. McCurley
*Ancient Myths and Biblical Faith:
Scriptural Transformations*

본서의 이전판은 『고대 신화와 성서의 믿음』이라는 제목으로 서강대학교 수도자대학원(1997)에서 출간된 바 있습니다.

| 목차 |

| 옮긴이의 일러두기 |

1. 성경 본문에서 인용구, 장과 절, 고유명사 등을 인용할 때는 거의 한국 천주교 주교회의 성서위원회에서 편찬한 『성경』을 따랐고 쌍따옴표(“ ”)로 표기했다. 다만 이 책의 논리전개상 필요하다고 생각되는 곳에서 역자가 히브리어 성경 본문을 직역하거나 문맥에 따라 자연스럽게 수정한 곳도 있는데 그럴 경우에 작은 따옴표(‘ ’)를 사용했다.
2. 고대근동의 신들 가운데 구약성경에 등장하는 신들은 구약성경의 표기를 따랐다. 그러므로 우가릿의 신인 ‘일루’(*Ilu*), ‘아씨라투’(*Aṯiratu*), ‘얌무’(*Yammu*), ‘나하루’(*Naharu*)는 저마다 ‘엘’(**אל**), ‘아세라’(**אשרה**), ‘얌’(**ים**), ‘나하르’(**נהר**)로 적고, 필요한 경우 ‘얌’(=얌무) 식으로 병기한다. 성경에 거의 등장하지 않는 신들이나 고유명사는 저자의 표기를 최대한 존중했다.
3. ‘고대근동’(Ancient Near East)은 특수한 지역과 시대를 한정하는 고유한 표현이므로 띄어쓰지 않는다.
4. 중요 단어는 처음 나올 때 원어를 병기했다. 예: ‘익숙함’(familiarity), ‘암시’(allusion) 등.

2007년판 서문

신화들과 신화론의 체계는 시간과 공간을 전승한다. 신화들은 날씨의 변화나 계절의 순환 또는 인간 역사에 펼쳐지는 사건 등에서 만물의 의미를 찾는다. 신화들은 관찰 가능한 사건을 실존적 영향(impact)이라는 의미로 해석함으로써 공동체와 개인에게 가치와 희망을 주입하는 기능을 한다.

포트리스 출판사(Fortress Press)가 '엑스 리브리스'(ex libris) 시리즈로 이 책을 재출판하고 서문도 다시 쓰자고 요청했을 때, 이를 수락하면서 필자는 기뻤다. 첫 출판 후 20년도 넘는 세월이 지나 드디어 독자들이 신화의 역할을 받아들일 수 있다고 생각했기 때문이었다. 지난 20년간 내 마음은 우주에 대한 새로운 통찰력을 통해 질주했다. 그리고 현대 천문학의 흥미로운 발견에 비추어 이제 신화론의 이슈를 어떻게 말해야 할지 생각해보았다.

이 책에서 연구한 고대 문명들은 삼층 우주론의 세계관에서 신화론을 발전시켰다. 지구는 그들이 생각하는 우주의 중심이었고, 해, 달, 별들 그리고 다른 행성들은 규칙적인 주기로 궁창을 가로질러 행진했다. 오래전 사람들은 밤하늘을 볼 때, 은하계(Milky Way)로 불리는 우리 은하의 절반만 관찰하고 있다는 생각을 까맣게 몰랐다.

21세기 초, 지금 우리는 수천억 개의 은하를 본다. 우리는 또한 지역 은하군에 속한 은하들 사이의 공간이 축소되는 것을 식별하면서 동시에 은하들 사이의 거리가 얼마나 빨리 확장되는지 측정할 수 있다. 많은 사람들은 저 행성들 가운데 어떤 형태의 생명체가 살고 있을 것이라 기대한다.

우리가 광활한 우주에서 생명을 낳은 행성을 찾는 동안, 우리의 고유한 행성의 미래에 대한 우리의 책임감은 어느 정도 모호한 채로 남아 있다. 우리 가운데 많은 사람들은 지구 온난화를 단순히 자연적인 기후 순환 때문으로 돌리고 이 문제에 인간은 어떤 역할도 할 수 없다고 부인한다. 아마도 우리는 신화의 중요성에 대한 인식을 상실해버렸을지도 모른다.

우주의 가장 큰 규모에서부터 세포와 원자와 미립자에 이르는 가장 작은 규모까지, 과학과 기술은 크게 진보했다. 하지만 우리의 기술이 덜 발달했을 때보다 우리가 누구이며 우리 삶의 목표가 무엇인지 더 잘 깨닫게 된 것 같지는 않다. 진화의 모든 과정에 대한 지식은 크게 늘어났지만 윤리적으로 또는 사회적으로 적자생존의 사고방식을 넘어선 것 같지도 않다. 인간의 공동체적 삶에 대해 신화가 전해주는 영적 의미를 그저 정교한 지식으로 대체한 것뿐인 듯한 느낌도 든다.

물론 1980년대가 평화와 조화로 가득 찬 세계는 아니었지만, 불과 20년 후에 테러리즘이 우리의 여행, 공적 행사 그리고 정치의 중심 무대를 차지하게 될 것이라고 누가 생각했었는가? 우리는 안보가 불안하다는 이유로 문화와 종교가 다른 사람을 두려워하고 거부하고 있다. 이 과정에서 우리는 우리 공동의 기원에 대한 시각을 상실했다. 최근의 과학적 연구에 의하면 우리 모두는 중앙 아프리카의 어떤 여성으로 대표되는 조상에게서 기원했다. 아마도 우리는 우리 공동의 기원에 대한 신화를 재검토해고 재개발해야 할 필요가 있을 것이다.

2007년판 서문의 새로운 맥락을 생각하면서 마침내 필자는 이 책에서 연구하는 고대인들이 만일 우리가 아는 우주에 대한 지식을 알았더라면 새로운 신화들을 고안하지 않았을까 의문을 품기도 했다. 하지만 곰곰히 생각한 후에 필자는 그들이 새로운 신화를 고안하지 않았을 것이라 생각했다. 그들에게 중요했던 것은 우주의 광대함이나 우주 탄생 이후 수천억 년의 시간 따위가 아니었다. 그들에게 중요했던 것은 일상에서 해와 달, 비바람과 홍수, 가뭄과 기근을 일으키는 현상 등이 공동체에 끼치는 영향이었다. 자신들의 우주와 기후 환경에서 관찰하고 체험한 것 안에서 그들이 발견한 진리와 영적 의미는 찬미받아야 한다. 자연을 경외하는 그들의 마음과 그런 경외감이 공동체의 생존에 끼친 영향을 우리는 많이 배워야 한다.

처음에 물론 이 책을 쓴 목적은 새 계시의 의미를 탐구하며 구약과 신약이 관찰 가능한, 신화론적인 자연 이해에서 비롯됐다는 점을 드러내려고 한 것이었다. 이스라엘 백성과 교회의 백성은 물리적 우주의 가치를 "선한 것"으로 받아들이며, 역사의 사건과 우리의 연약한 실존에 위험을 무릅쓰고 개입하시는 보이지 않는 하느님 안에서 삶의 의미를 찾는다. 이 책이 출판되고 천년기가 바뀌었지만—이 책이 출판되고 천 년이 지났다는 의미가 아니다—하느님은 멀리서 관찰하는 분이 아니라 가장 좋을 때나 가장 나쁠 때나 우리 곁에 서 계시는 분이라는 진리와 그런 하느님이 필요하다는 것은 변하지 않았다.

2007년

포스터 R. 맥컬리

서문

이 책은 성경이라는 복잡하고 난해한 모음집에서 일부 본문을 추려내어 함께 살펴보는 시도다. 필자의 관심은, 교회가 가르치는 신학이 구약성경과 신약성경을 모두 아우른다는 데 있다. 전통적으로 성경 각 권을 연구하는 학문은 해석 작업의 핵심이지만 현대 학문이 발견한 것들을 종합하려는 시도 또한 덜 중요하다고 할 수 없다. 물론 이렇게 종합한다면 현대적 학문 체계를 고대 문헌에 적용함으로써 발생하는 위험을 피할 수 없을 것이다. 따라서 이 본문들의 상호 연관성을 밝히는 가운데 그것들 사이의 일치를 확실히 드러내기 위해서 언제나 주의를 기울여야 한다.

성경이란 낯선 세계에서 전해진 것이다. 그 세계의 시간과 공간은 우리에게서 멀리 떨어져 있다. 성경의 마지막 책이 쓰인 다음 거의 2천 년이 지났고, 가장 오래된 단편이 저자의 손을 떠나고는 3천 년이 넘게 흘렀다. 오늘날 놀라운 속도로 공간적 거리를 좁히고 있다지만 지금도 비행기를 타고 중동에 가면 큰 문화적 충격을 겪는다.

성경의 외래성(foreignness)을 인식하고 그것을 축복하는 것이 해석의 열쇠다. 20세기의 독자라면 성경과 우리의 시공간적 거리를 무시하기보다는, 성경이란 고대에 중동에서 나왔고 낯설고 그저 다른 것이라는 점을 인정해야 그것으로부터 유익을 얻게 될 것이다. 다시 말해 무엇보다 성경 자체의 낯섦(strangeness)이 이해되어야 한다. 그래야 우리 현대인들이 성경으로부터 배우고 성경의 고유한 일치에 기초해서 우리에게 말하는 것을 들을 수 있을 것이다.

성경은 우주가 천상, 지상, 지하(=저승)의 3층으로 이루어져 있음이 아주 당연하게 생각되던 세계에서 발전했다. 이 세 영역의 관계는 고대 종교의 일차적인 문제였다. "중동"(Middle East)—과거에 대해 말할 때는 "고대근동"(Ancient Near East)이라 불리는 곳—에 살던 사람들의 종교 체제 안에는 삶의 의미와 생존 방법에 대한 이야기가 많이 있다. 특히 신들이 천상에서 벌이는 이야기들은 삶을 보는 방식을 드러낸다. 이는 소위 신화론(mythology)에 속한다.

이 책의 기본 전제는 성경 기자들이 하나님에 대한 고유한 증언을 역동적인 방식으로 전달하기 위해서 이런 신화론적 이야기들의 말과 표상들을 의도적으로 사용했다는 점이다. 이런 고대의 이야기들은 오늘날 우리들에겐 낯설다. 그렇기 때문에 성경에서 그것들이 어떻게 사용됐는지를 더 분명히 보기 위해서, 우리는 그 의미를 밝힐 수 있는 어떤 것들을 필요로 한다. 이를테면 하나님께서 먼 옛날 레비아탄(*Leviathan*)을 물리치셨다는 말을 들은 기원전 7세기의 이스라엘인들의 마음속엔 어떤 것이 떠올랐을까? 예수가 호수 위를 걸으셨다는 말을 들은 1세기의 유다계 그리스도인들은 무엇을 생각했을까? 거룩한 산에서 하느님이 당신의 이름을 드러내셨고, 후대에 그곳에서 예수의 신원(身元)이 드러난 소식에서 무엇이 중요한 것일까?

말과 표상(image)은 청중들에게 구체적인 영향을 준다. 그런 말과 시각적 표현은 익숙함(familiarity)에 기반하기 때문이다. 고대 청중들과 그런 익숙함을 공유하는 것이야말로 저자가 의도한 영향을 이해할 수 있는지 없는지를 결정짓는다. 오늘날의 예를 들면, 만일 타인에게 "내가 당신에게 거절할 수 없는 제안을 하겠다"고 말한다면, 이 말을 들은 사람은 이 말을 협박 또는 약속으로 인식할 것이다. 그 사람이 영화 〈대부〉(*The Godfather*)를 보았다면 이 말의 영향은 일종의 협박이 될 것이고, 그 영화나 마리오 푸조(Mario Puzo)의 소설에 익숙하지 않다면 약속이 될 것이다. 수신자는 그 말을 할 때 나의 몸짓이나 내가 사용한 말에 바탕해서 그 언술이 협박인지 아닌지를 판단할 것이다. 달리 말하면, 말은 언제나 '어떤' 의미를 전달하지만 '의도된' 의미를 이해하기 위해서는 문학적이고 문화적인 암시(allusion)에 대한 지식이 필요하다.

암시가 새로운 맥락에 놓이면 문제가 더 복잡해진다. 여자 친구와 〈대부〉를 본 후 남자가 "내가 너에게 거절할 수 없는 제안을 하겠다"라고 말한다면, 그것은 청혼일 수도 있다. 맥락, 어조, 새로운 말과 몸짓이 수반되면 그 언술의 의미는 완전히 뒤바뀐다.

성경에 있는 신화론적 암시를 연구하는 이 책은 영향과 변형(transformation) 사이의 긴장에 기초한다. 가나안인의 신 바알에 대한 이야기가 이스라엘의 하느님이자 고대근동에서 새로운 신학적 실재를 대표하는 야훼에게 이전됐을 때 무슨 일이 일어났을까? 더구나 이미 야훼에 대해 말하기 위해 변형된 고대 이야기의 말과 표상이 예수의 신원을 선포하기 위해 신약성경에 나타날 때, 그 의미와 변형은 어떤 영향을 끼쳤을까?

필자는 성경을 전체적으로 연구하며, 이스라엘을 둘러싼 세계와 이스라엘 사이의 관련성을 논할 때 "히브리 성경"이라는 용어를 사용하고, 신약성경과 관련지어 동일한 경전을 논할 때는 "구약성경"이라고 할 것이다. 이런 용어의 변화가 독자들에게 혼란을 초래할지 모르겠지만 필자의 관심은 야훼에 대한 이스라엘의 증언이 지닌 고유한 견해를 보장하고 이스라엘이 그들의 고유한 상황에서 말할 수 있게 하며 그들의 고유한 신학적 완결성(integrity)를 보장하려는 데 있다. 히브리 성경은 그리스도를 고백하는 그리스도인들에게만 구약성경이 된다. 기원전 3세기에 이스라엘인들의 성경이 그리스어로 번역되어 칠십인역이 등장했기에 이런 용어의 구분이 조금 더 어려워질 수도 있다. 결국 필자는 "그리스어 구약성경"도 언급할 것이다. 왜냐하면 그 책이 신약성경 기자들에게 영향을 끼치고 변형된 용어들을 제공해 주었기 때문이다.

이 책은 과거 20년간 필자의 학습과 체험을 종합하려는 시도다. 필자는 주로 드롭시 대학(Dropsie University)에서 헬드(Moshe Held) 교수님과 고인이 되신 브라브만(Meir Bravmann) 교수님에게 아시리아학과 셈어 언어학을 배웠다. 필자는 교편 생활의 초창기에 필라델피아에 있는 루터교 신학교(Lutheran Theological Seminary)에서 그리스어 신약성경 주석학과 히브리어를 맡았다. 필자는 1967년부터 구약성경 신학에 집중했다. 이런 학문의 상호 연관성은 한동안 필자를 흥분시켰고, 결국 필자는 그것들이 연관되어 있다는 확신에 기반하여 이를 종합하려고 이 책을 썼다.

이 접근 방법과 그것에서 얻은 통찰은 여기서 검토하는 성경 구절에 대한 완전한 결론이 절대 아니다. 다른 모든 접근과 마찬가지로 이것은 성경의 다양성과 통일성을 이해하려는 하나의 시도일 뿐이다. 해석자는 저마다 성경 기자들의 자리에 가까이 다가갈 방법을 찾아야 하지만, 우리는 절대로 그들의 마음을 완벽하게 떠올릴 수도, 문화적으로 채색된 그들의 증언에 영감을 불어 넣은 하느님의 마음을 완전하게 알 수도 없다. 성경의 낯섦은 남아 있을 것이다. 그러나 우리는 그 고대 이방인들을 좀 더 우리에게 친숙하게 만들어서 그들이 청중들에게 말했던 하느님의 말씀을 더욱 잘 이해할 수 있게 만드는 노력을 절대 멈추어서는 안 될 것이다. 동시에 그들의 증언 모델은 주어진 문화에서 하느님의 말씀을 소통하는 데 무엇인가를 우리에게 가르쳐 줄 수도 있을 것이다.

1980-81년, 학문적 안식년에 이 책을 준비할 기회가 찾아왔다. 자비로운 안식년 제도를 통해 지속적인 연구를 후원해 주신 루터교 신학교의 이사회에 감사드린다. 더구나 루터교 지원회(Aid Association for Lutherans)가 수여하신 프랭클린 클락 프라이 지원금(Franklin Clark Fry Fellowship)의 관대한 재정 지원과 루터교 형제회(Lutheran Brotherhood)의 추가 재정 보조 덕분에 필자는 이집트와 이스라엘 유적지에서 연구할 수 있는 기회를 얻게 됐다. 이스라엘의 탄투르(Tantur)에 있는 신학 발전을 위한 교회 일치 연구소(the Ecumenical Institute for Advanced Theological Studies)에 계신 모든 분들의 도움에 특별히 감사드린다. 특히 그곳에서 함께 있었던 맥매스터 신학교(McMaster Divinity College)의 홉즈(T. Raymond Hobbs) 교수와 크레이튼 대학교(Creighton University)의 멀리나(Bruce Malina) 교수와의 일상적인 대화는 특히 도움이 됐다. 끝으로 필자의 어지러운 필사 원고를 꼼꼼하게 타자기로 옮겨 준 루터교 신학교의 학생 그라벨(Paula Gravelle) 양에게도 감사를 표한다.

여러 단체와 이런 모든 지원에도 불구하고 이 책은 필자가 원했던 공헌에 훨씬 못 미치고 있다. 어떤 독자는 필자가 너무 상상력을 발휘했다고 느낄 수 있고, 또 다른 독자는 필자의 상상력이 부족하다고 평할 수도 있다. 어쨌든 필자는 여기서 성경의 의미에 대한 이 시대의 논의에 작은 한 걸음을 보탤 뿐이다.

1982년 6월

필라델피아 루터교 신학교에서

포스터 R. 맥컬리

참고 도서와 감사의 글

이 책을 저술하는 과정에 도움이 됐던 원천은 너무 많아서 나열하기조차 곤란하다. 그러나 필자에게 특별히 영향을 끼친 중요한 저작들, 특히 성경 외적 자료들을 이해하는 데 도움을 준 저작들을 나열하려 한다. 이들의 공헌에 대해 공개적으로 감사를 표현하고 싶다.

신화론 및 성경과 신화론 사이의 관계에 대한 몇몇 고전적인 작품이 있다. 엘리아데(Mircea Eliade)의 『우주와 역사: 영원 회귀의 신화』(*Cosmos and History: The Myth of the Eternal Return*, New York: Harper & Brothers, 1959)는 고대근동의 자료에 대한 접근 방법에 영향을 주었다. 원래 1946년 『고대인의 지적 모험』(*The Intellectual Adventure of Ancient Man*)이란 제목으로 출판됐던 프랭크포트(H. Frankfort)의 『철학 이전』(*Before Philosophy*, Harmondsworth, Eng.: Penguin Book, 1959)은 이따금 방법론 때문에 비판받지만, 그럼에도 프랭크포트 자신과 제이콥슨(Thorkild Jacobsen)과 윌슨(John Wilson)의 가치 있는 통찰을 담고 있다. 필자에게 특별히 중

요한 것은 개스터(Theodor H. Gaster)와 함께 했던 다양한 과정이었다. 특히 그의 저서 『테스피스』(*Thespis*, new and rev. ed., New York: Gordian Press, 1975)와 『신화, 전설 그리고 구약성경의 관습』(*Myth, Legend, and Custom in Old Testament*, New York: Harper & Row, 1969)은 신화론 이해의 충실한 원천이었다. 고대근동의 병행구와 성경의 암시들 사이의 상이점을 식별하는 것은 차일즈(Brevard Childs)의 『구약성경의 신화와 실재』(*Myth and Reality in the Old Testament*, London: SCM Press, 1960, second ed. 1962)에서 정확하게 수행됐다. 차일즈의 시간과 공간의 특성에 대한 설명뿐 아니라 신화 정의(defining)에 대한 관심은 이스라엘의 하나님이라는 새로운 신학적 실재가 성경 안에서 일으킨 변형을 깨닫게 해 준다. 크로스(Frank Moore Cross)의 『가나안 신화와 히브리 서사시』(*Canaanite Myth and Hebrew Epic*, Cambridge, Mass.: Harvard University Press, 1973)는 신화가 이스라엘의 역사에 어떻게 의미를 주었는가를 보여 주는 데 특별한 도움이 됐다. 그가 야훼를 '신적 전사'로 논하고 그 전승에 기초해서 성경 구절을 해석한 것은 독자를 자극하고 그 이전의 접근 방법들에 대해 도전하게 해 주었다.

이 책에서 메소포타미아의 신화 해석은 주로 제이콥슨의 저작에 기대었는데, 특히 그의 저서 『어둠의 보고: 메소포타미아 종교의 역사』(*The Treasure of Darkness: A History of Mesopotamian Religion*, New Haven, Conn.: Yale University Press, 1976)에 기초하고 있다. 고대 원천에 대한 번역과 주석에 잘 드러나고 있는 그의 기쁨과 깊이 있는 해석으로 그 저작은 무한한 가치를 지닌 원천이 됐다.

윌슨의 번역과 해석이 없었더라면 필자는 이집트적인 배경을 포함시킬 수 없었을 것이다. 『철학 이전』(*Before Philosophy*)은 다른 종교적 언술에서 이집트를 구별하는 데 가장 도움이 됐다. 더욱이 윌슨의 저서인 『이집트의 짐: 고대 이집트 문화의 해석』(*The Burden of Egypt: An Interpretation of Ancient Egyptian Culture*, Chicago: University of Chicago Press, 1951)은 앞의 책과 비교해도 전혀 부족하지 않을 정도의 포괄적이고 섬세한 내용을 담고 있다.

가나안 종교에 대해 가장 큰 도움을 준 연구는 게제(Hartmut Gese)의 『고대 시리아의 종교들』(*Die Religionen Altsyriens*, vol. 10 of of Die Religionen der Menschheit, ed. Christel Matthias Schröder; Stuttgart: W. Kohlhammer, 1970)이다. 게제는 처음부터 가나안 종교의 이해를 위한 다양한 원천들을 나열하고, 제의에 대한 논의뿐 아니라 이야기들과 신들에 대해 특유의 정확한 토론을 전개한다. 메소포타미아 종교뿐 아니라 가나안(서부 셈족) 종교에 대한 링그렌(Helmer Ringgren)의 저서는 영문판으로 『고대근동의 종교』(*Religions of the Ancient Near East*, trans. John Sturdy; Philadelphia: Westminster Press, 1973)란 제목으로 출판됐다. 이 책은 읽기 쉽고 그 해석적 취지에 걸맞은 시각을 결여하지 않으면서도 매우 많은 정보를 제공하고 있다.

이 책에서 다루는 첫 번째 주제, 질서와 혼돈의 투쟁에 대해 특히 도움을 받은 세 권의 책을 여기서 소개하려 한다. 금세기 초엽에 궁켈(Hermann Gunkel)은 그의 고전적 저서인 『태초와 종말의 창조와 혼돈』(*Schöpfung und Chaos in Urzeit und Endzeit*, Götingen: Vandenhoeck und Ruprecht, 1902; second ed. 1921)을 출판했다. 궁켈은 바빌로니아에서 유래한, 티아맛에 맞서는 마르둑(*Marduk*)의 우주발생론적 신화를 어떻게 성경 기자가 악의 혼돈의 세력에 대해 하나님의 종말론적 승리를 묘사하는 도구로 사용할 수 있었는지를 밝혔다. 그럼으로써 그는 이스라엘과 메소포타미아 지방의 이웃들 간의 연속성과 불연속성을 풍부하게 설명했다. (1929년 발견된) 우가릿(Ugarit)의 가나안 본문들 없이도 궁켈은 훌륭한 관찰을 여럿 남겼다. 이 주제에 대한 후대의 저서들, 특히 카이저(O. Kaiser)의 『이집트, 우가릿 그리고 이스라엘에서 바다의 신화적 의미』(*Die mythische Bedeutung des Meers in Ägypten, Ugarit und Israel*, Zeitschrift für alttestamentliche Wissenschaft 78, 1959), 그리고 앤더슨(Bernhard W. Anderson)의 『창조 대 혼돈: 성경의 신화적 상징의 재해석』(*Creation Versus Chaos: The Reinterpretation of Mythical Symbolism in Bible*, New York: Association Press, 1967)은 이 논의를 계속 발전시켰으며 성경과 성경 밖의 본문에 대한 가치 있는 해석적 통찰을 제공했다. 이 세 권의 책에 친숙한 사람이라면, 이 책의 1장이 거기에 얼마나 영향을 받았는지 인식할 것이다.

성(性)에 대한 문제는 최근 저작들에서 많이 논의됐다. 그 중에서도 특별히 의미 있는 것은 스텐달(Kister Stendahl)의 『성경과 여성의 역할: 해석학의 사례 연구』(*The Bible and the Role of Women: A Case Study in Hermeneutics*, trans. Emilie T. Sander, Facet Books: Biblical Series, 15. Philadelphia: Fortress Press, 1966)다. 신들의 성과 관련된 문제를 가장 잘 다룬 것은 아마도 트리블(Phyllis Trible)의 『하느님과 성의 수사학』(*God and the Rhetoric of Sexuality*, Overtures to Biblical Theology, Philadelphia: Fortress Press, 1978)일 것이다. 필자는 또한 삽(Stephen Sapp)이 『성, 성경 그리고 과학』(*Sexuality, the Bible*, and Science, Philadelphia: Fortress Press, 1977)에서 넓은 의미에서 이 주제를 논한 것에 대해 감사드린다.

산(mountain)의 특성을 이해하는 데 (앞에서 인용한) 차일즈의 저서와 함께 클리포드(Richard J. Clifford)의 『가나안의 우주적 산과 구약성경』(*The Cosmic Mountain in Canaan and the Old Testament*, Cambridge, Mass.: Harvard University Press, 1972)은 필자가 특히 도움을 받았던 포괄적인 연구다. 이 책의 제목과 달리 클리포드는 메소포타미아와 이집트의 성소(sanctuary)에 대해서도 논했는데, 메소포타미아인의 경험에서는 산이 중심적 역할을 하지 못했고, 이집트의 태초의 산은 가나안적 이해에 별다른 영향을 끼치지 못했다고 주장했다. 클리포드는 이 점으로부터 엘(El)의 산과 바알(Baal)의 산을 구별하고 적절한 성경 병행구를 논하면서 독특한 연구를 진행시켰다. 이 연구는 전체적으로 신중하게 이루어졌고 의미 있는 학문적 관심을 담고 있다.

서론:
신화론의 영향과 변형

"신화"(myth)라는 말은 학문적으로 사용할 때조차 의미가 다양하다.

첫째로 신화는 문학적 범주다. 성경학의 가장 기본적인 입문 과정에서 배우는 무용담, 전설, 옛날 이야기, 우화, 소설, 일화와는 구분된다. 문학적 범주로서 신화는 보통 신들에 대한 이야기로 이해된다. 곧, 천상의 영역에 사는 신적 존재들이 마치 배우처럼 무대에 올라 말하고 행동하는 이야기다. 이런 의미에서 신화는 인간이 무대의 중심을 차지하는 문학 양식들과 구별된다.

둘째는 좀 더 일반적인 차원의 개념이다. 신화는 말하기나 글쓰기의 양식을 묘사하는 데 사용될 수 있다. 신화는 실제 현상에 대한 상징적 표현이다. 오직 신화만이 이렇게 상징적으로 표현할 수 있다. 이 정의에 의하면 하느님에 관한 일체의 진술은 신화다. 왜냐하면 인간은 오로지 특정한 상징들을 사용함으로써 하느님을 논할 수 있기 때문이다. 이를테면 하느님께서 듣고 보고 이야기하신다고 말하는 것도, 우리가 하느님이라고 부르는 실재에 상징적 언어를 적용한 것이다.

문학적 범주로서의 신화는 성경에 거의 나오지 않는다. 성경은 하느님과 맞서는 신들을 분명하게 언급하지 않는다. 그러나 바다(sea), 레비아탄(*Leviathan*), 라합(*Rahab*), 그리고 이집트의 파라오와 같은 적대자들에 대한 언급을 피하기도 어렵다. 이밖에도 하느님을 꺾으려 하거나 적어도 하느님에게 대등하게 맞선다고 여기는 신들은 많다. 다른 한편으로 천상에서 하느님 주위에 모여 그분을 찬미하는 "하느님의 아들들"과 하느님의 권좌 주위에서 영광송을 노래하는 세라핌(*seraphim*)도 있다. 달리 말해서 성경은 배타적 섬김을 요구하는 한 분외에 다른 신적 존재와 권능을 인식한다.

만일 신화의 두 번째 정의를 적용한다면 성경 전체가 신화다. 처음부터 끝까지 하느님은 개인들, 지파들, 민족들에 철저히 간섭하는 행위자이기 때문이다. 하느님의 이러한 행위들은 오직 인간의 말을 통해서만, 그것도 묘사될 수 없는 것을 묘사하는 상징적 표현에 의해서만 전달될 수 있다.

따라서 신화는 거짓이 아니라 진리를 전달하는 수단으로 이해될 수 있다. 신화란 거짓말이라는 루이스(C. S. Lewis)의 주장에 대해 톨킨(J. R. R. Tolkien)은 이렇게 응수한 바 있다. "당신은 나무를 나무라고 한다. … 그리고 그 말에 대해 아무것도 더 생각하지 않는다. 그러나 누군가가 이름을 주기 전에 그것은 '나무'가 아니었다. 당신은 별을 별이라고 부르고, 그것을 수학적인 궤적을 따라서 움직이는 구형의 물체라고 말한다. 그러나 이것은 단지 '당신'이 그것을 어떻게 보느냐 하는 것일 뿐이다. 사물에 그렇게 이름을 붙이고 묘사함으로써 당신은 그것에 대한 당신 자신의 용어를 창작했을 뿐이다. 이렇게 언술이 사물이나 관념에 대한 발명이듯, 신화는 진리에 대한 발명이다."[1]

이렇게 "신화"는 아주 특정한(specific) 것이거나, 또는 대단히 일반적인 것일 수 있기에 이와 같은 연구에서는 아마도 "신화론"(mythology)을 다루는 것이 더욱더 적절할 것이다. 접미사 "론"(論, -ology)을 붙이면 문학적 범주나 표현의 방식을 넘어서 문제를 더욱더 근본적으로, 곧 어떤 한 이해 체계로 이끌어 가는 것 같다. 신화론이란 구조적 상응(structural correspondences)에[2] 따라 우주를 이해하는 체계를 의미한다. 다시 말해 신화론은 지상과 천상의 실재들 사이의 상응 관계를 관찰하고 설명함으로써 삶을 해석하는 하나의 수단이다. 이러한 상응 관계들은 창조 때와 현재의 세계 질서가 일부 닮았다는 차원에서 '시간적'인 것일 수 있다. 또한 지상의 특정 장소와 구조물이 천상의 장소와 대응한다는 점에서 '공간적'인 것일 수 있다. 마지막으로 한 인간 존재, 대개는 임금이 신의 모습과 비슷하게 나타나기 때문에 그 상응 관계는 '인격적'(personal)인 것일 수도 있다

상응 관계가 시간적인 것이든 공간적인 것이든 인격적인 것이든,

---

1. Humpherey Carpenter, *Tolkien: A Biography* (Boston: Houghton-Mifflin, 1977), p. 147.
2. James Barr는 다음 글에서 일련의 상응 관계들로 신화론을 이해하는 논리를 전개한다. "The Meaning of 'Mythology' in Relation to the Old Testament", *Vetus Testamentum* 9 (1959), pp. 1-10.

신화론은 개별적이고 지역적인 현상에서 영원을 훔쳐본다. 그러므로 신화론의 목적은 결국 직접적인 현상을 우주적이고 영원한 장면과 연관 짓는 데 있다. 그러한 과정을 통해 공동체는 영원하고 불변하는 우주적 질서를 이해한다. 모든 생명 현상이 언제나 존재했고 앞으로도 존재할 어떤 것을 반영하기 때문이다. 따라서 신화론은 흘러가 버리는 시간을 잡아 주고 삶에서 수반되는 두려움과 근심을 막아 주어 결국 질서를 확립하고 예측 가능성을 수립한다.

위에서 서술한 다양한 상응 관계들을 다양한 성경 구절에서 볼 수 있다. 하지만 성경은 대부분 하느님의 행위가 주로 역사를 구성하는 변화와 불안정함 가운데서 나타난다는 것을 보여주고자 한다. 성경은 자연의 무시간적(timeless) 변화에서 안정감을 추구하지 않는다. 오히려 현상 유지(*status quo*)에 결코 만족하지 않는 하느님, 인류를 위해서 원하는 목표를 성취하려고 지속적으로 상황을 변화시키시는 분을 증언한다. 그러므로 성경에서 실재 그 자체는 영원한 신화적 상태가 아니라 하느님께서 이루시는 역동적인 운동으로 이해된다. 하느님은 본디 어떤 자연적인 현상과도 상응하는 존재가 아니시다.

이렇게 실재를 다르게 인식하는 과정을 전통적인 신화론의 특징과 용어를 사용하여 이따금 "탈신화"(demythologization) 또는 "신화의 역사화"(the historicization of myth)라 일컫는다. 이 책에서 '탈신화'라는 말은 상응 관계를 제거하는 과정을 가리킨다. 곧, 자연적이고 관찰 가능한 지상의 현상이 천상의 실재와 행위를 반영한다는 관념을 벗겨 내는 것이다. 예를 들어 가나안 신화에서 바알은 비바람 속에서 친밀하게 체험된다. 그래서 바알과 비바람은 하나처럼 보인다.[3] 곧 비바람, 곧 지상의 현상인 비바람은 천상에서 혈기왕성한 바알의 행동에 상응한다. 하지만 이와 달리 히브리 성경에 나타난 야훼의 활동은 천상의 실재를 땅에서 반영하는 것이 아니다. 오히려 하느님의 신현(神顯), 곧 야훼께서 비바람과 함께 현현하는 그 순간에도 그저 지상의 체험은 실재 그 자체이다. 야훼께서는 천상에 계시지만 지상에서 그분의 현존은 그분이 어떤 방식으로든 그분이 "내려오실" 때만 체험된다. 야훼께서는 사람들의 요구를 충족시켜 주려시고, 또는 그분의 의지를 거스르는 사람들과 맞서기 위하여 내려오신다. 야훼의 활동은 기본적으로 지상의 것이다. 그러므로 위와 같은 상응 관계는 제거되며 야훼 자신이 탈신화된다(여기서 '탈신화'라는 용어는 불트만[R. Bultmann]의 연구에서 비롯됐지만 그의 관심은 이와는 다른 데 있었다는 점을 짚고 넘어가야 할 필요가 있다. 그는 삼층우주론에 갇힌 복음을 다른 시대와 문화 속에 사는 사람들에게 선포할 수 있는 방식으로 메시지를 재해석하는 일에 관심을 두었다).[4]

"신화의 역사화"는 이스라엘의 역사적 삶 안에서 야훼의 행위를 묘사하기 위해 신화론적 표상을 사용하는 과정을 두루 가리키는 데

---

3. 역주: storm을 '비바람'으로 옮기는 것에 대해 다음을 보라. 주원준, "'폭풍신'이 아니라 '풍우신'이다 - Storm God의 번역어와 특징", 『종교신학연구』 11호 (성공회대학교 신학연구소, 2018), pp. 171-173.
4. 역주: 역자는 이미 불트만(Rudolf Bultmann)이 제시한 탈신화(脫神話, *Entmythologisierung*)의 개념을 설명했다. 그리고 이를 영어로 번역한 demythologization을 '비신화'(非神話)로 옮기면 오역임도 지적했다. 졸저, 『구약성경과 신들』 (경기: 한님성서연구소, 2018), pp. 18-23. 특히 각주 6을 보라. 또한 이 책의 제8장 각주 7을 참조하라.

사용된다.[5] 그러나 이 용어는 특정한 신화와 비슷하게 발생한 역사적 사건에 그 신화를 적용하는 것에 더 엄밀하게 사용될 수 있을 것 같다. 히브리 성경 안으로 들어온 신들에 대한 이야기가 있다. 이런 구절을 들여다 보면, 이스라엘의 이웃들에겐 천상의 이야기가 목적이었지만, 이스라엘에게는 역사적 사건이 목적이었다는 것을 알 수 있다. 예를 들어 아시리아 군대가 예루살렘성을 공격한 역사에서 이런 과정이 일어났다. 이사야 예언자는 정복할 수 없는 거룩한 산에 대한 고대 신화를 적용해서 그 역사적 사건을 해석했다(이사 31,1-9).

그러나 필자는 훨씬 일반적인 관점에서, "역사의 신화화"(the mythicization of history)라는 용어를 쓰고 싶다. 이것은 다양한 신화론적 암시를 사용하여 해석함으로써 이스라엘의 삶에서 일어난 역사적인 사건이 우주적 또는 보편적 차원을 얻는 과정을 뜻한다. 이를테면 이집트 탈출 사건은 전통적인 이야기들에 쓰인 표상이 많이 사용되어 묘사됐다. 이런 식으로 파라오에 대한 승리는 바닷가 늪지에서 일어난 국지적 충돌을 훨씬 넘어서는 차원을 얻었다.

이 두 과정 사이의 차이는 별로 없다. 본질적으로 그 차이는 출발점의 문제다. 저자가 특정한 신화에서 출발하여 그것을 유사한 역사적 사건에 적용시키는가, 또는 역사적 사건에서 출발하여 더욱 폭넓은 의미를 제공하기 위해 그것을 신화화하는가 하는 문제다. 전자의 접근은 "신화의 역사화"를, 반면에 후자의 접근은 "역사의 신화화"

---

5. 성경과 관련되어 역사적으로 신화/신화론을 다룬 것은 다음을 보라. J. W. Rogerson, *Myth in Old Testament Interpretation* (New York: Walter de Gruyter, 1974).

를 정당화한다.

이렇게 구분하는 것은 두 가지 이유 때문에 중요하다. 첫째, 성경에서 신화와 역사의 관계를 논하는 방법이 하나 이상이기에 해석의 일반 원리로는 충분하지 않다. 저자의 의도를 이해하려면, 우리는 신화론적 암시가 드러난 각 성경 구절을 조심스럽게 고찰해야 한다. 무엇보다도 이렇게 두 가지 방법이 존재하기에 신화가 먼저냐 역사가 먼저냐 하는 문제의 균형을 맞출 수 있다. 곧 신학이 우주의 끝없는 반복 운동(rhythm)으로 퇴보하지 않기 위해서 신화론은 역사화되어야 하는 반면, 의미가 결핍되지 않기 위하여 역사는 신화화되어야 한다.

둘째로 이 두 과정을 구분하는 일은 이웃 민족과 다른 이스라엘만의 독특성 문제와 관련되기에 중요하다. 고대근동 세계는 신화론의 용어로 믿음을 표현했던 반면, 이스라엘의 고백은 역사에 기초한다는 식으로 고대 이스라엘과 주변 민족의 관계를 설명하는 것은 이제 충분하지 않다. 이런 식으로 신화와 역사를 분리하는 것은 너무 단순하여 쓸모가 없다. 실제로 고대 이스라엘의 이웃들이 신화론적 상응 관계를 사용하여 실재를 표현하긴 했지만, 그들은 결코 역사에 무관심하지 않았다. 수많은 연구들, 특히 스파이서(Ephraim Speiser)와 게세(Hartmut Gese)의 연구는[6] 고대인들, 특히 고대 메소포타미아인들

---

6. Ephraim Speiser, "Ancient Mesopotamia," in *The Idea of History in the Ancient Near East*, ed. Robert C. Dentan (New Heaven: Yale University Press, 1955), pp. 35-76; Hartmut Gese, "The Idea of History in the Ancient Near East and the Old Testament," in *The Bultmann School of Biblical Interpretation: New Directions*, ed. James Robinson et al. (New York: Harper & Low, 1970).

에게 역사가 수천 년간 중요한 문제였다는 것을 보여 준다. 고대 수메르인들에게 역사란 본질적으로 일련의 사건들에 대한 문제였고, 스스로 반복되는 특정한 종류의 시간이었다. 같은 지역에 살았던 후대의 바빌론인들에게 역사란 결과의 문제였다. 곧 인간의 순종과 불순종의 행위들은 자동적으로 임금(과 그의 백성)의 길흉화복을 결정지었다. 다른 한편으로 이스라엘에서도 역사란 현대인의 인과율적인 것과는 다른 것으로, 약속과 성취 사이에서 항구하게 운동하는 하느님의 말씀에 기초했다. 곧 야훼께서는 약속했거나 경고했던 말씀을 이룬다는 점에서 우상과 구분되신다(이사 44,6-8).

이렇게 역사에 대한 서로 다른 관점들은 히브리 성경에서 신화와 역사를 연관시키는 두 가지 과정에 어떤 의미가 있을까? 이스라엘은 역사 안에서 일어난 하느님의 행위를 기초로 실재를 이해했지만 신화론에도 절대로 무관심하지 않았다. 나아가 이스라엘 주변에서 살았던 고대 민족들은 비록 이스라엘과 다른 방법으로 역사를 이해했지만, 역사에 무관심하지는 않았다. 결과적으로 고대 이스라엘뿐 아니라 그 이웃들도 신화와 역사의 관계를 두고 씨름했다. 이 긴장을 다루는 고대인들의 다양한 시도야말로 이스라엘의 독특성을 이해하는 데 더 많은 도움을 준다. 이스라엘은 역사를 통해 정체성을 알 수 있을 뿐 신화에는 문외한이라는 아주 단순한 분석을 넘어서야 한다. 앞으로 살펴 보겠지만, 고대 이집트인들은 레(*Re*)와 아포피스(*Apophis*)의 "신화를 역사화"한 반면, 고대 바빌론인들은 함무라피

(Hammurabi)[7] 왕조의 "역사를 신화화"했다.

이스라엘의 독특성을 묻는 일은 결국 의례(ritual)에 대한 고찰로 이어진다. 이 책은 고대근동의 의례를 비교 연구하지는 않지만, 신화론을 논의하기 위해서는 사실 의례를 어느 정도 들여다 봐야 한다. 만일 신화론이 구조적—시간적, 공간적, 인격적—상응 관계를 통해 우주를 이해하는 체계라면, 의례는 제의(cultic) 공동체가 체계적으로 수행하는 극적인 활동이다. 이 공동체는 의례를 통해 우주 질서의 연속성을 확인하고 그 질서 안에 참여함을 확인한다. 여기서 주의할 것이 하나 있다. 의례 행위는 열망하던 실재와 상응성을 통해 연관되는 효과적인 수단일 뿐이지 실제적 수단은 아니다. 인간은 의례를 통해 신을 통제할 수 없다. 오히려 제의 공동체는 의례를 통해 삶의 연속성을 확신한다. 그런 식으로 인간은 사물의 영원한 질서에 참여한다. 따라서 천상과 지상이 자연 현상을 통해 상응하듯 의례에서도 상응한다("그림 1"을 보라).

7. 흔히 함무라비(*Hammurabi*)로 쓰이지만, 함무라피(*Hammurapi*)로 쓰는 것이 더 정확하다. 아무르(*Amurr*)인이었던 그의 이름은 아무르어로 '친족, 민족'을 뜻하는 /암무/(*Ammu*)와 '치유자, 조상'을 뜻하는 /라-피/(*Rāpi*)의 합성어이고, 이를 아카드어로 옮기면 '함무라피'가 옳기 때문이다. 다음을 참조하라. 주원준, 「지혜와 경험과 법이 하나다 - 고대근동의 법을 이해하기 위하여」, in: 명지대학교 중동문제연구소 엮음, 『법으로 보는 이슬람과 중동』 (모시는사람들, 2016), p. 26.

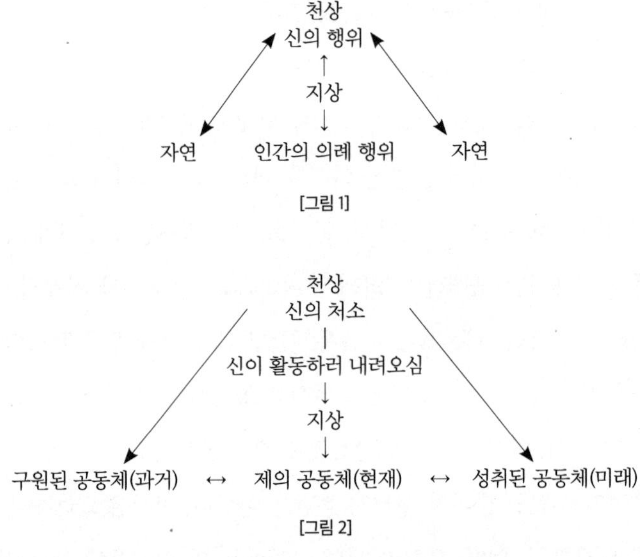

[그림 1]

[그림 2]

의례를 이렇게 신화론적으로 이해하면, 신화와 역사의 긴장은 느슨해지고, 신화론의 안정성을 보장하기 위해 역사가 사라지는 결과를 낳는다. 한편 이스라엘에서는 본질적으로 정반대의 방법으로 긴장이 해결된다. 곧, 신화론은 역사의 뒷자리로 물러 앉는 경향을 보인다. 그 결과 고백하는 제의 공동체인 이스라엘은 스스로를 천상의 행위와 동일시하지도 않고 상응성을 찾지도 않는다. 그 대신 야훼의 구원 활동을 체험한 과거 공동체(탈출 13,8)와 야훼의 최종 목적 성취를 체험할 미래 공동체에서 정체성을 찾는다("그림 2"를 보라.).

이 두 모델을 진화론적으로 이해할 수도 있다. 곧 공통적인 발전 단계를 따라 발전하는 각 문화가 특정한 단계에서 유사한 체험을 한다는 식으로 설명할 수도 있을 것이다. 하지만, 이 책의 목적은 성경 기자들이 의도적으로 주변 문화들로부터 신화론적 특징을 사용했고 따라서 그들의 청중들과 독자들에게 특정한 인상을 주려고 했다는 점을 보여 주는 데 있다.[8]

물론 의도가 내포된 이런 주장은 성경 기자들이 자신의 이웃들이 암송하던 이야기들을 어느 정도 알고 있었음을 의미한다. 이스라엘은 주변 민족의 문화를 존중했고 그에 수반하는 종교적 표현을 자각하고 있었다. 고대 이스라엘이 접촉했던 집단들로는 특히 세 집단, 곧 가나안과 이집트와 바빌론을 꼽을 수 있다.

물론 가나안인은 이스라엘이 생겨난 초창기부터 기원전 약 6세기까지 이스라엘인과 같은 지역에 거주한 사람들이다. 여호수아기를 읽으면, 여호수아가 가나안 땅을 습격함으로써 이스라엘인이 그 지역 주민들의 땅을 모두 빼앗았다고 믿게 된다. 그러나 가나안인과 이스라엘인 사이에 더욱 긴 접촉이 있었음을 드러내는 다른 증거들이 있다. 첫째, 판관기는 땅을 이와 다르게 설명하면서 시작한다. 지파들과 부족들은 각자 가나안 주민들에 맞서 전투를 치루는데 이길 때도 있고 질 때도 있었다. 한편 어떤 도시들을 점령한 사람들은 후대에 이스라엘에 편입됐고, 다른 지역에서는 부족들과 지파들이 초기 가나안 주민들 곁에서 함께 살았다. 둘째, 심지어 예루살렘을 다윗의 도성으로 선택할 때도 거기 살던 여부스족을 반드시 쫓아낼 필요는 없었던 것 같다. 실제로 여부스인의 전통이 다윗 왕조의 이데올로기

---

8. J. W. Rogerson은 비교 문화적 연구에 대한 진화론적인 접근 방법과 전파론적인 접근 방법 간의 다양성에 대해 어느 정도 유용한 논의를 제공한다. *Anthropology and the Old Testament* (Atlanta: John Knox, 1978).

뿐 아니라 예루살렘 신학에서 중요한 역할을 했다고 할 수 있는 증거들이 많다. 셋째, 예언자 엘리야와 후대의 호세아와 예레미야의 이야기를 읽으면, 이스라엘인들은 야훼 숭배와 가나안인들의 바알 숭배 사이에서 혼란스러웠던 것 같다. 종교학적으로 말해서 이스라엘 백성들은 그들의 바로 이웃이 강조하는 풍요에 지속적으로 매력을 느꼈다. 그래서 가나안의 신들, 상징들, 이야기들, 시적 유형, 그리고 문학적 장치들에 대해서 매우 친숙해졌다. 1929년에 발견된 우가릿 본문은 두 백성이 썼던 글이 매우 비슷하다는 사실뿐만 아니라 가나안 종교에 대한 히브리인들의 지식이 정확하다는 것을 보여 준다.

그 다음은 이집트다. 이스라엘인이 이집트에 관한 지식을 얻은 원천으로 람세스 2세 치하의 종살이 시기를 거론하는 것은 불충분하다. 아마도 기원전 18세기 말에 시작된 힉소스족의 침입부터 생각해 봐야 할 것이다. 거의 2세기 동안 이집트를 지배했던 이 셈족 침입자들로 인해서 대량의 교류가 일어나 양쪽을 살찌웠을 것이다. 이 기간(기원전 1730-1550년)에 셈족의 많은 여신과 남신이 이집트화됐다. 심지어 후대의 본문에서 등장하는 세트(*Seth*)의 자리에 바알을 넣어도 될 정도였다. 더욱이 기원전 15세기에 파라오 투트모세 3세는 므기또에서 승리하고 나서 시리아-팔레스티나를 자비로운 방식으로 지배했다. 비록 이집트 군대 요새들을 코앞에 주둔시키기는 했어도, 파라오는 패전국인 시리아의 통치자가 그들의 도시들을 계속 다스리도록 너그럽게 허락했다. 그 땅에 이집트 군인들이 주둔했기 때문에 이집트에서 기원한, 그리고 이집트적 형식을 지닌 많은 문화 유물이 발견되는 사실을 이해할 수 있다. 게다가 셈족의 왕위 계승권자들을 이집트에서 교육시키는 것이 투트모세의 특징적인 전략 가운데 하나였다. 그럼으로써 미래의 왕자들이 자연스럽게 이집트 지배자들에게 절대적 충성을 바치게 됐을 것이다. 이런 충성심을 통해 이집트의 생활 방식, 제도, 기술, 그리고 종교 관련 지식들이 유입됐다. 이런 것들은 통치자들 자신을 통해 확산됐음에 틀림없다(가나안의 신상[神像]과 구원에 대한 이집트의 상징들은 ANET-K 942쪽 이하를 보라).[9] 기원전 14세기 초에 이집트와 시리아-팔레스티나 사이의 관계는 아마르나(Amarna) 외교문서에 잘 드러난다. 특히 셈족 통치자들이 파라오 아멘호텝 3세와 (아케나톤으로 더 잘 알려진) 아멘호텝 4세에 보낸 편지들에 잘 드러나 있다.

기원전 12세기와 11세기를 거치며 이집트 왕국이 쇠락하자 가나안 지역에서 이집트의 폭넓은 문화적 영향력은 감소됐다. 그러나 다윗과 솔로몬 궁전이 이집트의 양식을 기초로 건설됐다고 주장할 수 있는 몇 가지 근거가 있다. 더구나 기원전 10세기에 파라오의 딸과 솔로몬 임금이 결혼했고, 이집트 왕비가 예루살렘에 머물렀다는 점은 분명히 어떤 문화적인 관계가 있었음을 보여 준다. 기원전 8세기 말 히즈키야가 통치하는 동안 이집트와 유다 사이에 동맹이 결성(또는 시도)됐다. 그리고 기원전 6세기 초에 바빌론인의 점령을 피해 일단의 예루살렘인이 이집트로 도망쳤다. 이렇게 이스라엘이 진출하여 정복한 가나안 땅과 이집트 제국 사이의 관계는 이집트에서 가나안

9. James B. Pritchard, *Ancient Near East in Pictures*, 2d ed. with supp. (Princeton: Princeton University Press, 1969), pp. 160ff.

으로 또는 가나안에서 이집트로 천 년 이상이나 계속됐다.

바빌론이 고대근동에 끼쳤던 영향은 실로 막대하다. 기원전 18세기부터 6세기까지 바빌로니아의 언어는 이 지역 전체의 공식 언어였다. 심지어 시리아에서 이집트로 보낸 아마르나 편지들도 바빌로니아어로 쓰여 있다. 이런 사실은 문화의 폭넓은 영향을 보여준다. 기원전 2천 년경의 바빌로니아 제국은 시리아-팔레스티나 지역을 자신의 문화적·정치적 영향권에 두었다. 그리고 기원전 7세기 말부터 538년까지 지속된 신바빌로니아 제국은 전 지역을 석권했다. 이 제국이 정복한 땅의 백성들을 바빌론으로 이주시킨 것은 성경 연구에서 중요하다. 잘 알려진 대로, 기원전 597년과 587년에 일어난 예루살렘인의 바빌론 유배는, 역사상 이스라엘의 신학이 맞닥뜨린 가장 중요한 도전이었다.

그러므로 이 책에서는 이스라엘의 종교적 표현에 영향을 준 신화론적인 암시를 연구하기 위해 가나안과 이집트와 바빌론을 선택한다. 물론 고대 이스라엘의 신학자들이 앞으로 다룰 신화론적인 암시들을 고의적으로 선택했다고 증명할 방법은 없다. 하지만 필자는 신화적인 표상을 사용한 것이 본질적으로 깊은 성찰을 통해 이루어진 과정이었음을 드러내고자 한다. 그것은 단순히 이스라엘의 문화적 진화 과정의 일부가 아니다. 깊은 성찰을 통한 이런 의도성은 청중과 독자들에게 특정한 인상을 주려는 목적을 지녔다. 그래서 소통 과정에서 그 주제는 뚜렷해지고 특별히 강조되어 전달된다.

신약성경 기자들과 대부분의 히브리 성경 기자들은 같은 지역에 살았다. 그러나 기원후 1세기 즈음까지 셈족의 땅은 그리스-로마의 세상에 속하게 됐다. 교육받은 사람들의 문어(文語)는 그리스어였다. 바빌로니아어나 페르시아 제국의 공식어였던 아람어가 아니었다. 더구나 기원전 3세기경 히브리 성경은 그리스어로 번역됐다. 그럼에도 유다 백성들은 고향에 살며 종교적 유산을 무척 잘 유지했다. 그렇게 믿음이 충실한 집단에서 그리스도교가 출현했다.

예수의 전체 직무와 그 의미는 신약성경에 묘사되어 있다. 신약성경의 기록은—우리가 예상하듯—문화적으로 채색된 말과 형상을 사용한다. 이렇게 채색된 문화는 기원전 4세기 후반부터 이 지역을 지배한 그리스와 로마의 권력과 관련된다. 그러나 신약성경에 기록된 중요한 용어의 상당수는 고대 이스라엘의 성경에서 인용해 썼다는 점을 잊으면 안 된다.

이런 옛 전승은 예수의 인격과 업적을 묘사하는 데 핵심적 역할을 했다. 만일 예수가 '하느님의 육화' 또는 '하느님의 아들'이라는 것을 전달할 의도가 있었다면, 그 전달자는 반드시 청중에게 친숙한 언어를 사용해야 했을 것이다. 재미있게도 신약성경 기자들이 예수께 '하느님'이라는 단어를 사용한 것은 매우 드물고, 있다 해도 그 구절은 매우 난해한 본문들뿐이다. 히브리 성경이나 칠십인역에서 야훼를 묘사했던 이름들, 표상들, 용어들, 그리고 이야기들이 신약성경에는 풍부하다. 그리고 그것들은 예수에게 사용됐다. 말과 형상들의 영향은 신·구약 사이의 연속성을 보장한다. 한편 오래되고 친숙한 표상이 변형된 것을 관찰하면, 예수의 탄생, 직무, 죽음, 부활로부터 새로운 실재가 발생했다는 것을 알 수 있다.

구약에서 신약으로 전달된 전승들 가운데는 고대근동의 신화에서 기원한 것들이 많다. 이것들은 이미 구약성경 시대에 이스라엘의 신학으로 수용되어 변형됐다. 그래서 신약성경에서 이런 용어들이 나타난다는 것은 신약성경 기자들이 바빌로니아, 이집트, 또는 가나안의 본문에 접근했다는 것을 의미하지 않는다. 오히려 이스라엘의 성경의 세계에서 자라난 그들은 자연스럽게 그런 용어를 익혔을 것이다.

히브리 성경에서의 변형과 신약성경에서의 재변형(retransformation) 과정은 앞으로 세 가지 주제를 연구함으로써 밝혀질 것이다. 첫째는 질서의 신과 바다의 혼돈 사이의 충돌에 관한 것으로서 자주 다루어지고 잘 알려진 신화다. 둘째 주제는 첫째 주제에서 매우 자연스럽게 발전된 것으로서 신과 인간의 성(性)의 용어로 기술된 풍산과 척박함의 반복 운동이다. 만일 첫째 주제가 창조 시기와 현재의 자연적 상태 사이에 시간적 상응을 나타낸다면, 둘째는 신과 인간의 인격적 상응과 관련된다. 세 번째 신화론적인 상응은 공간적인 것인데 거룩한 산이라는 주제를 들어 설명할 것이다.

제1부

질서 대(對) 혼돈

제1장
순환하는 충돌

메소포타미아: 역사의 신화화

"두 강 사이의 땅"의 역사는 유구하고 복잡하다. 세월에 따라 종교적·정치적 체제들이 다양하게 변화했다. 그러나 그 기본 체제는 신들의 의회(divine assembly)였다. 신들의 의회는 우주를 마치 우주 국가(cosmic state)처럼 다스렸다.

이 의회는 기원전 3천 년대 수메르 시대에 조직됐다. 이 의회의 중요한 신은 셋이다. 곧 아누(*Anu*), 엔릴(*Enlil*), 그리고 땅(=엔키[*Enki*])이다. 아누는 하늘신인데 어떤 의미에서 하늘은 아누의 집이기도 했다. 하늘신 아누의 권능은 평화롭게 드러났다. 그는 신들의 자애로운 아버지로서 천상과 지상의 질서에 영향을 끼친다. 그 중요성과 권능에 있어서 둘째 자리는 엔릴이라는 풍우신(風雨神)이 차지하고 있었다.[1] 어떤 의미에서 엔릴 숭배자들은 비바람 속에서 엔릴을 만났다. 그러나 그는 특수한 비바람으로 국한되는 신이 아니라, 비바람을 일으키는 두려운 신이었다. 그래서 엔릴은 때때로 '쿠라두'(*quradu*), 곧 '전사'라 불렸다. 신들의 의회에서 엔릴의 기능은 아누의 권위를 지키는 것이었다. 아누가 자신의 의지와 권위를 거스르는 적대자를 만날 때마다 엔릴이 아누를 지키려 나섰다. 엔릴의 첫 아들인 닌기르수(*Ningirsu*)는 아버지를 쏙 빼닮은 신이었다. 그도 천둥 속에서, 그리고 해마다 산에서 내려온 흙탕물이 티그리스 강으로 흘러 들어 일어나는 홍수 속에서 나타났다.

땅은 인간에게 가장 친숙한 신이며 곡물과 가축을 생산하는 신으로 체험됐다. 여성신으로는 생명과 출산의 여신인 닌투(*Nintu*)가 있었다. 그녀는 땅을 기름지게 하고 양떼와 소떼를 증식시키는 지모신(地母神)이다. 남성신으로는 엔키(*Enki*)가 있었다. 그는 강, 운하, 우물에서 생명수를 관리하고 들판의 관개를 책임지는 땅의 주인 또는 땅 그 자체이다. 그는 지혜가 뛰어났다. 신들의 의회에서 논쟁을 중재하는 것은 엔키의 몫이었다. 기원전 3천 년대의 자료는 훨씬 많은 신을 언급한다. 위 신들은 메소포타미아에서 신들의 의회를 구성한 극히 일부다.

이 신들의 조직은 메소포타미아 남부에 있던 고대 수메르의 정

---

1. 역주: '풍우신'이라는 번역어에 대해서 다음을 보라. 주원준, "'폭풍신'이 아니라 '풍우신'이다 - Storm God의 번역어와 특징", pp. 149-186. 다만 최근 연구는 엄밀한 의미에서 엔릴을 풍우신으로 넣지 않는다.

치 체제와 상응했다. 고대의 이런 체제에서 절대적 권위를 지닌 자는 없었다. 그때그때 무엇을 해야 할지 결정하기 위해 회의가 열렸다. 그리고 필요한 경우에는 비상사태를 돌파할 임시 지도자를 임명했다. 천상의 신들도 지상의 도시국가를 다스리는 통치자들도 그렇게 했다. 그러나 기원전 2천 년대 초에 정치적 상황이 변하자 신들의 조직 또한 변화했다.

기원전 18세기 중반에 아무르 출신 함무라피가 부상했다. 함무라피 임금은 통치 30년째에 라르사(*Larsa*)의 임금 림-신(*Rim-Sin*)에 맞서 결정적인 승리를 얻었다. 그리하여 예전에 고대 수메르에 속했던 모든 것을 통치했다. 바빌로니아의 이름으로 그 땅을 재통일시킨 함무라피는 그의 신 마르둑을 신들의 의회의 수장으로 올려 놓았다.

함무라피 법전[2] 서문은 (바빌론에서 동쪽으로 320km 정도 떨어진) 페르시아 도시 수사(*Susa*)에서 1902년에 발견됐다. 그 서문에는 아누와 엔릴이 함무라피 임금을 온 땅의 통치자로 임명했다고 적혀 있다. 이 임명은 태초의 때와 상응한다. 태초에 신들은 마르둑에게 "모든 사람들의 운명을 결정하는 엔릴의 역할"을 주어서 바빌론을 "세상에서 최고로" 만들었던 것이다. 그래서 기원전 1698년에 마르둑은 풍우신이자 전사인 엔릴의 역할을 넘겨 받았고 바빌론 제국 중앙의 닙푸르(*Nippur*)에 있는 에쿠르(*Ekur*) 신전에서 섬김을 받았다. 따라서 마르둑이 국가의 신이자 만신전의 새로운 지도자가 된 것은 역사적이고 정치적인 사건에 의한 것이었다. 더욱이 이 사건은 함무라피로 하여금

---

2. ANET-K pp. 362-369.

—게다가 아마도 마르둑으로 하여금—"하늘과 땅만큼 견고한 기초를 지닌 영원한 왕권"을 가지게끔 했다. 그리하여 그때그때 임시 지도자를 선택하던 천상과 지상의 옛 질서는 사라지고, 새롭게 영원한 왕조가 건설됐다.

그런데 마르둑의 통치를 신화론적으로 설명하는 문헌은 이 문제를 조금 다르게 묘사한다. 이 본문은 고대근동에서 나온 가장 중요한 신화론적 본문인데, 문서에서 첫 두 단어를 따서 『에누마 엘리쉬』(*Enuma elish*, '그때 저 위에서')라 불린다. 이 긴 이야기는 마르둑의 지배권을 세상 창조로 끌고 간다. 그때는 매우 중요한 시기로서 질서가 처음으로 혼돈을 꺾고 승리한 태초의 때다. 엘리아데와 다른 학자들은 그때를 우주의 구조가 세워질 때, 곧 "태초의 때"(*illo tempre*)로 묘사한다.

이야기는 물의 혼돈을 제외하고는 아무것도 존재하지 않았던 때에서 시작한다. 단물인 압수(*Apsu*)과 바다인 티아맛(*Tiamat*)과 구름과 안개인 뭄무(*Mummu*)만이 존재했다. 이 장면은 티그리스와 유프라테스의 강물이 바닷물과 만나는 페르시아만을 묘사하는 듯 하다. 이 모든 물이 혼합되어 두 신, 즉 라흐무(*Lahmu*)와 라하무(*Lahamu*)라 하는 신들이 태어났다. 이들은 두 강에서 흘러나와 강어귀에 쌓이는 침적토를 대표한다. 그 침적토 때문에 메소포타미아의 충적지는 확장된다. 그 "침적토의 신들"은 수평선과 지평선인 안샤르(*Anshar*)와 키샤르(*Kishar*)를 낳았고, 이어서 그들은 아누, 곧 하늘을 낳았다. 아누는 한편으로는 엔키, 즉 땅의 주인으로 알려져있는 누딤무드(*Nudimmud*)의 아버지가 됐다.

신들이 이렇게 계속해서 불어나자 세대 간 갈등이 생겼다. 특히 젊고 활동적인 신들과 구세대 신들이 맞섰고 신들의 세대 갈등은 심화됐다. 늙은 압수는 젊은 신들이 너무 경망스럽다고 생각했다. 그는 부인 티아맛에게 그런 말썽쟁이들을 낳은 것을 후회한다고 말했고 그들을 말살하기로 맹세했다. 당연히 그런 계획을 듣자 신들은 모두 당황했다. 이제 에아(*Ea*)라 부르는 현명한 신 엔키만은 예외였다. 에아는 주문을 외워 압수에게 마법을 걸었다. 늙은 가부장이 잠에 빠지자 에아는 그를 죽이고 새 세상을 세웠다. 곧, 에아는 담수인 압수를 가라앉게 하고 그 압수 위에 그의 거처인 땅을 세운 것이다. 제이콥슨(Thorkild Jacobsen)에 따르면 혼돈에 대한 신들의 이 첫 번째 대승리는 "물리적 힘을 통해서가 아니라 권위를 통한 승리였다. 이 신화론은 사회 조직의 원시적 수준을 반영한다. 곧, 공동체에 대한 위험이 공동체의 상호 협력에 의해서가 아니라 소수의 힘 있는 개인들의 개별 행동에 의해 해소되는 수준이다."[3]

에아는 압수 위의 새 집에서 마르둑을 낳았고 시간이 지남에 따라 이 젊은 영웅은 성장했다. 그러나 티아맛과 연합한 신들은 그녀에게 남편의 죽음을 복수하라고 설득했다. 재앙이 임박했다는 소식에 신들은 다시 야단법석을 피웠다. 밀사를 통해 협상하려는 몇 번의 시도는 실패로 돌아갔다. 위기가 코 앞에 닥치자 임시 전사가 필요했다. 신들의 지도자인 안샤르는 힘세고 젊은 마르둑을 추천했다. 티아

---

3. Thorkild Jacobsen, "Mesopotamia," in *Before Philosophy* (Baltimore: Penguin Books, 1949; orig. ed. 1946), p. 189.

맛이 마르둑에게 새로 만든 "괴물 뱀과 사나운 용"에 대항하여 신들을 이끌도록 하자고 제안했다. 마르둑은 이 제안을 수락했지만 하나의 조건을 붙였다. 신들이 다시 모여 자신에게 의회 지도자의 권위를 수여하라는 것이었다.

신들에게 최고의 권위를 부여받고 임금으로 선포된 마르둑은 풍우신의 모든 무기로 무장했다. 과거의 전사 엔릴처럼 마르둑은 활, 화살, 곤봉, 그물, 4개의 바람, 그리고 질병을 일으키는 악한 바람인 임훌루(*imḫullu*)를 포함한 7개의 비바람도 갖췄다. 그리고 전차에 올라 길을 떠나 혼돈의 세력에 맞섰다. 휘황찬란한 영광에 싸인 마르둑을 보자 티아맛의 전사들은 당황했다. 오직 티아맛 그녀만이 전능한 마르둑에 맞섰다. 날선 말들이 오갔다.

> 그들은 일대일로 싸우며, 서로 엉겨붙었다.
> 주님께서 그물을 펴 그녀를 잡으려 한다.
> 뒤에서 따라오던 '악한 바람'을 그녀의 얼굴로 강하게 풀어놓는다.
> 티아맛이 입을 열어, 그 바람을 삼키려 했을 때,
> 그는 '악한 바람'을 그녀의 입 속에 꽂아 넣었고,
> 티아맛은 입을 다물 수 없었다.
> 강한 바람이 (그 틈을 타) 그녀의 배(속)로 돌진하자
> 그녀의 입이 넓게 열린 채, 그녀의 몸은 불어났다.
> 마르둑은 활을 쏘아 그녀의 배를 맞혔다.
> 화살은 그녀의 내장을 꿰뚫고, 심장을 갈랐다.

그렇게 그녀를 정복한 후, 그는 그녀의 숨통을 끊었다.[4]

그리고 피비린내 나는 행위가 계속됐고, 마르둑은 그의 곤봉으로 티아맛의 두개골을 부수어 버렸다. 그녀의 동맥을 잘라 북풍이 그녀의 피를 미지(未知)의 곳으로 날려 보냈다. 승리한 마르둑이 그녀의 시체를 사용하여 세상을 지었음을 주목하라.

그는 그녀를 조개처럼 두 부분으로 나누었다.
그녀의 반을 들어 하늘로 붙였고
잠금 막대를 내린 후 보초를 세웠다.
그리고 그들에게 그녀의 물이 빠져나가지 못하도록 명령했다.[5]

아버지 에아가 압수, 곧 지하수를 만들면서 우주 창조를 시작했듯, 아들 마르둑은 하늘을 세움으로써 그 일을 끝마쳤다. 이때 승리자 마르둑은 하늘에 별자리를 세워 저마다 기능을 할당했다. 다음에 그는 인간을 만들어 자질구레한 일들을 맡겼고 이제 "신들은 편안해졌다." 마지막으로 그는 천상과 지상을 관리할 신들에게 다양한 책임을 지웠다. 이렇게 마르둑은 왕국을 새롭게 얻었고, 통치 체제를 설립했다. 신들은 마르둑의 통치가 가져온 혜택을 칭송하며 그를 위해 신전을 지었다. 천상에 있는 마르둑의 집 에샤라(*Esharra*)에 상응하

---

4. ANET-K, pp. 94-95; ANET, p. 67.
5. ANET-K, p. 96; ANET, p. 67.

는 에사길라(*Esagila*)라 하는 신전이 지상에 설립됐다. 거기에서 그 전사는 신들을 위해 잔치를 베풀었고 그 잔치에서 새 임금의 호칭 50개가 열거되며 찬양을 받았다.

『에누마 엘리쉬』 이야기에서 신들의 정치 체제는 진화했다. 소수의 인물이 주도하던 원상태로부터 신들의 의회에서 임시 지도자를 선출하는 것으로 발전하더니, 결국 광범위한 혜택을 누리는 군주제가 설립됐다. 『에누마 엘리쉬』는 기원전 18세기의 역사에서 출발하지 않고 오히려 창조 이전의 사건에서 출발했지만, 함무라피 법전의 서문과 똑같은 결론에 도달했다. 마르둑의 영원한 천상 통치와 바빌론의 임금 함무라피에 의하여 시작된 지상의 견고한 왕조는 서로 상응한다. 동시에 마르둑의 통치는 티아맛을 꺾고 승리한 사건에 기초했다는 점에서 우주적이다. 그리고 함무라피 왕조 또한 이와 상응한다는 점에서 우주적인 것이라고 생각됐을 것이다.

마르둑과 티아맛의 전투는 원래 아르메니아 북부의 산맥에서 내려오는 홍수와 관련된 것 같다. 해마다 봄이면 두 강에서 내려오는 물은 평지로 범람하고, 농경지는 마치 태초의 혼돈의 물에 덮인 것처럼 보인다. 바람이 물을 말리면 풍부한 침적물이 남는다. 그래서 적절하게 강의 질서를 잡아야 농업이 번창하고 공동체도 생존한다. 마르둑이 경비원들에게 "그녀의 물들이 도망가지 못하게 하라고" 명령한 것은 아마도 이렇게 강물을 다스리려는 열망과 관련됐을 것이다.

마르둑이 역사적인 상황에서 정치적으로 부상하는 현재 이야기의 배경에 이렇게 자연 현상이 놓여있고 마르둑 이전에 존재했을 이 이야기의 원본에서 혼돈의 바다를 정복한 영웅의 특징이 마르둑의 특징이 됐을 것이다. 그 신은 엔릴, 최고의 쿠라두(=전사)이다. 그런데 이상하게도 엔릴은 이 이야기에서 빠졌고 서두의 족보에도 안 보인다. 새로운 풍우신 마르둑에 의해 대치된 엔릴은 다만 이야기의 끝부분에서만 나타나는데, 그는 신들 앞에서 그의 활을 올리고 다시 신들 앞에 내려 놓는다. 이런 행위는 아마 엔릴이 티아맛의 편에서 싸웠지만 새로운 전사에게 항복했기에 이제 완전히 복종한다는 의미일 것 같다.

이런 해석의 가능성을 품고 다시 역사의 영역으로 들어가 보자. 제이콥슨은 마르둑의 으뜸가는 적대자로서 티아맛을 상정한 것에 대해 의문을 품는다. 메소포타미아에서 생명을 위협하는 것은 강이었다. 바다(=티아맛), 즉 남쪽의 페르시아만은 평범한 메소포타미아인의 삶에서 거의 경험되지 않았다. 다만 함무라피 사후(기원전 1750년경) 200년 이상 계속해서 마르둑과 바빌론의 중요한 적대자는 "티아맛의 땅", 곧 남쪽의 바다 나라(the Sealand)로서 한때 고대 수메르의 영토를 거의 차지했다. 하지만 기원전 1450년에 바빌론의 울룸부리아쉬(*Ulumburiash*) 임금은 그 나라를 꺾고 바빌로니아의 남부와 북부 지역을 통일했다.

해석의 세부 사항들은 철저하게 계속 연구되어야 하겠지만, 한 가지 점은 분명한 것 같다. 곧 『에누마 엘리쉬』 본문은 기원전 2천 년부터 길고도 복잡한 발전 과정을 거쳤고, 그 과정에서 자연 순환의 요소와 함께 역동적인 역사적·정치적 사건들을 포함하게 된 것 같다. 엔릴은 마르둑으로 대체됐고 다시 천 년 동안 복잡한 발전이 계속됐다. 그리고 결국 마르둑은 메소포타미아 북부의 아슈르(*Ashur*)에게 자리를 내 주었다. 이 새로운 영웅은 기원전 8세기와 7세기에 걸쳐 등장했는데, 이때 아시리아인들은 동일한 이야기를 사용하여 그들의 제국에 우주적 의미를 부여했다. 본디 자연 현상을 반영하는 신화였던 『에누마 엘리쉬』가 역사적이고 정치적인 차원들을 포함하며 발전했다는 사실을 간과할 수는 없다.

그러나 신화와 역사가 결합된 긴장이 세월이 지나도 계속됐는지는 확실하지 않다. 우리는 기원전 1,000년의 본문들을 통해 『에누마 엘리쉬』의 낭독이 바빌론의 신년 축제인 아키투(*akitu*) 축제의 일부였음을 안다. 그 축제는 기원전 3,000년 전에 이미 우르(*Ur*)와 닙푸르에서 행해졌는데, 아마 다른 도시에도 알려져 있었을 것이다. 『에누마 엘리쉬』가 정확히 언제부터 아키투에서 낭독됐는지 현재로서는 알 길이 없다. 그러나 기원전 1,000년 경에 이 축제는 춘분에 치러졌고 그 넷째 날에 그 이야기 전체가 낭송됐음은 확실하다. 바빌론의 발굴 결과, 아키투 축제에서 임금은 마르둑을 옮기는 특정한 행진을 이끌었다. 곧 마르둑 신상을 그의 신전에서 아키투의 집에 이르는 '길'을 따라 옮기는데, 아키투의 집은 특정한 지점에서 의례적인 거룻배로 변형됐다.

많은 학자들은 『에누마 엘리쉬』 이야기가 아키투의 집에서 의례를 통해 실행됐다고 생각한다. 혼돈의 괴물과 싸운 마르둑의 전투를 재현하는 제의적 드라마는 전체적으로 '태초의' 행위를 의미했을 것이다. 그리하여 우주는 매년 재창조되고, '태초의' 행위는 반복되어 한 해 동안 생명이 지속될 것을 보장하는 것이다. 다시 말해서 '정월 초하루'는 온전하게 다시 일어나는 '창조의 날'이었다. 한 영역에서 일어난 것이 다른 영역에서 일어난 행위나 결과와 상응한다. 그러므로 의례의 전투에서 이긴 승리자는 참된 승리자가 된다. 그는 질서가 혼돈을 꺾은 천상적 사건의 결과가 지상에서도 이루어질 것임을 보증한다. 나아가 천상의 결과는 지상의 자연의 결과와도 상응할 것이고, 지상의 생명은 그 결과에 의존하여 살아갈 것이다. 이 제의와 천상의 승리에 기반해서 해마다 마르둑은 바빌론과 우주의 임금으로 등극한다. “마르둑 샤루”(*Marduk šarru*), 즉 “마르둑은 임금이시다!”라는 제의적 환호는 ‘태초의’ 신들의 의회에서 있었던 환호와 상응한다.

우리는 앞에서 신화의 발전은 자연적이고 역사적인 영향이 결합되면서 이루어진다는 것을 보았다. 이제 바빌론의 의례를 보며 깨달아야 할 점이 있다. 이야기가 배타적으로 신화론적인 의미를 지닐 때, 신화론과 역사 사이의 긴장이 해소된다는 것이다.

가나안: 계절의 순환으로서의 신화

시리아의 지중해 연안에 위치한 고대 도시 우가릿에서는 중요한 전승들이 발굴됐다. 그 가운데 이른바 바알-아나투(*Baal-Anatu*) 순환 이야기가 있다. 바알은 풍우신이다. 메소포타미아의 엔릴을 이은 마르둑 같은 신이다. 그리고 우리는 바알이 다산의 신이라는 점을 놓치지 말아야 한다. 아나투는 바알의 누이다. 그녀의 오빠처럼 승리의 전사이고 또한 꽤 유명한 다산의 여신이다. 이 오누이는 저마다 많은

적대자와 맞서는데, 가장 센 적은 얌, 곧 바다였다. 바다는 판관 나하르('강')라는 이름도 지녔다.[6]

이야기 전체를 둘러싼 근본적인 문제는 신전을 소유하고 거주할 권리다. 신들의 의회의 수장이자 신들의 아버지이며 피조물의 창조주인 엘(*El*)은 늙고 지혜롭다. 그는 설득되어 신전 건축을 허락했음이 분명하다. 어떤 이유에선지 이 만신전의 수장은 코싸르와하시수(*Koṯar-wa-Ḫasisu*)라는 솜씨좋은 장인신에게 명령하여 얌 왕자에게 궁전을 지어주었다. 이 결정은 얌이 왕권을 이어받아 다른 신들을 다스릴 것임을 의미했다. 이 소식에 아쉬타르(*Ashtar*)신은 분노했다. 그러나 태양의 여신 샵슈(*Shapshu*)는 화를 가라앉히지 않으면, 엘의 분노가 있을 것이라고 경고했다.

바알은 얌(=얌무)이 성공했다는 말을 듣자 얌(=얌무)을 저주했지만, 아직 시작에 불과했다. 얌(=얌무)은 바알을 넘어서는 권위를 보여 주고 싶었다. '바다 왕자'는 신들의 의회에 전령을 보내 바알을 종처럼 넘기라고 요구했다. 룰라(*Lula*) 산 위에 있는 엘의 처소에서 얌(=얌무)의 전령들이 도착하는 이 장면은 우스꽝스럽게 묘사된다. 얌(=얌무)은 전령들에게 신들에게 고개를 숙이지 말고 오만하게 메시지를 선포하라고 명령했다. 전령들은 신들이 먹고 있을 때 도착했다. 신들은

---

6. 역주: 일러두기에서 밝혔듯이 우가릿 바알 신화의 신 '얌무'(*Yammu*)와 '나하루'(*Naharu*)는 구약성경 히브리어의 표기에 따라 저마다 '얌'과 '나하르'로 쓴다. 그리고 우가릿 『바알 신화』(*Baal Cycle*)를 『바알-아나투 순환』(*Baal-Anat cycle*)으로 부르는 것에 역자는 동의하지 않는다. 이 신화의 독특한 '바알의 제한적 등극'과 이에 대한 새로운 '역사적 해석'에 대해서는 다른 기회에 논할 것이다.

그들의 모습을 보자 공포와 전율에 떨었다. 그러자 바알은 신들 모두에게 짜증을 냈다.

> 신들은 고개를 숙였다.
> 그들의 무릎까지
> 그들 영도자의 권좌를 향해.
> 바알이 그들을 비난했다.
> " … 저마다 신들이여 대답할지어다!
> 얌무(=얌)의 전령의 석판에
> 판관 나하루(=나하르)의 증인에.
> 신들아, 너희의 고개를 들어라!
> 너희의 무릎에서
> 너희 영도자의 권좌에서.
> 내가 몸소 얌무(=얌)의 전령에게 대답하리라.
> 판관 나하루(=나하르)의 사자에게"[7]

신들은 머리를 들었다. 그러나 전령들이 "너희의 주님이신 판관 나하루님"의 메시지를 전하자, '황소 엘'은 즉각 굴복하여 "바알은 당신의 종입니다. 오 얌(=얌무)이여"라고 대답했다. 바알이 분노했음은 말할 필요도 없다. 그는 즉시 전령들을 공격했다. 여기서 토판이 상당히 파손됐지만 대결은 계속되었음을 알 수 있다. 장인신 코싸루

---

7. KTU[3] 1:2:I:23-27; ANET-K, p.240; ANET, p. 130.

와하시수는 바알이 적을 무찌르고 승리할 것이라고 약속했다. 그리고 승리를 얻기 위한 수단을 제공했다. 그는 야그리슈(*Yagrišu*, 내쫓는 자)라고 부르는 두 개의 곤봉을 만들어주며 얌(=얌무)의 등을 때리라고 말했다. 바알이 즉시 곤봉으로 쳤지만 얌(=얌무)은 너무 강해서 이길 수 없었다. 그러자 장인신은 새로운 무기를 구상했다. 아유무루(*Ayyumurru*, "몰아내는 자")라 부르는 곤봉 두 개를 더 만들어 정확히 얌(=얌무)의 머리를 때리라고 말했다. 이번에는 바알이 성공하여 얌(=얌무)은 무너졌다. 그러나 풍우신은 결정적 타격에 만족하지 않고 얌(=얌무)을 죽이려고 시도했다. 그때 여신 아쓰타르트투(*Ashtoreth*, 또는 '아쉬토레트')는 바알을 "꾸짖고" 형제 살해를 막았다. 하지만 얌(=얌무)은 죽었고, 고통 속에서 "바알님이 임금이시다"라고 선언했다. 얌(=얌무)을 완전히 꺾고 나서 바알은 자신이 다스릴 신전을 기대했다. 그러나 얼마 동안 엘은 꼭 필요한 허가를 내주지 않았다. 결국 얌(=얌무)의 편에 섰던 아세라(*Asherah*)가 다른 방법으로 그 늙은 지도자를 설득했다.

이 이야기는 바알이 어떻게 우가릿이라는 도시 국가의 주신(主神)이 됐는지를 묘사한다. 그러나 이 이야기는 역사나 정치와는 아무런 관련이 없다. 기본적으로 이 이야기는 지상의 지배권을 놓고 적대적인 두 힘이 충돌하는 것이다. 이 충돌은 늦가을, 즉 가나안의 이른 우기를 반영하는 듯 하다. 지중해를 뜻하는 얌(=얌무)은 이 시기에 너무 거칠어져 고대인들은 바다에 나서기를 두려워 했다. 얌(=얌무)은 해변가를 때리고 낮은 지역을 홍수로 위협하는 파도다. 그래서 전쟁을 불러오는 혼돈의 힘으로 이해된다. 얌(=얌무)의 다른 이름 나하르(=나하루)는 사나운 비바람을 뜻하거나, 눈이 녹아 강으로 흘러드는 급류를 지칭하는 것 같다. 얌과 나하르의 결합은 식물을 기르고 인간을 생존하게 하는 비가 아니라 생명을 위협하는 모든 물을 대표하는 듯 하다. 다른 한편으로 풍우신 바알은 최소한 여름 가뭄 때까지 채소가 성장하도록 비를 내려 준다. 자연적 힘들이 충돌하는 일은 얼마간 지속된다. 그 이유는 얌(=얌무)이 강하기 때문이다. 그는 쉽게 파괴되지 않는다. 이 이야기의 말미에 결국 바알이 승리하여 실제로 그를 위한 신전이 세워졌다. 이 신화와 관련된 분명한 의례의 증거는 없다. 하지만 대부분의 학자들은 가나안 지역에서 가을 신년 축제 때 이 신화를 낭독하며 찬양했을 것이라 추측한다.

이 신화에서 바알은 레비아탄(또는 *Lotan*)이라는 적대자를 물리쳤다는 명성도 얻었다. 레비아탄은 얌과 어떤 관계가 있는 것 같다. 죽음과 불모의 신 모투(*Motu*)가 바알에게 말한다.

> 과연 당신은 레비아탄, 도망치는 뱀을 친다.
> 당신은 똬리 튼 뱀을 끝장낸다.
> 머리 일곱 달린 샬리야투(*šlyt*)를.[8]

위 묘사에서 적대자는 셋이 아니라 하나의 괴물을 이렇게 표현한 것 뿐이다. 왜냐하면 이런 3행의 동의적 병행구는 우가릿 시와 성경의 시편이 공통적으로 사용하는 수사법이기 때문이다(시편 29,3.7-8; 93,3을 참고하라). 재미있게도 다른 곳에서는 바알의 누이 아나투가 이

---

8. KTU[3] 1.5:I:3-4; ANET-K, p. 279; ANET, p. 137.

괴물을 패배시켰다고 주장된다. 그녀의 거처에 도착한 바알의 전령들이 무슨 임무를 지니고 왔을지 궁금해 하면서 그녀는 말했다.

> 내가 분명 엘의 사랑받는 얌무(=얌)를 쳤다.
>
> 내가 분명 큰 신 나하루(=나하르)를 끝장냈다.
>
> 내가 분명 툰나누(*Tunnanu*)에 재갈을 물리고 그것을 파괴해버렸다.
>
> 내가 똬리 튼 뱀을 쳤다.
>
> 머리 일곱 달린 샬리야투(*Šalliyaṭu*)를[9]

아나투가 물리친 적의 목록은 계속된다. 그런데 여기서 마지막 2행이 앞의 인용문의 2행에 대한 응답인지, 아니면 그저 적의 목록을 계속해서 나열한 것인지 분명하지 않다. 다시 말해 얌, 나하르, 툰나누(=용)가 뱀과 샬리야투를 동일한 혼돈신의 이름이라고 볼 수 있는 것이다. 이런 해석 가능성을 통해서, 뱀과 얌은 동일한 신이며, 따라서—더 위의 인용문의 첫 행에 나온—바알의 적대자 레비아탄도 얌과 동일한 신일 것이다.

어쨌든 성난 바다를 꺾은 승리자는 바알(또는 그의 누이)이다. 그 승리의 결과, 바알은 자신의 신전에서 임금으로 즉위한다. 바빌로니아 이야기의 풍우신 마르둑처럼 우가릿의 풍우신 바알은 최고의 자리에 오르고 그의 신전에서 다스린다. 바빌론의 마르둑과 다른 점도 있다. 바빌론에서는 창조 전체를 강조했지만, 우가릿 신화에서는 바알

9. KTU[3] 1.3:III:38-41; ANET-K, p. 253, ANET, p. 137.

도 그리고 그밖의 다른 어떤 신도 우주의 창조주가 아니다. 심지어 "피조물의 창조주"(*bny buwt*)로 불리는 엘도 세상의 창조주라기보다는 최고의 조상(progenitor)에 가깝다.

이집트: 신화의 역사화

바빌론에서 바다와 강은 파괴하는 혼돈의 힘이었고 우가릿에서는 더욱 그랬다. 이와 달리 이집트의 가장 의미있는 물, 곧 나일강은 생명을 낳았다. 이집트는 "나일강의 선물"이라 불렸다. 나일강은 홀로 다량의 물을 공급해서 농업에 도움을 주기 때문에 이런 이름은 적절하다. 나일강은 티그리스나 유프라테스 강가에서 체험된 홍수보다 더욱 예측 가능하고 얌전한 방식으로 해마다 범람했다. 더구나 나일강의 범람은 수 세기 동안 풍부한 침전물을 쌓았다. 그래서 제방에서 벗어나면 밝은 모래가 많지만 충적지는 이와 달리 검은 색을 띠었다. 그리하여 나일강은 두려운 혼돈의 힘이 아니다. 오히려 기쁘게 찬양해야 마땅할 생명의 선물이다. 이에 따라 비바람을 몰고 오는 풍우신은 이집트인들의 용감한 영웅이 아니었다. 영웅은 나일강 그 자체와 태양이었다.

이집트인들의 우주관에 따르면, 나일강과 태양은 눈(*Nun*)이라 하는 저승의 원시적 바다로부터 떠올랐다. 그들은 나일강이 심연의 커다란 동굴로부터 솟구쳐 올랐다고 믿었다. 고대 이집트인들은—마치 엘레판틴 섬(Elephantine Island)의 지점처럼—강과 바다가 합류하는 곳이요 너무도 깊어 잠수부들이 바닥을 찾을 수 없는 곳이라고 믿었다. 한편 눈은 대지(*Geb*) 밑에 놓여 있고, 평평한 대지를 둘러 싸고 있다. 그래서 태양이 뜨고 지는 것은, 둥그런 태양의 원판(solar disk)이 눈에서 떠오르고 다시 눈 속으로 들어가는 것이라고 생각했다. 해는 밤동안 배를 타고 저승을 통과하고 낮에도 배를 타고 하늘을 지나간다. 신화론적인 의미에서, 태양은 마치 '태초에', 즉 시간의 시작에 그 바다에서 출현한 것처럼, 동쪽 지평선에서 매일 아침 다시 태어나야 했다.

밤 여행을 마친 태양신 레가 아침에 재탄생하는 일은 자연적으로 이루어지는 것이 아니다. 레는 밤마다 어둠 속에서 아포피스라고 하는 뱀을 만난다. 혼돈의 뱀은 밤마다 태양을 삼키려고 덤벼든다. 그리하여 생명을 주는 레는 뱀의 모습으로 나타나는 혼돈과 어둠의 힘에 맞서 싸운다. 기원전 14세기에 시작된 태양신에 대한 찬미는 이런 사상을 잘 드러낸다(참고로 이 시기는 강한 아문[*Amun*]신과 결합하여 강한 형태인 아문-레[*Amun-Re*]로 융합된 모습이다).

> "유일하신 임금, 신들의 유체(流體) 같으신 분,
> 헤아릴 수 없이 많은 이름을 지니신 분,
> 동쪽 지평선에서 떠오르시고
> 서쪽 지평선으로 쉬러 가시며,
> 적들을 무너뜨리시고,
> 매일 아침 일찍 [다시] 태어나시는 …
> 당신의 선원은 기뻐합니다.

그들이 반역자의 파멸을 봅니다.

칼로 해치운 반역자의 몸을".[10]

이 찬양에서 "반역자"의 이름은 나오지 않는다. 그런데 신화, 의례 그리고 마술의 주문을 담은 본문인 『용의 물리침과 창조』(*The Repulsing of the Dragon and the Creation*)에서 악마인 용의 이름은 아포피스라고 나온다. 역사적 문헌에서 용은 파라오의 원수를 표현한다. "레는 너, 아포피스에 대한 승리자다—네 번 (거듭된다). 파라오—생명, 번영, 건강!—는 적들에 대한 승리자다—네 번 (거듭된다)."[11] 이 본문은 기원전 4세기의 것이다. 하지만 일반적으로 훨씬 이전 시대에서 유래했다고 이해된다. 아마도 그보다 2,000년 전의 언어가 보존된 것 같다.

이 본문이 아포피스를 파라오의 적들과 연관시키듯이, 파라오 자신은 레와 연관된다. 이 관계를 이해하는 것은 별로 어렵지 않다. 이집트의 왕권 역사의 매우 초기부터, 왕좌에 앉은 파라오는 스스로를 하늘신 호루스(*Horus*)라고 생각했다. 더욱이 임금이 사망하면 그는 호루스의 아버지 오시리스(*Osiris*)가 된다. (이 관계는 오시리스와 세트 사이의 전쟁을 묘사하는 고대 신화에 기초하고 있다. 이 신화에서 젊은 아들 호루스는 결국 아버지의 적 세트를 물리쳤다). 기원전 25세기 제5왕조 시대에 파라오는 스스로를 레, 곧 최고신의 아들이라고 주장했는데, 그 배후에는 태양신을 섬겼던 헬리오폴리스(Heliopolis)의 사제들의 영향이 있다. 실제로

---

10. ANET, p. 367.
11. ANET, p. 7

대관식 때 파라오에게 부여된 다섯 개의 공식 이름들 가운데 하나는 "레의 아들"이었다. 그리고 태양을 묘사하는 기초적인 형상과 용어들 또한 레의 아들이 사용했다. 이를테면 성각 문자로 "카이"(*khay*)는 태초의 산 위에 있는 태양으로 표현됐다. 이 낱말은 동사로 "빛을 비추다"를 의미했다. 그래서 매우 자연스럽게 창조의 태양을 표현했고, 동시에 매일 아침 재탄생하는 일출의 태양도 묘사했다. 그런데 똑같은 단어가 공적인 의식에 나타나는 파라오를 묘사하는 데 사용됐다. 신화론적으로 생각한다면, 태양신, 파라오, 그의 아들은 실제로 같은 행위를 하는 것이고, 서로 상응하는 존재다.

파라오의 신성이 더욱 분명하게 표현되는 본문도 있다. 기원전 13세기 『파피루스 아나스타시 II』(*Papyrus Anastasi II*)라는 문서에서 삼각주에 있는 도시 라메세스는 화려하게 묘사된다. 도시를 묘사하는 중간 부분에 "람세스 메리-아몬(*Ramses Meri-Amon*)은 신으로서 그곳에 있다"라는 람세스 2세의 말이 있다. 더욱이 이 본문에서는 외국의 임금들이 "신의 뜻이 일어날지어다"라고 말하며 람세스에게 복종을 표시한다.[12] 그리고 또 다른 본문, 즉 『파피루스 아나스타시 III』(*Papyrus Anastasi III*)는 람세스에게 이렇게 말한다. "오 우세르마아트레 세텝엔레(생명과 번영과 건강이 있기를)!"[13]

장례 의식(mortuary)이 중요한 이집트 종교에서 태양 숭배의 의미는 『용의 물리침과 창조』의 다른 본문에서 더 분명히 나온다.[14] 대개

12. ANET, p. 470.
13. ANET-K, p. 761; ANET, p. 471.
14. ANET, p. 11-12.

악역을 맡는 세트 신이 여기서는 심연의 짐승을 격퇴하는 좋은 일을 한다. 그래서 태양은 저승을 가로질러 아침에 다시 태어날 수 있었다. 사람의 부활도 이런 식으로 이뤄진다. "죽은 사람이 '아크'(*akh*), 곧 영향력있는 존재가 되기 위해서 사람은 살아남아야 한다"고 말한다.

다시 말해서, 사후에 다시 태어나기 위해서는 태양의 배를 타고 서쪽 지평선에 내려와서 저승을 통과하는 여행을 해야 하는 것이다. 그래야 동쪽 지평선에서 해와 함께 떠올라 하늘을 지나갈 것이다. 기원전 3,000년경의 피라밋 본문과 후대의 관(棺) 본문에 이와 관련된 다양한 언급이 존재한다. 그 본문들은 죽은 사람이 순환하는 레와 함께 '갈대 호수'(the Lake of Rushes)나 '갈대밭'(the Field of Rushes)을 지나가야 한다고 말한다. 그런 언술들 가운데는 죽은 임금이 "나는 '갈대 호수'에서 레와 함께 목욕을 했다"고 말한 것도 있고, "레는 '갈대밭'에서 목욕을 했다"는 것도 있다. 이런 다른 발언을 종합하면, '갈대 호수와 '갈대밭'은 같은 곳이다. 어떤 경우에는 이 목욕물이 천상에 자리잡은 것 같지만, 어떤 경우에는 저승에 있는 것 같다. 따라서 태양이 지나가는 물은 땅의 위와 아래에 자리잡은 원시적 대양으로서 이해된다. 그리고 태양과 함께 하는 여행의 목적지는 태양이 창조 때 떠오르고 매일 새롭게 태어나는 '불꽃 섬'(the Isle of Flame)이다.

이집트의 종교는 기본적으로 장례의 종교라는 성격을 지니지만 태양신의 궁극적인 자리는 지금 여기에 있다. 파라오는 신의 아들이므로 이집트를 잘 다스리기 위해서 신과 상의해야 했다. 다시 말해 그는 인간과 신들 사이에서 유일하게 적합한 중재자다. 그는 신의 뜻을 알고 그것을 자신의 왕국에 전달하는 책임을 가졌다. 시대가 흘러감에 따라 신들의 뜻을 알기 위한 특정한 수단이 사용됐다. 그것들 가운데는 꿈과 가시적인 기적들이 있었고, 특정한 신전에서 신과 단순히 상담하는 것도 있었다. 때로 그는 신상(神像)에서 예 또는 아니오의 대답을 구했다. 전투와 전사로서의 신의 역할을 다루는 우리의 주제와 관련된 것들 가운데, 여성 파라오인 핫솁수트(*Hatshepsut*)의 죽음 직후에 일어난 사건을 보자. 오론테스(*Orontes*) 강변의 도시국가 카데쉬(*Kadesh*)의 왕자는 팔레스티나-시리아 통치자들의 동맹을 이끌고 새로운 파라오인 투트모세 3세에 맞섰다. 아문-레의 신탁을 통해 승리를 약속받은 새 파라오는 신상을 앞세우고 군대를 지휘하며 자신 있게 마차를 몰았다. 약속된 승리를 성취한 파라오는 아문-레의 카르낙 신전에 더 많은 보물을 바쳤다. 이렇게 신은 그의 아들 파라오가 치른 역사적인 전투에서 중요한 역할을 수행했다.

여기서 아포피스에 맞서 전투를 치르는 태양신 레의 신화론이 역사적인 사건에 어떤 의미를 주기 위하여 사용됐음을 분명히 알 수 있을 것이다. 기원전 1730-1550년에 이집트 땅은 힉소스라 불린 소아시아인들에 의해 지배됐는데, 그 첫째 임금은 아포피스라 불렸다. 제19왕조의 문헌에 따르면 아포피스 임금이 이집트의 다른 신들을 제쳐두고 오직 세트만을 섬겼다고 전한다(이것은 아마도 이 기간 동안 바알과 세트가 동일시됐기 때문일 것이다). 이집트 신화론에서 세트는 가끔 선한 행위를 할 때도 있지만 호루스와 영원한 전투를 벌인 풍우신이었다. 호루스는 이집트의 파라오로 육화하는 신이다. 뱀 아포피스는 하나의 인격으로서 세트와 여신 세크메트(*Sekmet*)에 가담했고, 이 뱀은 이집트 신화에서 일차적으로 적대적인 세력으로 이해됐다. 따라서 최소한 하나의 가능성을 제시할 수 있다. 이집트인들이 힉소스 통치자를 아포피스라 불렀다는 것이다. 힉소스의 임금은 태양신 레를 삼키려는 어둠과 혼돈의 뱀을 대표한다. 그래서 그는 임금, 백성, 그리고 모든 땅의 생명을 보장하는 그 영원한 순환을 방해하는 존재다. 그러나 다른 한편으로 만일 아포피스가 실제로 힉소스의 고유명사이고 이집트인이 고안한 이름이 아니었다면, 나일강에 살던 원주민들은 고대로부터 잘 알고 있던 신화를 기반으로 이런 이야기를 만들어내었을 것이라고 상상하는 일은 어렵지 않다.

따라서 메소포타미아와 가나안에서처럼 이집트에서도 생명을 주는 신은 생명과 세상 질서의 연속성을 위협하는 뱀 괴물과 정기적인 전투를 벌였다. 그러나 나일강은 티그리스 강, 유프라테스 강, 그리고 겨울의 지중해와 다르다. 나일강의 본성 때문에 충돌은 매년 또는 계절적으로 일어나는 사건이 아니었다. 이집트의 충돌은 생명을 주는 태양과 어둠의 대리자들이 맞서 싸우는 것이었고, 그 싸움은 밤에 일어났다. 물론 태양신 레의 승리는 "신들과 인간을 모두 다스리는" 왕권의 기초였다.

이집트 고유의 신과 신화는 메소포타미아의 신화론과 마찬가지로 왕국의 통치와 파라오가 참가한 역사적인 전투들과 관련되어 있다. 하지만 우가릿에서 발견된 가나안의 신화론적 자료에서 이런 요소는 빠져 있다(물론 엘이 전설적인 키르타[*Kirta* 또는 *Keret*] 임금을 전투에 보낸 일이 있긴 하다). 결국 메소포타미아와 이집트에서 신화와 역사가 엮여 있을 가능성이 존재한다. 왜냐하면 앞에서 아포피스의 기원을 추측한 논지가 가치있는 것이라면, 이집트의 레-아포피스 신화론은 그 땅에서 힉소스 지배를 설명하기 위하여 역사화된 것이기 때문이다. 아마도 그렇게 함으로써 이집트인들은 힉소스를 쫓아낼 희망을 품었을 것이다. 왜냐하면 신화론의 순환적인 본질에 따라 레는 우주를 다스리는 승리자요 임금으로서 지평선 위에 출현할 것이기 때문이다.

제2장
전사이자 임금이신 야훼

독자들이 예상하듯, 히브리 성경 기자들은 고대근동 문화에 널리 알려진 '질서와 혼돈의 투쟁' 형상을 사용했다. 주변 문화에서 이런 투쟁 형상을 적용한 목적은 일종의 반론(polemic)을 펴기 위한 점이라는 것을 쉽게 예상할 수 있다. 만일 마르둑이 티아맛(=심연)을 쳐부술 능력이 있다면, 야훼께서 나타나실 때도 "심연"(=트홈, תהום)은 절규할 것이다(하바 3,10). 만일 바알이 얌(=바다)을 정복할 수 있다면, 분노한 야훼도 "바다"(=얌, ים) 따위를 짓밟으실 것이다(하바 3,8. 15; 욥기 26,12-13; 9,8). 만일 마르둑의 적군이 뱀같은 괴물과 용으로 이루어져 있다면, 야훼의 적 또한 뱀이나 용이다(이사 51,9; 에제 29,3-6; 32,2-8). 만일 바알이(그리고 아나투도?) 똬리 튼 뱀 레비아탄을 치면, 야훼 또한 똑같은 괴물을 상대해야 한다(이사 27,1; 시편 74,14; 104,26; 욥기 40,25-41,26). 다시 말해서, 야훼께서는 마르둑과 바알의 적대자들에 맞서 승리하신다. 그리고 성경 외적 문헌에서는 아직 발견되지 않은 또 하나의 악당인 라합

(Rahab)에게도 승리하신다(이사 30,7; 51,9-10, 욥기 26,12). 이 "괴물들"이 이스라엘의 믿음이 형성되는 데 끼친 특수한 영향을 규명하려면, 고대의 공통된 신화들의 용례를 하나하나 주의 깊게 연구해야 한다.

예언자들의 설교에 나타나는 혼돈의 괴물들

첫째, 히브리 성경의 예언자들이 이런 투쟁 형상을 사용하여 지상의 국가들과 임금들이 야훼의 신적 의지와 목적을 거스른다는 의미를 전달했다. 이사야서 30,7은 역사적인 한 국가가 어떻게 신화론적인 적과 동일시되는가를 훌륭히 보여주는 예다. 이사야서 30장에 담긴 단편들은, 전체적으로 아시리아 임금 사르곤(*Sargon*)이 사망한 기원전 705년 직후에 일어난 역사적인 사건들을 반영한다. 유다 임금 히즈키야와 몇몇 다른 민족들의 지도자들은 몇 해 동안 아시리아의 지배하에서 고통을 겪었고, 압제자들에 맞서 반역을 도모했다. 이런 계획을 실행하기 위해 유다는 이집트로 특사를 보내 동맹을 맺고 강력한 파라오의 보호를 구하려고 했다. 그런데 이사야 예언자는 야훼와 상의하지 않은 이런 동맹은 '죽음과의 계약'이기에(28,15. 18) 이런 협상은 쓸데없다고 말했다. 예언자의 말이다.

이집트의 도움은 헛되고 허황될 뿐이니

나는 그것을 "패배한 라합"이라고 한다(이사 30,7).[1]

야훼께서 쳐부순 신화론적 뱀인 라합은 유다가 매달렸던 나라인 이집트다. 따라서 이 구절에서 신화와 역사가 만난다. 이 만남의 실재와 맥락은 시간과 공간에서 발생했고, 실제로 개연성이 충분한 외교적인 사건이었다. 이렇게 이스라엘의 삶에 일어난 역사적 사건에 신화론은 인상적인 의미를 부여한다.

아마도 신화와 역사가 결합한 이사야서 51,9-10이 훨씬 흥미로울 것이다. 이 구절의 역사적인 배경을 형성하는 것은 바빌론 유배 중의 예루살렘인들이다. 제2이사야로 알려진 예언자는 그들에게 야훼의 임박한 승리를 선포했다. 그는 해방과 하느님의 통치가 곧 올 것이라고 말했다.

깨어나소서, 깨어나소서, 힘을 입으소서. 주님의 팔이시여,
옛날처럼, 오래 전 그 시절처럼 깨어나소서.
라합을 베어 쓰러뜨리시고 용을 꿰찌르신 이가 당신이 아니십니까?

---

1. 역주: 저자는 영어 성경의 번역에 대해 이따금 비평을 남겼는데, 이런 부분은 모두 각주로 뺐다. 이 단락의 여기에 아래와 같은 비평이 있다. "RSV의 '조용히 앉아 있는 라합'(Rahab who sits still)이라는 번역은 히브리어 רהב הם שבת의 가능한 번역인데, 이 말의 뜻은 '앉아 있는 라합'(Rahab they sitting)이다. 그러나 본문을 변화시키지 않고 끝의 두 단어를 단순히 결합시켜서 모음 부호를 다르게 표기하면 רהב המשבת, 즉 '패배한 라합'의 뜻이 되는데 이것이 더 의미가 분명하다." 한편 가톨릭 『성경』은 "움직이지 못하는 라합"으로 되어 있는데, 저자의 의도에 따라 이렇게 옮겼다.

바다를, 그 큰 심연의 물을 말리신 이가 당신이 아니십니까?
구원받은 이들이 건너가도록 당신께서 깊은 바다를 길로 만드셨습니다(이사 51,9-10).

라합을 베고 용을 꿰찔렀다는 셋째 행의 동의적 병행구에서 라합(רהב)과 용(=탄닌, תנין)이 동일한 요소임을 분명히 알 수 있다. 그런데 넷째 행에서 바다(=얌)와 심연(=트홈)이 병행하기에 가나안의 혼돈의 물인 얌과 메소포타미아의 혼돈의 물인 티아맛(=심연)이 융합된 듯하다. 이 모든 신화적인 형상은 "오래 전 그 시절"에 일어났던 야훼의 힘을 나타내는 데 사용됐다. 바알과 마르둑처럼 야훼께서는 '태초에' 혼돈을 꺾고 승리하셨다. 여기서 신화의 흔적은 분명하다. 그런데 다섯째 행에서 신화적 자료와 역사가 긴장을 일으킨다. 왜냐하면 구원받은 이들이 건너갔다는 언급은 오직 이집트 탈출을 체험한 이스라엘인들에게만 해당하기 때문이다. 하느님이 이집트 탈출을 성취하셨을 때 야훼께서 괴물을 물리친 승리가 역사에서 실현됐다는 식으로 우주적 승리와 역사적 해방은 서로 얽혀 들어간다. 이제 제2이사야 시대에 야훼의 우주적 승리는 바빌론으로부터 탈출이라는 새로운 사건과 얽혔다.

아래 구절은 용을 이집트의 파라오에 적용함으로써 더욱 인격적으로 묘사됐다. 에제키엘은 야훼의 명을 따라 이집트의 임금에 대하여 다음과 같이 예언했다.

주 하느님이 이렇게 말한다.

나 이제 너를 대적하리라,
이집트 임금 파라오야!
나일강 한가운데에 드러누워
'나일강은 내 것이다.
내가 나를 위해서 만들었다.'고 말해 대는
거대한 용아!(에제 29,3).

나일강과 레의 아들 파라오 사이의 관계는 이집트 신화론에서 잘 볼 수 있다. 나일강과 태양신은 둘 다 큰 '심연'에서 나왔고 모두 이집트에서 생명을 주는 존재들이었다. 그러나 여기서 에제키엘은 파라오와 용을 하나요 같은 것으로 동일시한다. 이어서 본문은 백성들이 도움을 청하여 나일강의 땅에 갔을 때 이스라엘을 지원하지 않는 파라오는 혼돈의 용이요, 야훼께서 그를 파괴하실 것이라 말한다. 그리고 이 구절에서는 이집트 신화론에서 예상되던 역할들이 뒤바뀐다. 이제 레의 아들 파라오는 질서가 아닌 혼돈을 대표하는 것이다. 에제키엘서 29장에서 계속되는 미래의 심판은 야훼께서 이집트 땅을 바빌로니아인의 손에 넘겼을 때 역사적으로 일어날 것이다.

이어 30-32장에서 이집트가 멸망할 것이라는 저주의 예언이 계속된다. 32,2에서 시작되는 애가(哀歌)에서 파라오는 야훼의 그물에 사로잡힐 "바다의 용"에 다시 한번 비교된다(마르둑이 그물로 잡은 티아맛과 비교하라). 뒤따르는 잔인한 심판은 바빌로니아 신화에서 혼돈의 대리자에 의해 고통 당한 것과 비교될 수 있다. 그러나 그 구절은 좀 더 이집트적인 것들을 말하며 끝맺는다. 곧 그 땅을 덮을 어둠을 언급하는 것이다. 그것은 마치 태양이 삼켜진 것처럼 보이고 그 땅에 혼돈이 내릴 때 그 책임은 파라오에게 있다고 말하는 것 같다. 다른 한편으로 야훼께서는 당신의 백성을 도와주지 않은 이집트에게 복수하시는 승리자다.

에제키엘서 29장과 32장의 본문에서 레와 아포피스 신화는 모두 뒤집혀졌고 역사화됐다. 야훼께서 일으키실 이집트의 혼돈에 대한 책임은 파라오에게 있다.

시편에 나타나는 혼돈의 괴물들

시편에는 시적이고 찬양하는 표현이 비교적 많지만 신화론적인 형상은 제한적으로 사용됐다. 이런 형상이 나타날 때 신화적 표현은 야훼의 승리와 권능을 증언하는 데 사용된다. 특히 하느님 백성이 역사적으로 재앙을 체험할 때에 그렇다. 예를 들면 공동 탄원 시편인 시편 74,1-11에 묘사된 상황은 기원전 586년 바빌로니아인들이 시온 성전을 파괴한 사건이다. 이 시편은 성전이 파괴되고 기원전 520년 성전이 재건되기 전에 살았던 공동체가 기억하는 재앙을 담고 있다. 그리고 그 공동체가 과거를 기억하며 행한 특정한 의례와 관련될 것이다. 이런 탄원시편은 대개 야훼의 도움을 왜 확신해야 하는지 그 이유를 말한다. 이 점은 찬미가에서도 공통적이다. 이런 경우에 혼돈의 뱀에 대한 신화론적 승리가 동기로 작용한다.

그러나 하느님은 예로부터 저의 임금님,
세상 한가운데에서 구원을 이루시는 분!
당신께서는 바다(=얌)를 당신 힘으로 뒤흔드시고,
물 위에서 용(=탄닌)들의 머리를 부수셨습니다.
레비아탄의 머리들을 깨뜨리시어,
바다의 상어들에게 먹이로 주셨습니다(시편 74,12-14).[2]

여기서는 분명 우가릿 신화가 언급됐다. 바알과 아나투는 머리가 일곱개인 뱀 레비아탄을 정복했는데, 레비아탄은 얌과 연관됐다. 야훼께서 "예로부터" 임금이시라는 표현의 신화적 배경은 분명하다. 이 시편은 하느님이 자연 세계를 지배하시고, 낮과 밤, 그리고 계절의 순환을 주재하시며 뱀을 꺾고 승리하심을 묘사한다. 이런 보편적 통치에 기반하고 우주적 승리에서 드러난 권능으로 야훼께서는 기원전 6세기의 역사적 상황에 개입하시어, 짓밟힌 예루살렘 백성들을 구원하실 분으로 신뢰받는다.

시편 89편도 고대 신화를 두드러지게 사용했다. 이 시편은 전체적으로 세 부분으로 구성되어 있다. (1) 계약에 성실하신 야훼와 그분의 왕권을 찬양하고, (2) 나탄을 통해 주어진 다윗 왕조에 관한 시적 양식의 신탁이 나오고, (3) 유배 중에 다윗 왕국의 붕괴를 탄원하는 것이다. 학자들은 한동안 이 부분들의 상호 관계에 대해서 토론했다.

2. 역주: 저자에 따르면 이곳의 영어 번역은 다음을 따랐다고 한다. Hans-Joachim Kraus, *Die Psalmen* I, "Biblischer Kommentar" (Neukirchen, 1960), pp. 512 ff., note n.

그리고 이 시를 닫는 셋째 부분이 유배 시기 또는 유배 이후에 발생했다는 이유만으로 이 시 전체의 발생 연대를 그 시기로 잡을 필요는 없을 것 같다는 점이 부각됐다. 지금 우리가 관심을 두는 첫째 부분은 훨씬 이른 시기에, 아마도 다윗과 솔로몬의 통치 기간에 훨씬 근접한 시기에 나왔을 것이다.

우선 야훼께서 다윗과 체결해 주신 조건 없는 계약을 다루며 찬미가 시작한다. 주님의 계약이 지속되는 이유는 인간의 충실성에 의존하지 않기 때문이다. 오히려 계약은 야훼의 성실하심(=헤세드, חסד)에 의존하기 때문에 "영원히" 세워진다. 이어 5-18절은 다윗의 왕권과 야훼의 통치를 연관시키며 찬미가 계속된다. 앞에서 언급한 메소포타미아와 가나안의 신들의 의회처럼, 이스라엘의 신앙에서도 천상의 의회가 나온다. 역시 그 신화들처럼, 한 신이 다른 신들보다 월등하다.

> 정녕 구름 위에서 누가 주님(=야훼)과 견줄 수 있으며,
> 신들(엘) 가운데 누가 주님과 비슷하겠습니까?
> 거룩한 이들의 모임에서 더없이 경외로우신 하느님,
> 당신 주위에 두려움을 일으키시는 분.
> 주 만군의(=츠바오트) 하느님, 누가 당신같이 능하겠습니까?
> 주님! 당신의 성실이 당신 주위에 가득합니다(시편 89,7-9).

그러고 나서 야훼께서 신들의 의회를 지배하는 이유가 나온다. 마르둑과 바알의 승리를 강하게 상기시키는 용어를 사용하며 찬미

는 계속된다.

> 당신께서는 오만한 바다(=얌)를 다스리시고,
> 파도가 솟구칠 때 그것을 잠잠케 하십니다.
> 당신께서는 라합을 죽은 몸뚱이처럼 짓밟으시고,
> 당신의 그 힘찬 팔로 당신 원수들을 흩으셨습니다(시편 89,10-11).

이어서 이 찬미가는 야훼께서 혼돈의 뱀을 꺾고 승리하셨기에, 우주의 주인이시며 찬미받으심을 노래한다. 그리고 정의와 공정 위에 야훼의 "왕위"가 세워졌음을 특별히 언급한다. 끝으로 이 찬미가는 다윗 왕조의 임금들이 야훼로부터 신적 통치의 정당성을 부여받았다고 결론짓는다.

> 저희의 방패는 야훼의 것,
> 저희의 임금은 이스라엘의 거룩하신 분의 것(시편 89,19).

그러므로 시편 89편의 첫 부분에서 신화론적 주제가 쓰였음은 분명하다. 하느님은 혼돈을 꺾고 승리하셨고, 그 결과 신들의 의회에서 최고의 지배권을 얻으셨다. 그런데 그것은 야훼께서 다윗을 선택하셔서 영원한 왕조를 약속하셨고, 다윗과의 계약을 맺으셨다는 주장의 신화론적이고 신학적인 기초를 제공하는 것이다. 비록 나탄의 신탁 내용으로 역사가 조금 더 눈에 들오기는 하지만, 그래도 여기서 신화와 역사 사이의 긴장은 유지된다(20-38절). 다윗 계약을 언급하고

(1-5절, 28-38절) 신화론적 형상을 사용함으로써(10-11, 26절) 신화와 역사는 결합된다. 신화론적 결합은 실로 충격적이다. 첫째 부분에서 야훼께서는 바다를 이기시고 찬양을 받으신다. 혼돈을 이기신 그분의 권위는 둘째 부분에서 기름 부음 받은 이에게로 전이된다. 바로 다윗 왕조의 임금이자 하느님의 맏아들이다.

> 내가 그의 손을 바다(=얌) 위에,
> 그의 팔을 강(=나하르) 위에 놓으리라(시편 89,26).

그런데 기원전 6세기에 왕국이 붕괴되자 신화론적 승리는 또 다른 차원에서 독특하게 해석된 것 같다. 여기서도 신화와 역사의 긴장이 유지되긴 했지만, 신화론은 오래전 야훼의 권능이 화려하게 드러났던 때와 그런 권능이 명백히 사라진 현재 사이의 대조를 설명하는 데 사용됐다. 그러므로 시편 전체적으로 본다면, 당대 이스라엘의 역사적인 비참한 실재가 전면에 등장하고 신화는 뒤로 물러났다. 그리고 지존하신 야훼의 권능을 암시하는 구절을 담은 이 오래된 부분은 백성들에게 희망을 주었을 것이다. 시편은 야훼의 명백한 부재가 "만일" 지속될 것인가를 묻지 않고 "얼마나 오래" 지속될 것인가를 묻는다.

투쟁 이미지를 사용한 마지막 예는 하바쿡서 3장이다. "하바쿡의 노래"는 신적 전사로서 테만산/파란산(신명 33,2 참고)에서 무장하고 출전하시는 야훼의 행진을 묘사한다. 마르둑의 영광을 묘사한 것과 매우 비슷하게도 야훼께서는 흑사병과 '열병'(가나안 신으로서 전사의 기능을 하는 레셰프, רשף)을 동반하신다. 이렇게 야훼께서 진격하자 미디안 땅은 흔들린다. 그리고 이 노래는 8-15절에서 곧장 신화론적인 형상으로 넘어간다. 한편 이 히브리어 본문은 매우 모호하고 읽기도 힘들지만 올브라이트(W. F. Albright)와 동료 학자들의 연구로 현대의 해석가들은 이 시에서 어떤 의미를 찾을 수 있게 됐다. 신화적인 형상은 얌(=바다)과 나하르(=강)에 대한 야훼의 분노를 언급하는데, 야훼께서는 천상 군대의 병거를 이끌고 그것들에 맞서신다(8절). 나하르는 살이 갈라지고(9절), 야훼께서는 백성을 구원하려고 일어나셨으므로(13절) 심연(=트홈)이 신음했다. 주님은 적의 용사를 치고 그들의 머리를 꿰뚫고 승리하셨다(14절). 이 단락은 야훼께서 바다(=얌)를 짓밟는 것으로 끝나는 데 "거대한 물결"(מים רבים)을 언급한다(15절). 이 표현은 바알과 얌이 충돌하는 가나안 신화에서 거의 그대로 끌어온 것이다. 하지만 이 시에서 그런 표현을 사용한 목적은 야훼의 권능을 묘사하며 그분께 영원한 신뢰를 두려는 것이다. 시인은 고통받는 신자들과 함께 야훼께서 당신의 적을 꺾으실 분노의 날을 침묵 속에 기다리고 있다. 여기서 신화가 역사화되는 것은 분명하지 않다. 오히려 시편 74편에서 나타난 것과 같은 기능을 볼 수 있다. 곧 "언제까지"(하바 1,2)를 묻는 하바쿡서의 개인과 공동체는 야훼께서 얌(=바다)과 나하르(=강)를 꺾고 우주적인 승리를 이루신 일을 들었다. 야훼의 이런 권능을 증언함으로써 익명의 압제자가 제거될 때를 확신을 갖고 기다릴 수 있다. 다시 말해 시인은 야훼의 우주적인 승리가 역사의 영역에서 일어날 것이라고 희망한다. 이런 방법으로 신화와 염원하는 역사적 사건은 긴장을 유지한다.

욥기에 나타나는 혼돈의 괴물들

욥기의 일부 구절은 신화론적 충돌을 언급한다. 욥의 말이든 하느님의 말이든, "괴물"이 등장하는 구절은 인간적 나약함을 초월하는 하느님의 그지없는 권능을 증언한다. 욥이 친구들에게 처음 입을 떼며 한 말을 보자. 고통 받는 자 욥은 자신의 생일과 최근에 체험한 비참함을 저주한다. 욥은 스스로를 저주하며 친구들을 그 저주에 초대한다.

> 얌(=바다)을 저주하는 자들아[3]
> 레비아탄을 깨우는 데 능숙한 자들은 그 밤을 저주하여라(욥기 3,8).

두 시행의 정확한 의미를 파악하기는 어렵지만, 마술과 주문을 사용하여 적을 저주하는 것은 고대근동 전투의 일부였다. 여기서 욥은 혼돈을 꺾고 승리하는 신에게 자신이 태어난 날을 함께 저주해 달라고 호소하는 것 같다.

더구나 친구 빌닷에 응답으로, 욥은 하느님과 논쟁하는 것은 실로 무익함을 인정한다. 욥은 하느님의 권능이 우주 창조에서 드러나

---

3. 여기서 히브리 본문은 "날"(יוֹם)로 되어있지만 이미 1895년에 Gunkel은 2행에서 레비아탄을 언급한 것을 근거로 모음을 바꾸어 "바다"(יָם)로 읽을 것을 제안했다. 이렇게 되면 이 병행구는 전체적으로 신화론적인 충돌을 가리키는 것이 된다. 다음의 논의를 참조하라. Marvin Pope, *Job*, "The Anchor bible" (Garden City, New York: Doubleday & Co., 1965), p. 30.

고 천체를 다스리심에서 볼 수 있다고 말한다. 욥은 전능하신 분을 다음과 같이 묘사한다.

> 당신 혼자 하늘을 펼치시고
> 바다(=얌)의 등을 밟으시는 분(욥기 9,8).

승리의 전사처럼, 마치 티아맛의 군대를 이긴 마르둑처럼, 하느님께선 적을 정복하시고 신화론적 혼돈의 힘인 바다(=얌)의 등을 밟으셨다. 욥은 말을 계속한다. 그는 혼돈의 적들도 어쩔 수 없는 하느님께 감히 맞선다는 것이 불가능함을 인정한다.

> 하느님께서는 당신 진노를 돌이키지 않으시니
> 라합의 협조자들이 그분 밑에 굴복한다네(욥기 9,13).

마치 마르둑이 등장하자 괴물 뱀과 용으로 이루어진 티아맛의 군대가 속수무책이 되어버린 것처럼, 야훼께서 전장에 진격하시자 라합의 군대도 무너졌다. 그러한 압도적인 '신적 전사'를 대면한 인간 욥은 어쩔 도리가 없다.

대화가 계속되고 욥은 빌닷에게 다시 대답한다. 뻔하고 옳은 대답만 내놓는 것 같은 빌닷에게 약간 빈정대는 듯한 욥은 다시 창조적 형상을 거론하며 하느님의 불가해성(不可解性)을 지적한다. 고대의 일반적인 우주탄생의 표현을 사용하여 욥은 야훼께서 심연의 바다 위에 "북녘"(צפון, 차폰)을 펼치시고, 윗물과 아래 물 사이의 대기에 땅을 매다셨다고 말한다. 그러고 나서 태초의 충돌이 일어난다.

> 북녘을 허공 위에 펼치시고
> 땅을 허무 위에 매다신 분.
> …
> 그분의 꾸지람에 하늘의 기둥들이
> 뒤흔들리며 놀라네
> 당신 힘으로 바다(=얌)를 놀라게 하시고
> 당신 통찰로 라합을 쳐부수셨네
> 그분의 바람으로 하늘은[4] 맑아지고
> 그분의 손은 '도망치는 뱀'을 꿰찌르셨네(욥기 26,7.11-13).

이 구절은 신화론적 이야기 속 투쟁의 표상을 담고 있다. 이름이 거론된 얌과 라합뿐만 아니라 마지막 행의 "도망가는 뱀"의 묘사는 우가릿 신화론의 괴물 레비아탄을 묘사한 것과 완전히 똑같다. 레비아탄은 바알과 아나투에게 정복당했다. 욥은 하느님의 승리를 묘사하는 이 모든 것들은 단지 하느님 권능의 시작일 뿐이라고 말한다.

이 책의 말미에서 욥에게 하신 야훼의 말씀에서 충돌 신화를 언

---

4. Tur-Sinai (Harry Torczyner)를 따라 Marvin Pope (*Job*, pp. 185ff.)는 마지막에서 두 번째 행의 "하늘"(**שמים**)을 둘 로 나누어 "그는 바다에 던졌다"(**שם ים**)으로 읽고, 나아가 "맑음"(**שפרה**)을 아카드어의 *saparu*, 곧 "그물" 또는 "가방"과 연관시켜서 논했다. 이 제안은 현재의 본문보다 이 병행구의 의미를 더 분명하게 하고 티아맛을 잡기 위해 마르둑이 사용한 그물에 주의를 기울이게 해 준다.

급하는 곳이 두 군데 있다. 첫째는 하느님의 질문이다. 하느님께서는 오직 하느님만이 할 수 있는 일을 열거하시며, 욥에게 분수를 지키라고 하신다. 하느님만이 할 수 있는 일은 창조 행위다.

> 누가 문을 닫아 바다(=얌)를 가두었느냐?
> 그것이 모태에서 솟구쳐 나올 때,
> 내가 구름을 그 옷으로,
> 먹구름을 그 포대기로 삼을 때,
> 내가 그 위에다 경계를 긋고
> 빗장과 대문을 세우며
> "여기까지는 와도 되지만 그 이상은 안 된다.
> 너의 도도한 파도는 여기에서 멈추어야 한다." 할 때에 말이다(욥기 38,8-11).

이와 밀접한 우가릿 본문은 아쉽게도 심하게 손상되어, 얌이 머리에 결정타를 맞고나서 갇혔는지를 잘 알 수 없다. 하지만 바빌로니아 신화에서는 마르둑이 장벽을 세우고 티아맛의 물을 가두어 경계를 넘지 못하게 했음이 분명히 드러난다.

둘째 구절은 레비아탄을 이긴 야훼의 권능을 묘사한다. 욥이 아닌 오직 야훼만이 그 괴물을 낚고 당신의 뜻대로 부리고 노리개로 삼고 끈을 매어 끌고 다닐 수 있다(욥기 40,25-32). 이 단편은 하느님이 욥에게 이렇게 제안하시는 것으로 끝난다.

손을 그 위에 얹어라도 보아라.

그것과 싸울 생각을 하면 다시는 손도 대지 못한다(욥기 40,32).

사실 욥기는 신화적인 충돌 형상을 무척 자주 사용하는 책이다. 다른 지혜 문학처럼 욥기에서 신화론은 역사와는 무관하고 신화와 역사의 긴장이란 없다. 신화들은 인간의 덧없음이나 한계성과 대조되는 하느님의 무한한 권능의 증거로 쓰인다.

야훼께서 신적 전사라는 다른 암시들

괴물들을 직접 언급하지 않고도, 야훼를 매우 뛰어난 '신적 전사'로 묘사하는 구절들이 구약성경의 시 전통에 풍부하다. 사무엘기 하권 22장과 실제로 동일한 시편 18편은 절망에서 구원받은 사람이 야훼께 바친 감사 시편이다. 첫 단락은 시인의 상황을 "저승"으로 묘사한다. 깊은 "셔올"(=저승, שאול)에 빠진 시인은 성전에 계신 야훼를 부르면서 간청한다. 그리고 그를 구출하러 다가오시는 하느님을 체험한다. 8-16절은 전형적인 고대근동의 용어로 신현, 즉 자연 현상 안에서 나타나시는 하느님을 묘사한다. 전투의 형상은 특히 다음의 14-16절에서 잘 나타난다.

야훼께서 하늘에 우렛소리 내시고

지극히 높으신 분(=엘욘)께서 당신 소리 울려 퍼지게 하셨네.

우박과 불타는 숯덩이들을 내리셨네.
당신 화살들을 쏘시어 그들을 흩으시고
수많은 번개로 그들을 혼란에 빠뜨리셨네.
바다의 밑바닥이 보이고
땅의 기초가 드러났네.
주님, 당신의 질타로,
당신 노호의 숨결로 그리되었습니다(시편 18,14-16).

야훼께서는 하늘로부터 행진하여 내려와 깊은 저승(=셔올)에서 울부짖는 시인의 편에서 싸우신다. 권능의 하느님이 나타나시자 적들은 도망친다. 앞의 욥기 26,11-13에서 야훼께서 적에게 진격하여 꾸짖자 그들은 공포에 질렸다. 그런데 여기서 태초의 괴물들의 이름이 나오지 않는다. 이 구절은 전사 야훼의 적들이 시인을 억압하고 시인은 탄원하는 상황을 지적할 뿐이다. 이 시편의 도입부에 따르면, 여기서 적들이란 다윗의 적으로서, 사울을 포함하여 다윗을 위협하는 자들이다. 히브리어 본문의 정철법(orthography)과 기타 증거들을 기초로 이 시편의 연대를 다윗 시대로 보는 것이 가능하다. 하지만 본디 이 시편은 적이 쳐들어오는 상황에 처한 다윗 왕조의 어떤 임금을 위하여 만들어진 것 같다. 기름 부음 받은 다윗 왕조의 임금을 야훼께서 구원하신다. 신화론적 형상은 야훼의 구원을 우주적 전투로 묘사하는데 여기서 신화론은 역사적이기보다는 다소 실존적으로 사용됐다.

1929년 우가릿 본문의 발견 후 얼마되지 않아서 학자들은 시편

29편이 본디 바알을 찬미하는 가나안의 찬양시가 야훼화된(Yahwe-hized) 것이라고 생각했다. 첫 구절을 보면, 신들의 의회에서 "오, 엘(=하느님)의 아들들아"라고 외치며, 야훼께 영광을 드린다. 그 다음에 일반적인 천둥과 번개로 현현하는, 풍우신의 호전적인 신현이 전체 피조물과 감응한다. 이 시편의 묘사는 아주 세부적인 요소뿐 아니라 전체적으로도 우가릿 본문에 보이는 바알의 신현과 매우 비슷하다. 결국 성전에 있는 모두는, 곧 천상의 성전에 있는 신들과 지상의 성전에 있는 인간 예배자들은 다같이 그분께 "영광"을 돌린다. 시편은 야훼께서 임금으로 즉위하실 때 절정에 달한다. 따라서 이때 혼돈에 대한 어떤 승리가 전제된다.

> 야훼께서 태초의 물 위에 좌정하셨네
> 야훼께서 영원하신 임금님으로 좌정하셨네(시편 29,10).

시편 24편은 집으로 돌아오시는 야훼의 영광스러운 행진을 묘사한다. 참된 제의적 방식을 보여주는 이 찬미가는 이 세상이 야훼의 것이라는 고백으로 시작한다.

> 그분께서 물들(**ימים**, 얌의 복수형) 위에 그것을 세우시고
> 강들(**נהרות**, 나하르의 복수형) 위에 그것을 굳히신 까닭일세(시편 24,2).

비록 사용된 용어들이 가나안 신화와 더욱 가까운 것처럼 보이지만, 이 선언은 티아맛을 물리치고 난 다음 마르둑의 창조적 행위를

떠올리게 한다. 그럼에도 야훼께서는 분명히 세상을 이기고 그것을 창조하셨기에 예배자들은 기쁨에 넘쳐 성전을 향해 시온 산의 비탈길을 오르기 시작한다. 예배자들은 산을 오르며 오직 순수한 마음으로 이 행진과 함께 해야 한다고 선언한다. 결국 그들은 그 도시의 성문 앞에 서서 노래한다.

> 성문들아, 너희의 머리를 들어라,
> 오랜 문들아, 일어서라,
> 영광의 임금님께서 들어가신다(시편 24,7).

그때 이 왕은 "전사 야훼님" 그리고 "만군(=츠바오트, צבאות)의 야훼님"과 동일시된다.

크로스(Frank Cross)는 성문이 "머리"를 "들어올리는" 문제를 지적했다. 예루살렘의 문은 위에서 열리는 문이 아니다. 크로스는 엘의 신들의 의회에 바알의 사자들이 신들로 하여금 그들의 머리를 떨구게 할 때 선언한 바알의 말과 비교했다.

> 신들아, 너희의 고개를 들어라!

그는 이 말이 예루살렘의 모든 탑문들을 향한 것이며, 그것들은 신적 전사와 그의 군대의 귀환을 엎드려 간절히 기다리는 신들의 원

로 회의가 인격화된 것이라고 결론 내린다.[5]

만일 여기서 신명 33,26-29; 판관 5,1-5 그리고 시편 18(앞을 참고)의 구절들과 '전사'의 귀환을 결합시킨다면, 신화와 역사 안에서 '전사'로서의 야훼님의 활동 범위는 고대 이스라엘의 믿음과 제의의 전 영역에서 나타난다.

야훼의 우주적 승리로서의 이집트 탈출 사건

탈출기의 처음 열 다섯 장은 야훼와 이집트의 파라오 사이에서 계속되는 충돌을 묘사한다. 피상적인 수준에서 이 전투는 대단히 불공평한 것처럼 보인다. 단지 인간일 뿐인 왕과 신적인 권능을 지닌 전사의 대결은 마치 플라이급과 헤비급의 대결처럼 보인다. 그러나 이집트의 파라오는 하나의 신으로 생각됐다. 그는 호루스 신의 육화이자 태양신 레의 아들이다. 따라서 탈출 1-15장에서의 충돌은 두 신들 사이의 전투였다. 곧 히브리인들의 하느님 야훼님과 이집트인들의 신 파라오의 대결이었다.

매우 실제적인 의미에서 이집트 탈출의 구원은 과월절에 이집트의 맏아들들을 죽인 결과로 발생했다. 탈출 12,29-32에 쓰인 이 사건은 히브리 노예들을 해방시키고 그들을 떠나가게 했다. 광야에서의

5. Frank Moore Cross, *Canaanite Myth and Hebrew Epic* (Cambridge: Havard University Press, 1973), p. 98.

활동은 탈출 15,22의 갈대 바다, 아마도 아카바 만(*Aqabah* 灣: 민수 33,5-10과 1열왕 9,26)에서 그 활동이 절정을 이루는데, 탈출 13,17-22에서는 백성들이 이미 이집트를 떠나서 광야로 들어갔음이 분명하다. 출처가 다양한 자료들이 엮인 탈출 14,10-15,21은 바다에서 이집트인들을 이긴 야훼님의 승리에 관한 일련의 설명들을 포함한다. 이 모든 설명은 탈출의 밤 이후에 점강법(漸降法)의 수사학을 사용하여 서술한 것으로 보이고, 이 모든 자료는 또한 파라오에 대한 야훼님의 승리를 신화론적인 용어로 해석한다.

바다의 노래: 탈출 15,1-18

학자들은 모세의 노래의 연대를 고대 이스라엘 역사의 초창기부터 매우 후대까지 무척 다양하게 제시했다. 그러나 언어와 내용의 유형론뿐 아니라 정철법에 대한 연구는 이 노래의 발생 연도를 매우 이른 시기, 아마도 기원전 12세기 또는 기원전 11세기로 볼 수 있게 한다. 탈출 14,10-31(J와 P)에서 결합된 사경(四經, tetrateuch)의 원천에도, 그리고 다른 원천으로부터 분리된 형상에도 분명 의존하지 않는 "바다의 노래"는 중요한 원천들의 가장 오래된 자료로 생각된다. 시의 첫째 연인 1-12절은 야훼의 손에 이집트인들이 패배한 것을 묘사할 뿐, 이스라엘인들이 바다를 건넜다거나 이집트로부터 탈출했다는 언급이 전혀 없다. 이 부분은 야훼님과 파라오 사이의 전투를 순서대로 묘사하는데, 우리가 시편 89를 논의하는 과정에 마주쳤던 질문에 답을 주는 것 같다.

주님(=야훼), 신들 가운데 누가 당신과 같겠습니까?
누가 당신처럼 거룩함으로 영광을 드러내고
위업으로 두렵게 하며 기적을 일으키겠습니까?(탈출 15,11).

시편 89에서는 혼돈의 힘(얌과 라합)에 대하여 야훼의 승리를 회상하는 것으로 질문에 답했다. 여기 "바다의 노래"에서는 파라오, 즉 이집트 민족의 역사적인 왕에 대한 야훼님의 승리로 질문에 답한다. "야훼님, 전사"(탈출 15,3)는 바다에서 싸우시는 분도, 단순히 인간 적을 상대하시는 분도 아니다.

이 시는 비록 역사에서 기원했지만, 언급할 가치가 있는 신화적인 형상을 몇 가지 담고 있기도 하다. (가) 이집트 군대를 덮는 것은 "심연"(5절의 트홈. 티아맛을 참고하라)이었다. (나) 심연(=트홈)은 얌의 한가운데서 거품을 일으키고, 물은 "당신이 노호의 숨결로" 둑처럼 우뚝 일어났다(8절: 시편 18,15를 참고하라). (다) 야훼의 "바람"으로 이집트인들이 빠져 죽은 것은 마르둑이 티아맛을 쳐부수는 데 사용했던 바람을 상기시킨다. (라) 갈대 바다(4절)에서 이집트인 군대가 빠져 죽은 것은 흥미있는 신화론적 변형을 제시하도록(그 이상은 아니다) 유혹한다. "갈대 바다"(얌 수프, ים סוף)는 이집트의 신화론에서 "갈대 호수"와 같을 것이다. 그 "호수"는 죽은 왕이 동쪽의 지평선, 즉 불꽃 섬에 가서 다시 태어나기 위해 태양신 레를 동반하여 가로지르는 길이다. 독자들은 앞 장에서 피라밋 본문들 가운데 죽은 왕이 "나는 '갈대 호수'에서 레와 함께 목욕을 했다"(제1장의 68쪽 참고)는 언급을 기억할 것이다. 그러나 야훼님의 바람으로 심연이 성나 일어난, 바다의 전투에서 이집트인들은 목욕을 한 것이 아니라 갈대 호수에 빠져 죽은 것이다. "바다의 노래"를 만든 시인이 1,000년 전의 피라밋 내벽에 쓰인 긴 세월 동안 잊혀졌던 인용문을 알 수는 없었겠지만, 이런 언급이 최소한 일반적인 이집트적 전승을 반영한다고 보는 것은 가능하다.

탈출 15,1-12에서 신화론적 형상을 역사적으로 사용한 것은 "바다의 노래"의 둘째 연(13-18절)에서 더 확장된다. 2연에서는 신화론적 용어를 사용하여 '전사' 야훼님의 가나안 정복과 그 이후에 당신의 성소에서 즉위하시는 것을 묘사한다.

> 야훼께서는(=주님은) 영원 무궁토록 다스리신다(탈출 15,18).

성소에서 야훼께서는 우주를 통치하신다. 이는 심연을 이기고 다스리는 마르둑의 통치와 얌을 꺾고 다스리는 바알의 통치에 상응한다.

바다 사건에 대한 야휘스트의 설명(탈출 14장)

사경(四經)에 나타난 야휘스트(Yahwist, 야훼계 전승) 기자의 일차적 목적 가운데 하나는 그의 청중에게 다윗과 솔로몬 시대에 어떻게 해서 이스라엘이 그토록 위대한 민족이 됐는지를 보여주는 것이었다. 그의 설명은 그 시기까지 진행된 전체 역사란 아브라함에게 주어진 약속을 성취하는 야훼의 신실하심에 대한 문제였다는 것이다. 사실 야훼께서는 갈망하는 목표를 성취하기 위해서 인간들의 행동에도 불구하고 인간들과 그다지 많이 협력하지 않으신 채 활동하셨다. 바다 사건에 대한 야훼스트의 설명은 이런 전체적인 목적과 전적으로 부합한다. 다음과 같이 야훼스트 기자의 설명을 후대의 제관계 기자의 작품에서 분리해 내는 것은 어느 정도 가능하다.

> (10절) … 이스라엘 자손들이 눈을 들어 보니, 이집트인들이 그들 뒤로 다가오고 있었다. 이스라엘 자손들은 몹시 두려워하며 … (13-14절) 그러자 모세가 백성에게 대답했다. "두려워하지들 마라. 똑바로 서서 오늘 야훼께서 너희를 위하여 이루실 구원을 보아라. 오늘 너희가 보는 이집트인들을 다시는 영원히 보지 않게 될 것이다. 야훼께서 너희를 위하여 싸워 주실 터이니, 너희는 잠자코 있기만 하여라."
>
> (19-20절) … 구름 기둥도 그들 앞에서 자리를 옮겨 그들 뒤로 가 섰다. 그리하여 그것은 이집트 군대와 이스라엘 군대 사이에 자리 잡게 되었다. 그러자 그 구름이 한쪽은 어둡게 하고, 다른 쪽은 밤을 밝혀 주었다. 그래서 밤새도록 아무도 이쪽에서 저쪽으로 다가갈 수 없었다.
>
> (21절) … 야훼께서는 밤새도록 거센 샛바람으로 바닷물을 밀어내시어, 바다를 마른땅으로 만드셨다. … (24절) 새벽녘에 야훼께서 불기둥과 구름 기둥에서 이집트 군대를 내려다보시고, 이집트 군대를 혼란에 빠뜨리셨다. (25절) 그리고 그분께서는 이집트 병거들의 바퀴를 움직이지 못하게 하시어, 병거를 몰기 어렵게 만드셨다. 그러자 이집트인들이 "이스라엘을 피해 달아나자. 야훼께서 그들을 위해서 이집트와 싸우신다." 하고 말하였다.
>
> (27절) … 날이 새자 물이 제자리로 되돌아왔다. 그래서 도망치던 이

> 집트인들이 물과 맞닥뜨리게 됐다. 야훼께서는 이집트인들을 바다 한가운데로 처넣으셨다.
>
> (30-31절)그날 야훼께서는 이렇게 이스라엘을 이집트인들의 손에서 구해 주셨고, 이스라엘은 바닷가에 죽어 있는 이집트인들을 보게 되었다. 이렇게 이스라엘은 야훼께서 이집트인들에게 행사하신 큰 권능을 보았다. 그리하여 백성은 야훼를 경외하고, 야훼와 그분의 종 모세를 믿게 되었다. (탈출 14장)

이 이야기의 역사적인 배경은 기원전 13세기의 어느 시기에 이스라엘이 이집트의 파라오(아마도 람세스 2세일 것이지만 그를 계승한 메르넵타[*Merneptah*]도 가능함)와 맞선 것이다. 그리하여 충돌하는 대결 구도는 야훼(와 이스라엘) 대 파라오와 이집트인들이다. 이 충돌과 야훼의 승리의 의미는 몇 가지 수단에 의해서 전달되는데, 그 각각의 수단은 특수한 의미를 전달하도록 의도된 것 같다.

첫째, 그 장면은 실제로 전형적인 성전(聖戰) 구절의 용어로 묘사된다.

(가) "두려워하지들 마라. 똑바로 서서 오늘 야훼께서 너희를 위하여 이루실 구원을 보아라. 오늘 너희가 보는 이집트인들을 다시는 영원히 보지 않게 될 것이다. 주님(=야훼)께서 너희를 위하여 싸워 주실 터이니 너희는 잠자코 있기만 하여라"(13-14절). 이런 말들은 신명 20,1-4에서 사제가 백성들에게 전쟁 준비를 위해 지시한 사항과 유사하다(또한 신명 31,6-8, 그리고 더 분명한 것으로서 신명 7,17-26과 2역대 20,13-17을 참고하라). 실제로 여호수아는 열두 부족에게 땅을 분배한 후 온 이

스라엘 회중에게 야훼께서 우리를 위해 싸워주셨기에 우리가 땅을 받았다고 설명했다(여호 23,3.10).

(나) "… 이집트 군대를 혼란에 빠뜨리셨다. … 그러자 이집트인들이 '이스라엘을 피해 달아나자. 주님(=야훼)이 그들을 위하여 이집트와 싸우신다.'고 말했다"(24-25절). 이렇게 공포에 빠져 달아난 군대를 야훼께서 파괴시킨 일은 이스라엘 앞에서 "쫓겨간"(נוס) 아모리 왕에 대한 여호수아의 전투를 묘사하는 곳(여호 10,6-11)과 또한 "쫓겨간" 시스라에 대한 바락의 전투를 묘사하는 곳(판관 4,14-16)에서 증언되고, 신명 7,17-26에서 땅의 전체 정복에서 예견된다. 흥미롭게도 '신적 전사'의 신현이 신화론적으로 묘사된 시편 18에서 야훼께서는 익명의 억압자들인 왕들을 "흩으셨다." 요약하자면 여호수아기와 판관기의 이야기들로부터 나온 성전(聖戰) 전승은 야휘스트의 목적에 잘 부합한다. 곧 야훼께서는 홀로 승리를 완성하신다!

둘째, 성전(聖戰)에서 야훼께서는 보통 어떤 자연 현상을 이용하여 적을 물리친다. 아모리왕을 상대한 전투에서 야훼께서는 달아나는 적을 우박으로 죽였다(여호 10,11). 이스라엘인과 땅을 놓고 다투는 가나안인에게 야훼께서는 말벌을 보내신다(신명 7,20. 여호 24,12을 참고하라). 이 바다 전투에서 야훼께서는 강한 "샛바람"을 보내시어 바다를 지배하신다(21절). "바다의 노래"에서 우리는 하느님께서 대리자 바람을 보내시어 얌과 "심연"(תהומות, 트홈의 복수형)을 둑처럼 쌓아버렸다. 그런데 여기서는 특별히 "샛바람"이 언급되어 있다. 예루살렘에 있었던 야휘스트 기자의 위치를 생각하면, 그 샛바람(동풍)은 사막으로부터 온 것으로 식물을 말리고 시들게 한다(창세 41,6.23.27; 에제 17,10;

19,12; 호세 13,15). 그것이 사람을 힘없이 만들었다는 것(요나 4,8)은 "캄신"(*ḫamsīn*)을[6] 체험한 적이 있는 사람이라면 누구나 증명할 수 있다. 바로 쓰라린 목, 잠 못 이루는 밤, 성마른 성향들이 그것의 선사품이다. 그 샛바람이 신화론적인 의미를 지닌다는 것은 너무도 당연하다. 야훼께서는 그 바람으로 이집트에 메뚜기 떼의 재앙을(탈출 10,13), 악인에 대한 심판을(욥기 27,21), 그리고 욥의 가족에 대한 심판(욥기 1,19)을 행하신다. 그것은 예루살렘을 공격하는(!) 타르시스의 배들과 띠로의 배들을 흩어 버리는 샛바람이다(시편 48,8; 에제 27,26). 나아가 샛바람으로 예루살렘을 공격에서 구출하셨듯이, 야훼께서는 예루살렘을 그것으로 파괴하신다(이사 27,8; 예레 4,11; 18,17).

오직 한 경우에만 샛바람이 백성들에게 긍정적인 효과를 가져온다. 시편 78,26-27에 따르면 그것은 광야에서 이스라엘인들을 위한 음식으로서 메추라기 떼를 몰고 왔다. 그러나 샛바람에 대한 구절을 통계내면—그리고 영향도—그것은 대개 악풍(惡風)이고, 이런 묘사는 바빌로니아에서 마르둑이 티아맛을 쳐부순 임훌루와 꼭 맞는다. 바다 사건에서 야훼께서 이스라엘을 위해 세우신 계획은 이집트라는 혼돈의 힘으로 위협을 받았고, 그것을 파괴하기 위해서 야훼께서는 '악풍'을 사용하셨다.

셋째, 야휘스트의 설명에서 묘사된 전투는 밤에 일어난다. 탈출 14,20-24절을 통해 밤과 어둠은 무척 강조됐고 다음의 27절에서 절

6. 역주: 3월말부터 며칠 동안 또는 몇주 동안 불어오는 사막의 더운 바람. "시록코"(sirocco)라고도 한다. Yohanan Aharoni, *The Land of Bible: A Historical Geography* (London: 1979) pp. 8-9.

정에 달한다. "… 날이 새자(לפנות בקר) 물이 제자리로 되돌아왔다." 우리는 이 밤 전투의 의도된 의미에 대해서 질문을 던져야 할 것이다. 만일 "날이 밝을 때"(לפנות בקר)라는 표현으로 시작되는 문장이 있다면, 그곳에서는 어떤 종류의 공식이 사용되는 것처럼 보인다. 이 히브리어의 표현은 이 곳외에 시편 46,6에서 똑같은 형태로 나온다. 이 시편은 힘과 피난처로서 하느님께 대한 신뢰의 표현으로 시작하는 시온 시편으로서, 만일 산이 바다 깊은 곳으로 비틀거리고 바닷물이 우짖으며 거품을 일으킨다 해도 그 신뢰가 흔들리지 않으리란 확신을 담고 있다. 혼돈의 힘들은 하느님의 도성인 예루살렘을 위협할 수 없다.

> 하느님께서 그 안에 계시니 흔들리지 않네.
>
> 하느님께서 동틀 녘에(=날이 밝을 때, לפנות בקר) 구해 주시네(시편 46,6).

비록 민족들이 분노할지라도 하느님께서는 큰 소리(천둥?)만 내시면 되고, 땅은 녹아 흐른다. '신적 전사'에 대한 신앙 고백이 있고 나서 다음의 구절이 나온다.

> 만군의 야훼께서 우리와 함께 계시며
>
> 야곱의 하느님께서 우리의 산성이시네(시편 46,8).

결국 이 시편은 무기를 모두 파괴하고 전쟁을 종식시킨 "주님의 업적을" 와서 보라고 초대하며 끝난다.

판관 19,26의 "날이 밝자"(=날이 밝을 때, לפנות הבקר)라는 표현에서는 "날"에 정관사가 첨가되어 형태가 조금 다르다. 여기서는 기브아의 노인 집에 손님으로 머물렀던 레위인과 그의 첩에 관한 이야기를 들려 준다. 마을에서 온 무뢰배들로 집이 포위됐을 때 레위인은 그 주인의 집을 보호하기 위하여 그들에게 그의 첩을 내주었다. 무뢰배들이 밤새토록 그녀를 욕보이고 동이 틀 때가 되어서야 그 여자를 놓아 주었다. 그런데 "날이 밝자"(=날이 밝을 때, לפנות הבקר) 그 여인은 노인의 집 문지방에 쓰러져 있었고, 주인은 그녀를 "아침에"(27절) 발견했다. 여기서 이 표현은 "동틀 녘"과 "아침" 사이에 일어나는 것이 분명하고, 따라서 태양이 지평선에 맨 처음 나타날 때를 가리키는 것 같다.

이 정의를 따르면 다음 구절은 의미론적으로 동일할 것이다.

> 아아, 수많은 민족의 고함소리,
> 그들은 바다가 노호하듯 고함을 지른다.
> 겨레들의 함성!
> 그들은 거대한 물이 포효하듯 함성을 지른다.
> 큰물이 포효하듯 겨레들이 함성을 지른다.
> 그러나 그분께서 그들을 꾸짖으시자
> 그들은 멀리 도망친다.
> 산 위에서 날리는 겨처럼
> 폭풍 앞의 방랑초처럼 그들은 쫓겨난다.
> 보라, 저녁때에 닥쳐온 두려움을.

아침이 되기 전에(בטרם בקר) 그들은 이미 사라지고 없다.
이것이 우리를 약탈하는 자들의 몫이요
우리를 노략하는 자들의 운명이다(이사 17,12-14).

아시리아 군대는 야훼께서 심판하시는 도구였다. 야훼께서는 최후의 재앙이 일어나기 전에 홀연히 침략자를 몰아내는 '전사'로서 나타나신다(이사 29,1-8; 31,4-9을 보라). 이사야서의 중요한 주제들 가운데 하나인 이 주제는 아마도 옛 전통의 새로운 해석일 것이다. 특히 폰 라트(G. von Rad)는 정복할 수 없는 예루살렘이라는 주제는 무엇보다도 시편 46, 48, 76편을 통해서 제의에서 찬양됐던 것이라고 주장했다. 실제 이 전승은 여부스족이 도시를 지배할 때인(2사무 5,6 이하 참고) 다윗 이전 시기로 소급될 수 있다. 혼돈의 물과 예루살렘이 대결하는 이 오래되고 아마도 신화론적인 전승(시편 48,8에서 배들의 공격에 주의하라)은 이사야까지 전승됐고 아시리아가 이 도시를 포위하여 공격하는 급박한 상황을 표현하기 위해 역사화됐다. 이사 17,12-14에서 신화와 역사 사이의 긴장은 매우 강력한 양식으로 유지되는데, 공격자들은 노호하는 바다와 포효하는 물로 묘사된다. 전투는 어두움("저녁 때에") 속에서 일어나고 "아침이 되기 전에" 충돌은 사라진다.

결국 "아침에" 또는 "아침이 되기 전에"라는 표현들은 아시리아의 공격으로부터 실제적인 구원을 받을 때를 묘사하는 설화에서는 보이지 않지만(이사 37,36-37) 그 행위는 결국은 똑같다. 야훼의 천사들이 저녁에(병행구인 2열왕 19,35을 보라) 아시리아의 진지 한가운데를 지나가서 많은 군인을 살해했다. 그리고 아침에 동료들이 밤의 학살의 결과를 발견했기 때문이다.

어쨌든 "아침에" 또는 그것과 같은 의미로 표현된 구절들은 다음과 같은 3중 양식을 보여 준다.

1. 밤 동안의 충돌.
2. "아침에" 충돌의 해결.
3. 아침 햇살 속에서 이 해결의 결과를 제3자가 관찰함.

이사 17,12-14은 세 번째 요소를 포함하지 않지만, 이사 37,36에서 아시리아 군대의 시체를 관찰했으므로 이사야서에서도 이런 양식이 드러남은 분명한 것 같다. 판관 19장을 예외로 한다면, 이것과 관계된 모든 본문은 그 기원과 지향점을 예루살렘에 두고 있다.

우리는 3부에서 가나안 신화론에 기초하여 시온 산 수호의 개연성 있는 배경을 논의할 것이다. 그러나 가나안 본문에는 현재 "야간" 전투로 알려진 것은 하나도 없고, 마찬가지로 메소포타미아에서도 그러한 충돌은 알려지지 않았다. 오직 이집트 신화에서만 자비로운 태양신 레가 밤 동안 적과 전투를 벌인다. 동쪽 지평선에서 동이 튼 후에 태양의 출현은 아포피스에 대한 그의 승리를 가리키고, 전 세계는 이것을 보고 그의 왕권을 기쁘게 찬미하며 환호를 올린다.

위에서 연구한 구절들에서 나타나는 3중 양식은 바다 사건에 대한 야휘스트의 이야기에서도 분명하다. 야훼와 이집트인들 사이의 전투는 어둠 속에서 일어났고, 이집트인들은 "날이 새자" 물에 빠져 죽었다. 그리고 이스라엘의 백성들은 "바닷가에 죽어 있는 이집트인들을 보게 됐다." 전투에서 승리자는 야훼이시다—밤의 전투에서 승리자로 기대되는 정복자 태양신 레가 아니라 히브리의 하느님이신 야훼께서 아침 빛 속에 의기양양하게 나타나신다. 옛 신화의 의미는 뒤집혀진 것처럼 보이고, 이 신화론의 영향에 의해서 이스라엘의 하느님과 이집트인들의 신이 맞선 충돌은 결정적인 종말을 맞게 된다.

이렇게 이집트 신화를 일부 비튼 것이 정치적 동맹의 일환으로서 솔로몬이 파라오의 딸과 결혼한 사건(1열왕 3,1)과 관련되지 않았을까 가정하는 것은 비합리적이지 않다. 솔로몬은 자신의 왕궁에 별실을 지어줄 때까지(1열왕 7,8-9; 9,24을 참고하라) 그의 수줍은 신부를 다윗성 자체에 두었다(1열왕 3,1). 그 도시에 왕비와 그녀의 측근들이 있었기에 이집트의 관습이나 종교에 친숙한 것들이 도시에 있었을 것임은 의심의 여지가 없다. 또한 이것은 외국인과의 이런 결혼 동맹이 야훼의 의지에 반대된다고 느꼈던 사람들을 분노케 했다(1열왕 11,1-8). 그리하여 기원전 2,000년대 바빌론의 상황이 현재 우리가 갖고 있는 『에누마 엘리쉬』에 영향을 끼친 것과 매우 유사한 방법으로, 예루살렘에서의 역사·정치적 상황은 이 우주적 사건을 이야기하는 기자에 영향을 끼쳤을 것이다.

바다 사건에 대한 사제계의 설명

다음은 탈출 14,10-31의 전체 설화에서 야휘스트 자료들을 분리하고 난 다음에 남은 것으로서 사제계 기자의 작품이다. 그들의 작품은 예루살렘에서 이루어졌을 수도 있겠지만, 기원전 6세기 유배 기간의 바빌론에서 완성됐다는 것이 더 맞을 것 같다.

(10절) 파라오가 다가왔다. … 이스라엘 자손들은 … 주님(=야훼)께 부르짖었다. (15-16절) 주님(=야훼)께서 모세에게 말씀하셨다. "너는 어찌하여 나에게 부르짖느냐? 이스라엘 자손들에게 앞으로 나아가라고 일러라. 너는 네 지팡이를 들고 바다 위로 손을 뻗어 바다를 가르고서는, 이스라엘 자손들이 바다 가운데로 마른땅을 걸어 들어가게 하여라. (17-18절) 나는 이집트인들의 마음을 완고하게 하여, 너희를 뒤따라 들어 가게 하겠다. 그런 다음 나는 파라오와 그의 모든 군대, 그의 병거와 기병들을 쳐서 나의 영광을 드러내겠다. 내가 파라오와 그의 병거와 기병들을 쳐서 나의 영광을 드러내면, 이집트인들은 내가 주님(=야훼)임을 알게 될 것이다."

(21절) 모세가 바다 위로 손을 뻗었다. … 그리하여 바닷물이 갈라지자 (22-23절) 이스라엘 자손들이 바다 가운데로 마른 땅을 걸어 들어갔다. 물은 그들 좌우에서 벽이 되어 주었다. 뒤이어 이집트인들이 쫓아왔다. 파라오의 모든 말과 병거와 기병들이 그들을 따라 바다 한가운데로 들어갔다.

(26-27절) 주님(=야훼)께서 모세에게 말씀하셨다. "바다 위로 손을 뻗어, 이집트인들과 그들의 병거와 기병들 위로 물이 되돌아오게 하여라." 모세가 바다 위로 손을 뻗었다. … (28-29절) 물이 되돌아와서, 이스라엘의 자손들을 따라 바다로 들어선 파라오의 모든 군대의 병거와 기병들을 덮쳐 버렸다. 그들 가운데 한 사람도 살아남지 못하였다. 그러나 이스라엘의 자손들은 바다 가운데로 마른 땅을 걸어갔다. 물은 그들 좌우에서 벽이 되어 주었다.

탈출 1-15장에서 계속되는 충돌은 여기서 "파라오와 그의 군대, 그의 병거와 기병들을 쳐서 나의 영광을 드러내리라"는 야훼의 목적이 반복되며 절정에 달한다. 결정적인 승리를 초래하는 구체적인 행위는 바다를 가르는 것이고, 그럼으로써 이스라엘은 물벽 사이로 바다를 걸어갈 수 있었다. 우리는 여기서 이 특징에만 주목할 것이다. 왜냐하면 그것은 야휘스트의 물을 말리는 행위와도 다르고, "바다의 노래"에서 이집트인들을 물 속으로 내던져 빠져 죽게 한 것과도 다르기 때문이다. 실제로 사제계 이야기에서 "가르는" 행위는 더욱 더 웅장하고 극적이다. 이스라엘인들은 거대한 물벽 사이로 걸어 지나간 반면, 뒤쫓던 이집트인들에게는 위에서 물이 쏟아져 내렸기 때문이다. 바다를 "가르는" 식의 개념은 시편 78,13에서 이 동사가 똑같은 의미로 사용된 것에서 증명되듯이 유배 이전에 이미 존재했다. 게다가 이 용어는 느헤 9,11에서 역사를 회상하는 데서 사용되듯이 사제계보다 후대에서도 나타난다. 그러므로 이 형상은 자신의 고유한 발전 역사를 지니는 것 같다.

그러나 만일 사제계 기자의 역사적인 상황을 고려한다면, 『에누마 엘리쉬』를 떠올려야 할 것이다. 마르둑이 티아맛을 가른 행위를 떠나서 "바다를 가름"의 기원을 상상하기란 어렵다.

> 그때 주님(=마르둑)은 그녀의 시체를 보기 위해 멈추었다.
>
> 그는 그 괴물을 나누어 창조적인 일을 하려 했다.

그는 그녀를 조개처럼 두 부분으로 나누었다.[7]

그리하여 우주의 새로운 창조가 시작됐고, 그 우주의 임금은 마르둑이었다. 다시 말해 히브리어 "가르다"(בקע)는 유배 시대의 기자가 처음 쓴 것은 아니지만, 매년 초에 승리자 마르둑의 상을 앞세워 행진하는 바빌로니아인들에게 반론을 펴려는 목적 때문에 그 표상을 선택했을 또 다른 가능성이 있는 것이다. 동시에 혼돈을 가르는 행위를 야훼께 돌리는 것은 유배 중인 이스라엘인들에게 그들의 하느님께서 외국 땅에서 노예로 살고 있는 선택 받은 백성을 한 번 더―순환적인 것이 아니라 역사에서 한 번 더 일어나는―탈출(exodus)시킬 수 있을 정도의 충분한 권능을 지니신 분으로 선포하는 것이었다. 이것은 과거의 단순한 회상과는 매우 다른 것이다. 사제계의 신앙 고백 정식은 신화적 옷을 입었지만 역사적 현재를 위해 강력한 메시지를 담고 있다.

탈출 14-15장에 나타난 바다 사건의 요약

여기서 작용하는 하나의 일관된 해석적 원칙이 있다면, 그것은 이집트로부터의 구원에 관한 것이다. "야훼께서 우리를 이집트 땅에서 이끌어 내셨다."라는 역사적인 신앙고백 정식은 그들이 처한 역사적 실존의 다양한 환경 안에서 이스라엘 백성에게 특별한 의미를 전달하기 위해―이스라엘의 전례적 정식 안에서 너무나도 빈번하게

7. ANET-K, p.96; ANET, p. 67.

—계속 되풀이되며 신화화됐다. 오래된 "바다의 노래"에서의 전투는 이집트 탈출을 포함하지 않았다. 그러나 성난 바다에서 일어난 이집트인들에 대한 승리는 야훼께서 임금으로 즉위하시는 곳인 가나안 땅에 대한 정복과 승리의 배경을 제공한다. 그 사건에 대한 야휘스트의 이야기에서 등장하는—가나안인들, 메소포타미아인들, 이집트인들의—피상적인 몇몇 신화론적 표상들은 야훼와 파라오 사이의 분쟁을 해결하기 위한 성전(聖戰)의 정식으로 융합되어 버렸다. 그리고 사제계의 기록에서는—바빌론 유배 기간 동안의 기자를 예상할 수 있듯이—메소포타미아와의 병행구들이 가장 분명히 드러난다.

결국 모든 단편들이 탈출 14-15장에서 결합되어 이집트로부터의 역사적 구원에 대해 매우 신화화된 해석의 결과를 낳았다. 앞서 예언자들의 설교와 시편에서 보았듯이 여러 가지 신화론적 이야기들이 한 구절에서 통합된다. 그것은 고대 히브리인들이 마치 다양한 신화론적 이야기를 쌓아 놓은 창고 같은 것을 지니고 있어서, 그곳으로부터 우주적 전투를 묘사하는 표상들을 끌어내어 구체적 역사에 적용하는 것 같다. 고대근동에서 원래는 독립적이었던 이야기들이 이미 이렇게 녹아든 사경(四經)의 본문을 볼 때, 그 원천의 영향력은 훨씬 중요해진다. 예를 들어 이집트인들은 태양신과 함께 목욕하기를 갈망했다. 특히 (태양신의 배를 타고) 어두움을 함께 여행한 다음 갈대 호수에 이르러 그 호수에 몸을 담가 재탄생(해돋이)하길 원했다. 그러나 여기 탈출 14-15장에서 갈대 바다는 야훼라는 '신적 전사'에 의해서 이집트의 힘이 정복되는 곳이다. 이런 다양한 전승들의 복합체인 사경에 사제계 저자는 이따금 자신의 해석을 첨가했고, 그 결과 반론점은 더욱 넓고 깊어졌다. 그 기자에 따르면 바다에서의 전투는 바알-츠폰(탈출 14,2) 부근에서 일어났다. 바알-츠폰은 얌의 혼돈의 힘을 정복하고 차폰 산에 그의 궁전을 세운 가나안 신을 섬기는 장소로서 이집트의 삼각주에 있었다. 이 이집트의 자리가 가나안의 차폰 산이 아니지만, 그럼에도 불구하고 그 장소는 바알을 섬기는 장소였다. 사제계에 따르면 바알 임금의 바로 코 앞에서 야훼께서는 혼돈의 적인 파라오와 이집트의 신을 물리쳤고, 그러기 위해서 얌을 사용하셨다.

야훼께서 꾸짖는 대상으로서의 혼돈

야훼와 혼돈의 대리자 사이의 충돌에 사용되는 전문 용어는 "꾸짖다"(גער)이다. 성경 밖의 문헌에서 같은 어원의 말은 오직 우가릿 신화에서만 나타난다. 신들이 모여있는 곳에, 얌(=얌무)의 전령들이 거만하게 들이닥치자 신들은 얌(=얌무)의 권세에 눌려 머리를 떨구었다. 그의 행위는 질서를 유지하기 위한 결정을 책임지고 있으면서도, 혼돈의 대리자들이 마음먹은 대로 할 수 있도록 순순히 양보해 준 자들을 겨냥한 것 같다. 다른 어떤 경우에는 바알 자신이 다른 신에게 꾸짖음을 받는 대상이 되기도 했다. 바알이 승리하고 나서 상처받은 얌을 죽이려 하자, 여신 아세라가 바알을 "꾸짖었다." 최고신 엘의 부인인 이 여신은 한 아들을 보호하기 위해 다른 아들에게 권위를 행사한 것이다. 이런 경우에서 볼 수 있듯이, 권위를 지녔거나 곧 권위를 지닐 자는 특정한 상황을 통제하기 위하여 더 낮은 지위에 있는 자를 꾸짖는다.

히브리 성경에서는 야훼보다는 인간들이 다른 인간들을 꾸짖으려고 시도하는데, 사실 꾸짖을 권위를 지닌 유일한 분은 야훼시다. 야곱은 온 가족이 한 아들에게 엎드려 절한다는 꿈 때문에 아들 요셉을 꾸짖었다(창세 37,10). 아버지로서 야곱은 꾸짖을 권리가 있지만 이야기 자체는 그의 행동이 부적절했음을 보여 준다. 예레미야의 시대에 스마야는 바빌론에 유배 중인 사람들에게 예레미야가 이 유배가 오래갈 것이라고 예언했기 때문에 그를 꾸짖어야 한다고 편지를 보냈지만, 역사가 예레미야의 예언을 확인해주었기 때문에 이런 행위는 부적절한 것이 됐다(예레 29,27). 보아즈는 매우 현명하여 일꾼들에게 룻을 꾸짖거나 야단치지 말고 이삭을 줍는 것을 허락하라고 명령했다(룻기 2,16). 매우 역설적으로 보이겠지만, 이사야는 단지 몇 사람의 꾸짖음(="고함")이 1,000명을 도망치게 할 것이라고 말했다. 옛 성전(聖戰)의 구도처럼 권위를 지닌 소수의 사람이 수많은 적대자들을 도망가게 할 것이다(이사 30,17). 한 인간이 타인을 꾸짖는 권위를 분명히 소유한 것처럼 보이는 유일한 예는 집회 11,7에 있다. 인간은 한 사건의 사실을 자세히 알아보고 나서야 타인을 "꾸짖을"(그리스어로, ἐπίτιμαν 또는 ἐπίτιμάω) 수 있다.

다른 한편으로 야훼께서는 분명히 꾸짖을 권위를 지니시고, 그 대상들은 그분의 질서 잡힌 계획들을 훼방놓는 것들, 즉 태초의 바다, 예루살렘을 공격하는 혼돈의 세력, 그리고 사탄이다.

태초의 바다를 꾸짖는 야훼

대개의 신화론은 이 우주가 "태초의"(*illo tempore*) 때에 만들어졌다고 한다. 모든 것을 "꾸짖을 수" 있다는 야훼의 배타적 권리도 역시 우주 발생의(cosmogonic) 행위에 근거한다. 아름다운 찬미가인 시편 104편은 이따금 이집트의 아톤(*Aton*)신 찬미가에 기초했다고 주장되는데, 천상과 지상의 창조를 극적인 양식으로 묘사한다. 하늘을 천막처럼 펼치신 야훼께서는 그의 도구들로서 구름, 바람, 불 그리고 불꽃을 만드셨다. 그 다음 그분은 땅에 관심을 두신다.

> 그분께서 기초 위에 땅을 든든히 세우시어
> 영영세세 흔들리지 않는다.
> 당신께서 대양(=심연/트홈)을 그 위에 옷처럼 덮으시어
> 산 위까지 물이 차 있었습니다.
> 당신의 꾸짖으심에 물이 도망치고
> 당신의 천둥소리에 놀라 달아났습니다.
> 당신께서 마련하신 자리로
> 산들은 솟아오르고 계곡들은 내려앉았습니다.
> 당신께서 경계를 두시니 물이 넘지 않고
> 땅을 덮치러 돌아오지도 않습니다(시편 104, 5-9).

그리하여 야훼의 맨 처음 꾸짖음은 창조 때, 곧 야훼께서 혼돈의 물을 가르고 질서를 잡으시고 그 질서를 유지할 수단을 만드신 창조 때에 일어났다. '신적 전사'가 원수로 하여금 도망가게끔 하기 위해

필요로 했던 모든 것(앞의 탈출 14,27에 대한 93-97쪽을 보라)은 영원히 배타적으로 그분만의 것으로 남아 있는 것, 바로 그분의 권위 있는 꾸짖는 말씀이다.

이제부터는 물의 혼돈의 힘에 대한 신적 권위의 행사가 역사적 사건들과 우주적 전쟁을 관련짓는 원리로서 지속된다. 나훔 1,3ㄴ-5에서 전형적인 폭풍신의 신현 묘사는 기원전 612년 니느웨의 몰락에 대한 설명으로 시작한다.

> … 폭풍과 회오리바람은 그분께서 다니시는 길이며 …
>
> 그분께서는 바다(=얌)를 꾸짖어 말려 버리시고
>
> 강들(נהרות)을 모조리 바닥까지 드러내신다. … (나훔 1,3-4).

그분이 두려운 모습으로 나타나서 꾸짖으시자 풍요로운 산맥이 시들고 산들이 떤다. 태초에 혼돈을 가라앉히시고 질서를 세우신 권능의 하느님이시다. 그분은 이제 한 세기 이상 이스라엘인의 생활에 혼돈을 야기했던 아시리아에 맞서 수도 니느웨를 향해 진군하신다. 그리하여 얌을 우주적으로 "꾸짖으심"은 역사적으로 영향을 끼친다. 이 '신적 전사'는 이제 당신 백성의 원수를 쳐부수신다.

비슷한 방식으로 '전사' 야훼께서 바다(=얌)를 "꾸짖으심"은 다윗 왕조의 원수를 물리치는 수단이기도 하다. 시편 18편은 야훼께서 적들을 물리치시고 임금을 구원하신 행위를 찬양한다. 신현의 광채—흔들리는 산, 폭풍 구름, 천둥과 번개—속에서 야훼께서는 절망적인 울부짖음에 답하신다.

> 바다(=얌)의 밑바닥이 보이고
> 땅의 기초가 드러났네.
> 야훼님, 당신의 질타(=꾸짖음)로,
> 당신 노호의 숨결로 그리되었습니다(시편 18,16).

야훼의 "꾸짖으심"으로 땅의 기초가 드러난 것은, 메시아의 질서와 통치, 곧 다윗 왕조의 임금을 위협하는 모든 세력에게 야훼의 분노가 내린 결과와 상응한다.

이처럼 얌에 대한 우주적 꾸짖음이 아시리아인들과 다윗 왕조의 원수들에게 심판을 내렸다. 이와 동일한 "꾸짖음"이 바빌론을 심판하고, 따라서 유배에서 구원하는 하느님 권능을 증거할 것이다. 아래 이사야서에서 야훼께서는 당신의 구원 능력을 묻는 수사학적 질문에 그분의 우주적 행위를 인용함으로써 답하신다.

> 보라, 나는 호령(=꾸짖음) 한마디로 바다(=얌)를 말리고
> 강들(נהרות)을 광야로 만든다. … (이사 50,2ㄴ).

나훔 1,4처럼 야훼께서 꾸짖는 대상은 분명히 얌, 곧 '바다'이며 이렇게 야훼의 권위가 우주적 영역에 세워짐으로 증명됐다. 그러므로 이는 야훼께서 다시 한번 당신의 권위와 통치를 세우실 것을 확실히 기대할 수 있는 기초를 제공한다.

이런 "꾸짖음"에 관련된 구절을 사용한 것과 우리가 앞에서 "괴

물"의 형상을 연구하면서 관찰한 것에서 신화와 역사 사이의 동일한 긴장을 볼 수 있다. 그러나 얌(=바다)을 꾸짖는 구절에서, 신화적인 측면이 제거되는 경우가 하나 있다. 이집트 탈출부터 광야 시기까지 이스라엘과 야훼의 관계를 찬양하는 시편 106편을 보자.

> 갈대 바다를 꾸짖으시어 물이 마르자
>
> 그들이 깊은 바다(=트홈)를 사막인 양 걸어가게 하셨다(시편 106,9).

이 시편에서 바다를 꾸짖는 행동 자체가 야훼의 권능이 역사 안에서 행사됨을 증명하지는 않는다. 오히려 갈대 바다에서 일어난 역사적 사건 그 자체가 이스라엘의 찬미를 받으실 그분의 권리를 확립한다.

예루살렘을 공격하는 혼돈의 힘을 꾸짖는 야훼

바다를 꾸짖으시는 단계에서 조금만 나아가면, 시온의 임금을 공격하는 자들에 대한 야훼의 심판(시편 18)과 예루살렘 그 자체의 적들에 대한 실제적인 꾸짖음이 상응함을 볼 수 있다. 시편 46편이나 48편과 매우 비슷한 시온 시편인 76편에서 예루살렘에 대한 이런 공격은 '신적 전사'가 적들을 공포에 떨게 하는 장면을 보여 준다. 적대적인 전사들은 무기를 빼앗기고 나서 속수무책이 된다.

> 야곱의 하느님, 당신의 호령(=꾸짖음)에
>
> 수레도 말도 까무러쳤습니다(시편 76,7).

이집트 탈출 때 이집트 군대의 운명을 묘사한 것과 매우 비슷한 표현(수레, 말 등)이 흥미를 끌지만, 이 시편에서 그런 유사성이 의도된 것임을 보여 주는 구절은 없다. 이 도시를 지켜주시는 야훼를 선포하고 그분을 찬양하는 이런 모티프의 배경은, 태초의 바다를 꾸짖는 신화일 것이다.

기원전 701년에 아시리아가 예루살렘을 포위 공격했을 때, 이사야의 묘사도 이와 매우 비슷했다. 이사야는 설교에서 침략자 아시리아인들을 포효하는 큰 물로 묘사했다. 그들의 침략은 야훼로부터 지배권을 빼앗으려는 혼돈의 바다가 쳐들어 온 것과 너무도 닮았다.

> 그러나 그분께서 그들을 꾸짖으시자
> 그들은 멀리 도망친다(이사 17,13).

그러므로 시편 76편처럼, 야훼께서 꾸짖으시는 대상은 바다가 아니라 역사적인 국가다. 그러나 그 국가는 우주적 충돌의 바다와 상응하기에 그 국가를 꾸짖는 행위는 적절한 것이었다.

제3부에서 우리는 시온 산, 즉 그분의 거룩한 산을 지키시는 야훼에 대해서 더 자세히 알아볼 것이다. 여기서는 적들이 예루살렘에서 통치하시는 그분의 질서를 위협했고, 야훼의 꾸짖으심이 역사적인 민족을 향했음을 관찰하는 것으로 충분하다.

사람들을 억누르는 압제자를 꾸짖는 야훼

시편 9편은 악인들로부터 구원하시는 야훼께 감사를 드린다. 예루살렘 성전에서 예배하는 자들은 신화론의 언어로 하느님을 찬미한다(시편 9,8).

> 당신께서는 민족들을 꾸짖으시고
>
> 악인을 멸하셨으며
>
> 그들의 이름을 영영 지워 버리셨습니다(시편 9,6).

악인들은 멸망할 운명이지만, 야훼께서는 우주를 다스리시는 임금으로 즉위하신다. 그러한 권위를 지닌 그분이야말로 홀로 꾸짖는 권능을 지니신 분이다. 그분은 손수 선택하신 임금들과 도시를 위해서 뿐만 아니라, 희망을 잃지 않고 있는 가난한 자와 궁핍한 자를 위해서 그 우주적인 권능을 행하신다(18절).

사탄을 꾸짖는 야훼

히브리 성경에서 "사탄"(שטן)은 고유명사로만 사용되지 않는다. 어떤 사람에게 적대적으로 행동하는 사람이라면 누구에게든 쓸 수 있다. 그러나 다음의 세 가지 경우에서는 정관사로 한정되어, '적'이 아니라 '사탄'이라는 이름으로 불린다. 욥기의 첫 장에서 사탄은 모여 있는 "하느님의 아들들" 중 하나로 나오는데, 그는 의인이라고 생각되는 어떤 사람의 신앙에 도전하는 역할을 한다. 사탄은 욥의 믿음을 비난하고, 하느님께선 사탄이 제시한 바에 따라 행동하시는데, 결국 사탄이 틀렸음이 증명됐다. 여기서 "적"(=사탄)은 특별히 악한 인물이 아니다. 그는 기소하는 검사 같은 인물이다—그는 법정에서 인기 있는 역할은 아니지만 필요한 역할을 한다. 1역대 21,1에서 사탄은 다윗을 자극하여 인구 조사의 죄를 범하게 하는 자로서 인용되는데, 더 오래된 전승인 2사무 24,1에서는 야훼 자신이 원인이다. 그러므로 분명히 여기서 사탄을 야훼께 대적하는 권능으로 동일시할 수 없다. 그는—욥의 이야기에서와 같이—다만 야훼의 대리자로서만 봉사하는 것 같다.

그러나 즈카 3장에서 사탄은 이와 좀 다른 것 같다. 그는 "악마의 옹호자"로서 정해진 역할을 행한다. 즈카르야가 주님으로부터 밤중에 받은 이 넷째 환상은 사탄을 묘사한다. 그는 야훼의 계획을 가로막는 혼돈의 대리자다.

> 그분께서 야훼의 천사 앞에 서 있는 예수아 대사제를 나에게 보여 주었다. 그의 오른쪽에는 사탄(=적)이 그를 고발하려고 서 있었다. 야훼의 천사가 사탄(=적)에게 말하였다. "사탄아, 야훼께서 너를 꾸짖으신다. 예루살렘을 선택하신 야훼께서 너를 꾸짖으신다. 이 사람은 불 속에서 꺼낸 나무토막이 아니냐?" (즈카 3,1-2)

여기에 언급한 예수아는 여호차닥의 아들로서, 바빌론 유배가 끝나고 귀환했을 때 예루살렘에서 대사제로 선택된 인물이다. 그러므로 이 환상은 여호차닥의 아들 예수아를 예루살렘에서 대사제로 임명하는 천상의 법정을 묘사한다. 이 선택된 사람은 야훼의 사자(천사)

앞에 서 있고 옆에는 사탄이 있다. 그런데 어떤 이유 때문인지 드러나지는 않지만, 사탄은 이 선택에 이의를 제기한다. 그러나 야훼께서는 예수아의 자격을 확신했고, 그를 "불에서 꺼낸 나무토막"으로 묘사한다. 이 은유는 바빌로니아인들이 몇 년 전에 사제들을 학살했을 때(2열왕 25,18-21) 몇 명만이 (아마도 여호차닥도) 구출된 것과 관련된 것 같다.

천사는 야훼께서 바라시는 이 '대사제'의 직책을 나열한다. 그는 야훼의 집을 지키고 궁정의 책임을 맡으며 사람들을 "드나들게"(7절) 할 권한이 있다. 이런 역할들을 보면, 예수아는 사제의 직책과 다윗 왕조의 임금으로서의 직책을 동시에 소유한 인물이다. 왜냐하면 이런 권한은 성전 뿐 아니라 궁전과도 관련되며, 사제직과 왕직을 겸하는 것이기 때문이다. 사제는 지성소 안에서 사람들을 야훼에게 "가까이 이끌어" 죄를 씻어주는 사람이다. 이런 사제적 기능은 하느님께서 "단 하루"(9절, 속죄의 날)에 온 땅의 죄를 없애신다는 약속으로 보증받는다. 다른 한편으로 예레 30,21의 전승을 따르면, 사람들을 야훼께 "다가오게 하는" 권한은 야훼의 왕권을 위임받은 세상의 임금의 기능을 가리키는 것 같다. 다윗 왕조의 임금들은 절체절명의 위기 상황에서 야훼와 친밀한 세상의 지배자가 된다. 하지만 8절에서 임금을 의미하는 "새싹"을 보면(예레 23,5의 "의로운 싹" 참고), 예수아 대사제 외에 임금의 역할을 하는 어떤 다른 사람이 있는 것 같다. 즈카 4,1-14에 따르면, 그 다른 사람은 '즈루빠벨 왕자'인데, 예수아 대사제와 함께 "두 새싹들", 즉 "성별된(=기름 부음 받은) 두 사람" 중 하나를 대표하며 야훼 곁에 함께 서 있다(즈카 6,9-13을 보라.). 그러므로 즈카 3

장의 환상은 대사제와 다윗 왕조의 임금 모두를 포함한다. 속죄의 날에 사제의 "새싹"은 완성될 것이다(즈카 3,9). 그리고 임금의 "새싹"인 즈루빠벨 안에서 야훼의 날("그 날에", 즈카 3,10)의 평화가 실현될 것이다. 이 두 새싹의 기능은 이 두 날을 동시적인 사건으로 만든다.

그런데 작은 의문이 있다. 사탄이 야훼의 꾸지람을 받은 것이다. 예루살렘에서 대사제/새싹으로서 여호차닥의 아들 예수아의 자격에 도전함으로써, 사탄은 일찍이 그 옛날 예루살렘을 침략한 세력과 동일시된다. 야훼의 기름 부음 받은 자, 곧 다윗 왕조로부터 지배권을 빼앗으려던 세력과 같은 역할을 행한 것이다. 야훼께서 예루살렘에 세우신 질서가 위험에 빠지고 혼돈이 몰려왔을 때, '신적 전사'는 꾸짖음으로써 그의 권위를 행한다. 그러므로 야훼의 꾸짖으심은 다윗 왕조의 적수를 물리치는 '신적 전사'의 행위와 상응한다(시편 18). 이제 사탄은 땅의 죄를 "단 하루에"(9절) 제거할, 야훼의 선택된 자에게 도전하고 꾸짖음을 받는다. 그래서 다시 한번 혼돈이 하느님의 꾸짖음을 받고 질서에 복종한다.

혼돈의 종말론적 패배

앞에서 갈대 바다 사건을 논하면서 우리는 야휘스트가 이집트 탈출을 묘사할 때, 어떻게 성전(聖戰) 도식의 특징을 사용했는지 보았다(86-97쪽). 탈출기의 이야기는 야훼께서 이집트인들의 손에서 이스라엘을 "그 날"에 구원하셨다는 말씀으로 끝맺는다(14,30). 얼핏 단순히 시간을 나타내는 어구로 보이는 "그 날"은 성전(聖戰) 묘사의 특징이다. 이 시간절은 베냐민 지파와 다른 지파들의 전쟁을 묘사할 때 나온다(판관 20,15.21.35.46). 또한 이 시간절은 이스라엘을 이끌고 필리스티아에 맞서는 사무엘의 지도력을 설명하는 곳에서 두 번(1사무 7,6.10), 요나탄이 미크마스에서 필리스티아인을 무찌른 승리를 보고하는 데서 세 번 나타난다(1사무 14,23.24.31).

"그 날"이라는 표현은 과거에 이스라엘의 적을 무찌르신 야훼의 승리를 보고하고 찬양하는 데 사용됐다. 이제 이 말은 야훼께서 먼 훗날 억압자들을 물리치고 승리하시리라는 희망을 안고 미래로 투사된다. 얼핏 이런 시각은 "그 날"에 대한 헛된 낙관주의로 이끌 것도 같다. 하지만 8세기 중엽의 예언자 아모스는 이스라엘인들에게 야훼의 날은 빛이 아니라 어둠이라고 말함으로써 이런 견해를 바로잡았다(아모 5,18). 이민족들뿐 아니라 이스라엘과 유다도 직접 '신적 전사'의 공격을 체험할 것이다. 이 점 때문에 이스라엘의 예언자들은 이스라엘의 심판과 회복이 모두 "그 날"에 일어날 것이라 예언한다. 야훼께서 세우실 그분의 나라를 방해하는 모든 백성들과 힘들을 바로 그 날에 파괴하실 것이다. 이런 발전 과정에서 결국 이런 고백이 나온다. 우주 발생 당시에 존재했던 혼돈의 괴물은 종말론적인 "야훼의 날"에 단 한번 그리고 영원히 패배할 것이다.

야훼와 혼돈의 대결을 미래로 투사하는 고전적인 예는 이사 27,1이다. 학자들은 이 구절의 연대를 기원전 6세기부터 기원전 3세기까지 다양하게 본다. 이사 24-27장의 이른바 "이사야의 묵시록"은 야훼께서 천상과 지상의 모든 적을 이기고 시온 산에서 임금으로 즉위하실 날을 고대한다(24,21-23을 보라.). 승리의 그 날은 거룩한 산에서의 잔치(25,6-8), 죽은 이들의 부활(26,16-19), 그리고 아시리아가 흩었던 이스라엘인들의 귀향(27,12-13)을 포함한다. 그 상황에서 우주적 전쟁을 예언한다.

그 날에 야훼께서는
날카롭고 크고 세찬 당신의 칼로
도망치는 뱀 레비아탄을,
구불거리는 뱀 레비아탄을 벌하시고
바다(=얌) 속 용을 죽이시리라(이사 27,1).

레비아탄을 묘사하는 3행의 병행구는 야훼께서 무찌르시는 대상이 세 마리의 뱀이 아니고, 하나의 괴물임을 가리킨다. 우가릿 본문에서 죽음의 신 모투가 뱀을 정복한 바알을 다음과 같이 묘사하는데, 위 구절과 비교하지 않을 수 없다.

과연 너는 레비아탄, 도망치는 뱀을 친다.
너는 똬리 튼 뱀을 끝장낸다.
머리 일곱 달린 샬리야투(*šlyṭ*)를.[8]

두 구절에서 같은 단어로 쓰인 레비아탄의 묘사는 거의 일치할

8. KTU[3] 1.5:I:3-4; ANET-K, p. 279; ANET, p. 137.

정도다. 기원전 14세기 우가릿 본문으로부터 천 년 후에 이사야의 묵시록으로 전달되는 정확한 전승 경로를 파악하는 것은 무척 어려운 일이지만 묘사의 세부 항목이 이토록 정확히 일치하기 때문에, 바알에서 야훼로 이전되는 연속적인 전승이 분명히 있었음을 알 수 있다. 이 전승 과정에서 특별히 눈에 띄는 것은 레비아탄을 죽인 것이 '미래의' 야훼의 날로 변형된 것이다. 곧 본디 뱀을 이긴 바알의 승리는 과거의 것이지만, 야훼께서는 미래에 혼돈을 꺾고 승리하심으로써 당신의 왕권을 새롭게 세우실 것이다. 뱀을 이긴 이야기를 이렇게 재해석함으로써 그 승리는 우주탄생의 맥락에서 종말론적 영역 속으로 옮겨 놓인다.

다니엘서 7장의 환상에서, 괴물들이 "큰 바다"(다니 7,1-8)에서 떠오른 것도 이런 전체적인 발전과 무관하지 않다. 이 구절에서 짐승들은 세계적인 제국들과 상응한다. 그러나 괴물들이 임박한 하느님 나라에 대항한 이 세상의 제국을 대표하긴 하지만, 야훼께 맞서는 특별한 적으로 묘사되지는 않는다. 종말론적 사고를 한다면, 야훼의 새로운 시대가 시작되기 전까지 거쳐야 될 모든 시대를 다 온전히 겪어야 하는 것이다. 구약성경이 끝나고도 성경 문학은 계속해서 발전했다. 욥기 40,15-24과 41,1-26에서는 브헤못과 레비아탄이 주님께 복종하는 존재로 나오는데, 후대의 유다교 문헌에서는 아예 이것들이 원래 음식으로 만들어졌고 마지막 날의 식단을 위해 보관된 것이라는 묘사도 등장한다.[9]

---

9. 에티오피아어 에녹서(*Eth. Enoch*) 60,7. 24; 4에즈라(*IV Esdra*) 6,49 이하; 시

히브리 성경에 나타나는 투쟁 이미지의 요약

질서와 혼돈이 충돌하는 신화적인 형상은 구약성경에 다양하게 나타나고, 그것을 파악하는 방법이 한 가지만 있지는 않을 것이다. 누구나 예상할 수 있듯이 관련된 문학의 유형도 상이하고 전승의 역사도 길기 때문에 고대 신화에 대한 접근 방법은 다양하다. 욥기의 시적인 지혜는 괴물 형상을 가장 적게 변형시켜서, 즉 가장 적게 역사화시켜서 사용했음을 보여 준다. 바다, 라합, 그리고 레비아탄을 통해 욥은 스스로 하느님의 권능을 찬양하고 전사 야훼 앞에 선 인간의 무력함을 말하는 것이다(욥기 9,8.13; 26,11-13). 또는 이유없는 고통에 대해 법정에서 탄원하는 욥을 낮추시는 하느님의 도구였다(욥기 38,8-11; 40,25-41,9).

야훼께서 혼돈을 꺾고 승리하시고, 이 세상을 다스리신다는 그분의 왕권을 언급하는 시편 구절들 또한 그분의 권능을 가리키는 것 같다. 대개 공동체 탄원시편에서 흔히 볼 수 있는 것은, 태초에 그분의 권능이 드러나셨기 때문에 우리가 현재의 절망을 딛고 주님을 확신할 수 있다는 것이다(시편 74,12-17; 하바 3,8-15). 또는 현재의 공동체가 주님이 그 권능을 미래에 다시 드러내실 것을 찬미하고 경배해야 하는 이유를 제공하기도 한다(시편 89). 야훼의 승리와 그를 잇는 왕권은 다윗 왕조를 선택하시고 그 왕조의 임금들과 맺은 조건 없는 계약의 신학도 설명한다(시편 89,1-18.19-37). 투쟁 이미지를 논하면서 "꾸짖음"이

리아어 바룩(*Syr. Baruch*) 29,4.

라는 용어도 살펴보았다. 꾸짖음은 야훼의 권위를 드러내 보이는 것으로서, 분노한 적을 잠잠케 하고 그들로부터 고통받는 억눌린 백성들을 구원하는 것이었다(시편 9,6; 18,16; 68,31; 76,7). 물을 "꾸짖는 것"이 구원을 언급하지 않고 온전히 창조의 영역에 남아 있는 경우도 있었다(시편 104,7). 반면 이 용어로 이집트로부터의 탈출을 묘사할 때는 완전히 역사적으로 쓰였다(시편 106,9).

이집트 탈출 사건 자체에 대한 시적이고 설화적인 묘사에서 중요한 재해석을 볼 수 있다. "바다의 노래"의 첫째 연인 탈출 15,1-12에서 시인은 갈대 바다 사건을 인상적으로 전달하기 위해 오히려 온건한 방법으로 전쟁의 형상을 사용했다. 다윗-솔로몬 통치 기간 동안 예루살렘에서 전승들을 수집하고 선대의 작품들을 편집한 야휘스트 기자들은 우리가 바빌로니아, 가나안, 이집트의 이야기들에서 관찰했던 다양한 형상들을 사용하여 이집트인들이 바다에서 패배했음을 묘사했다(탈출 14,30-31). 기원전 6세기의 사제계들은 유배 중인 백성들에게 희망을 보여 주는 수단으로서 당시의 바빌로니아 신화를 사용했다(탈출 14,10-31). 그리하여 히브리인들은 역사적인 사건—이집트의 노예 신분으로부터의 탈출—을 야훼의 행위로서 해석했다. 결국 그 사건의 설화를 (처음에는 구두로, 훗날에는 문자로) 기록한 자들은 신화론적인 용어로 그 전투를 자세히 묘사해서, 이스라엘의 삶과 신앙에 대한 이 사건의 영향을 해석했다. 이런 변형(transformation)으로 말미암아 야훼께서는 혼돈(파라오)의 대리자들을 쳐부수고 새로운 통치를 향한 길을 닦았다.

이집트 탈출을 묘사하면서 시작된 이 변형의 과정은 예언자들에게 유용한 해석학적 원리를 제공했고 그들의 설교에서 사용됐다. 파라오와 이집트 군대들은 야훼의 뜻을 거스르고 그분의 다스림에 맞서는 혼돈의 세력을 대표했다. 이런 식의 해석은 이사야가 이집트 군대의 도움이 헛되다고 노래할 때나(30,7) 에제키엘이 이스라엘을 돕지 못하는 한가한 용으로 이집트를 묘사할 때에도(29,3; 32,2) 볼 수 있다. 이 구절들은 후대에 영향을 끼쳐서 기원전 705년과 기원전 597-586년의 사건을 해석하기 위해 파라오의 인격과 이집트 국가가 신화화되는 과정에서 이런 식의 재해석이 다시 등장한다. 그러나 아마도 역사를 가장 신화화시킨 예언자는 제2이사야일 것이다. 유배 시기의 이 예언자는 야훼의 태초의 승리와 이집트 탈출 사건을 밀접히 결합시켜서, 기원전 6세기에 바빌로니아로부터의 귀향을 새로운 우주적 승리/이집트 탈출로 선포했다(이사 51,9-10; 또한 43,14-21). 실로 태초에 혼돈을 꾸짖으신 야훼의 권위야말로 이 새로운 승리가 완성될 것을 보증한다(이사 50,2).

이처럼 역사의 신화화, 즉 신화론적인 용어로 역사적 사건을 해석한 것이 신화와 역사 사이의 관계에 접근하는 유일한 방법이 아니다. 기원전 8세기에 이사야는 신화를 역사화시킨 가장 확실한 예언자였다. 그의 설교에서 중요한 모티프는 '예루살렘을 보호하시는 야훼'이다. 이른바 시온 시편들(특히 시편 46편; 48편; 76편)은 이 점에서 이사야서를 예언했다고 할 정도로 닮았는데, 이 시편들의 모티프에 기초하여, 이사야는 산헤립 치하의 아시리아 군대들이 예루살렘을 침략하는 긴박한 역사적 문제를 설교했다. 자세히 설명하면, 이미 그 도시의 전승에는 '정복 불가능성'(invincibility)을 담은 신화론적인 모티프가 존재했고, 그것은 예루살렘 제의에 알려졌고 몇 세기 동안 의례에서 행해졌지만 이제 역사의 특정한 순간을 설명하는 데 사용됐다. 필자는 이런 과정이 위에서 묘사한 과정, 이른바 역사적 사건이나 인격에서 출발하여, 독자들/청중들에게 그 사건을 해석해주기 위해서 신화적인 전승들을 찾아내는 것과는 다르다고 생각한다. 이스라엘의 설교자들은 신화와 역사 사이에 필수적인 긴장과 지속적으로 투쟁했다. 그래서 역사의 신화화와 신화의 역사화라는 두 과정은 히브리 성경의 예언서에서 나란히 존재한다.

고대 이스라엘이 자기의 이웃들과 구별되는 점이 이것이다. 바빌로니아인들과 이집트인들의 신화들도 이따금 역사적인 사건에서 기원한 것이 사실이다. 태양과 아포피스 신화에 등장하는 괴물은 적대적인 임금과 동일시된다. 그러나 시간이 지나자 신화와 역사 사이의 긴장은 해소되고, 의례에서는 오직 신화의 순환적 역할만이 유지된다. 하지만 이스라엘의 경우, 역사적 사건이야말로 제의에서 결정적이었고, 공동체는 전통적인 신화론적 형상에 기초해서 그 사건을 이해해야 했다. 결과적으로 이스라엘의 이웃들은 의례 안에서 자연을 신화화했지만, 이스라엘은 스스로 공동체의 제의적 삶 안에서 역사를 신화화했다.

야훼의 새로운 신학적인 실재와 이스라엘이 형성될 때 신의 역할을 해석하기 위해서 역사가 신화화된 것은 다윗-솔로몬의 통치 바로 직전과 그 기간 동안에 일어났다. 삶의 의미를 찾고 신을 열심히 경배하던 고대 이스라엘의 "신학자들"은 다른 신들과 달리 자신들의 신이 특수한 자연적 현상과 신화론적으로 상응하지 않는다는 것을 알았다. 그들은 상투적인 종교적 표현을 사용했지만 전혀 다른 종류의 신과 통교할 필요를 느꼈다. 다윗의 번영과 솔로몬의 국제적인 통치 시기에 신학자들은 신화와 역사 사이의 긴장과 투쟁해야 했다. 이 투쟁 과정 안에서, 예루살렘에 수입됐던 외국 문물의 영향력을 차단하고자, 어떤 공격적 반론들(polemics)이 발생했다. 이런 조건에서 야휘스트 기자는 이집트 탈출 사건 이야기를 신화화하여 적었고, 시편 기자들은 다윗 계약의 기초를 야훼의 우주적 승리와 다스림에 두었다(시편 89).

그러나 우리의 논의에서 인용한 대부분의 구절들은 기원전 7세기 말과 6세기 말을 발생 연도로 잡는다. 이 시기의 예언자들과 시편 기자들은 모두 국제적인 사건과 관련되어 있었고, 위와 같은 방법으로 투쟁의 표상을 사용했다. 이 시기는 고대근동 전체에서 고대화(archazing)의 조류가 분명했던 시기였다. 동시에 이 시기는 성공한 다른 민족의 신들의 광채에 가려 야훼의 권능과 우월성이 심각하게 도전을 받던 시기였다. 그래서 예언자들과 시편 기자들은 태초에 야훼께서 승리하시고 다스리셨으므로, 이스라엘이 현재의 절망으로부터 구원되리라는 것을 희망할 수 있다고 설명했다. 이스라엘이 그 날을 기다리는 동안, 과거에 드러났던 야훼의 권능과, 현재의 처지가 구체적으로 보여주는 것 사이에는 특별히 예민한 긴장이 존재했다. 그 긴장은 제2이사야가 임박한 종말을 보고서야 해소됐다. 그는 과거에 있었던 우주적 승리와 역사에서 일어날 새로운 이집트 탈출을 동일시했다(이사 51,9-10).

끝으로 "꾸짖음"이란 용어에 대한 연구에서, 야훼 홀로 평정하실 권리를 지니셨고, 그분의 목적과 통치를 위협하는 모든 세력을 제압하실 것임을 알 수 있었다. 오직 야훼만이 꾸짖을 권위를 지니셨고 그분의 통치에 적대적이고 그분의 평화와 목적을 위협하는 세력에 그 권위를 행사하신다. 그러므로 그분이 꾸짖으시는 대상은 태초의 물들인 '심연'과 '바다', 예루살렘이나 임금을 공격하는 적들, 그리고 사탄을 포함한다.

주님의 날에 이런 모든 적대적인 혼돈의 세력을 물리칠 것이다. 그 날에 야훼의 통치는 만물을 위하여 우주적 질서를 확립할 것이다. 혼돈이 역사 안에 널리 퍼지는 것처럼 보일 때, 이것은 억압 받는 자들의 희망이 된다. 이 희망 안에서 하느님의 역사는 궁극적인 목표에 도달한다.

제3장
하느님의 아들 대(對) 혼돈

우주적 투쟁을 통해 하느님의 종말적인 승리가 성취되고 그분의 나라를 세우심은 공관복음서와 요한 묵시록으로 계승된다. 공관복음서 안에서 혼돈의 세력을 꺾고 승리하는 일은 예수의 직무(ministry) 안에서 성취된다. 반면 묵시록에서는 이 전투가 전형적인 묵시적 양식 안에서 적대적인 세력들과 벌이는 피안(otherworld)의 충돌로 묘사됐다.

공관복음서의 증언

히브리 성경의 투쟁 이미지를 신약성경에서 가장 정확하게 사용한 것은 “꾸짖다”라는 동사와 관련한 구절들이다. 더욱이 세 공관복음서 모두 오로지 예수만이 "꾸짖다"는[1] 동사의 주어가 되실 수 있다고 한다. 마르코는 예수님 이외의 누군가가 꾸짖는 경우를 세 번이나 인용하지만(마르 8,32; 10,13. 48), 예수 스스로 그들이 행동하고 말한 것이 부당함을 분명하게 지적해 주셨다. 히브리 성경에서 오직 야훼만이 유일하게 꾸짖는 권위를 가지고 있었던 것과 같이, 신약성경에서는 오직 예수만이 혼돈을 통제하는 하느님의 권위를 행사하신다. 히브리 성경에 등장하는 일련의 혼돈의 세력과 매우 비슷한 적들, 곧 바다, 더러운 영들, 그리고 사탄을 통제할 수 있는 신적 권위를 행사하시는 예수의 권위는 무엇보다도 마르코 복음서에서 잘 나타난다. 이렇게 옛 적들을 꾸짖는 행위를 통하여 예수는 하느님의 아들과 동일시되고 그분 안에서 하느님의 통치가 밝아온다.

바다를 꾸짖으시는 예수

마르코 복음 4장의 마지막 이야기는 예수님의 신원에 관한 한 수사학적 물음으로 끝맺는다. 이 질문에 대한 답은 이 설화 자체 안에 정확히 다 들어 있어 독자들은 이야기만 잘 읽어 보아도 답을 알 수 있다.

> 그날 저녁이 되자 예수님께서 제자들에게, "호수 저쪽으로 건너가자." 하고 말씀하셨다. … 그때에 거센 돌풍이 일어 물결이 배 안으로 들이쳐서, 물이 배에 거의 가득 차게 되었다. 그런데도 예수님께서는

---

1. 역주: 구약성경 히브리어로 "꾸짖다"를 의미하는 גער를 칠십인역이 그리스어로 옮긴 말에서 신약성경의 ἐπίτιμαν 또는 ἐπίτιμάω(=꾸짖다)이 나왔다.

> 고물에서 베개를 베고 주무시고 계셨다. 제자들이 예수님을 깨우며, "스승님, 저희가 죽게 되었는데도 걱정되지 않으십니까?" 하고 말하였다. 그러자 예수님께서 깨어나시어 바람을 꾸짖으시고 호수더러, "잠잠해져라. 조용히 하여라!" 하시니 바람이 멎고 아주 고요해졌다. 예수님께서는 그들에게, "왜 겁을 내느냐? 아직도 믿음이 없느냐?" 하고 말씀하셨다. 그들은 큰 두려움에 사로잡혀 서로 말하였다. "도대체 이분이 누구시기에 바람과 호수까지 복종하는가?"(마르 4,35-41).

예수께서 꾸짖으신 대상은 분명 바람이었다. 그분은 호수(=바다)에게 잠잠하고 조용히 있으라고 명령하셨다. 이 문장에서 바람과 호수(=바다)가 상호독립된 개체이므로, 꾸짖음과 명령도 분리된 행동이라고 문장을 분석할 수 있을까? 히브리 성경에서 바람과 호수(=바다)가 이렇게 동의적 병행구로 등장하기 때문에, 해석자는 이들이 "비바람"(storm)이라는 하나의 개념에 속하는 것이라고 결론 내릴 수 있다. 사실 많은 사람들이 마르코 이야기의 배경이라고 느끼는 시편 107편을 보면, "사나운 바람"과 "파도"가 병행하고(25절과 29절), 야훼께서는 광풍을 가라앉히고 바다 물결을 잠잠케 하신다. 또한 욥기 26,11-13에서는 꾸짖고 잠잠케 하는 행위가 우주적 전투를 묘사하는데 함께 사용됐다. 더욱이 마태오와 루카는 위 마르코의 본문의 병행법이 사용된 문장을 살짝 변형시켰는데, 바람과 바다가 "꾸짖다"는 동사의 단일한 목적어로 결합되어 있다(마태 8,26; 루카 8,24). 마르코 복음서의 첫 장에서 예수님은 더러운 영을 꾸짖으시는데, 꾸짖음의 명령은 "조용히 하여라!"는 말씀으로 구성되어 있다(마르 1,25). 그러므로 마르 4,39에서 바람을 꾸짖으시고 바다에 명령을 내리신 예수는 두 가지 행위가 아니라 한 가지 행위를 의도하신 것이다.

이 이야기에서 바다는 바람과 파도를 일으키고 인간의 삶에 혼돈을 가져올 수 있는 존재이고, 예수는 사나운 바다를 다스리시는 야훼의 권위를 소유한 분으로 그려진다. 히브리 성경 안에서는 오직 야훼만이 바다를 꾸짖는 권위를 소유하셨기에, 이런 표상을 예수께 사용한 것은 예수가 하느님의 아들이라고 인정하는 것과 같다. 이는 신성 모독이거나 신앙고백 둘 중 하나가 될 수 밖에 없다. ("꾸짖다"는 동사를 잠시 미뤄두고) 시편 89편에서 태초에 (파도를 잠잠케 하시는 것과 병행을 이루는) 바다를 다스리시는 야훼의 권능은 다윗 임금으로 이전되어, 그는 즉시 아버지 하느님의 맏아들이라고 불린다(시편 89,26-28). 더욱이 마르코 복음의 독자들은 이미 이 이야기 앞에서 하느님의 아들이라는 명칭과 3번 마주친다(1,1.11; 3,11). 분명히 이 성경 기자는 이 충돌 표상을 통해 고백하는 것이다. "도대체 이분이 누구신데 …"라는 물음의 답은 기자가 하느님의 아들이라는 명칭을 3번이나 사용한 것을 읽은 독자에겐 이미 주어진 것이다. 예수는 야훼의 권위를 가진 자, 즉 그분은 하느님의 유일한 아들이시다.

동시에 이 이야기를 시작하는 "그 날에"라는 말은 히브리 성경에서 고대하는 종말론적인 전쟁과 혼돈의 바다를 꾸짖는 것을 연관시키는 말인 것 같다. 이 복음서 기자는 그가 받은 전승들 앞에 작은 구절을 덧붙여 편집하는 것으로 유명하다. 곧 그는 "그 무렵의 일이다"(1,9), "며칠 후에"(2,1), "즉시"(15번) 등의 시간을 나타내는 구절들을 덧붙인다. 여기서 “그 날에”(ἐν ἐκείναις ταῖς ἡμέραις: 마르 13,17) 또한 그런 것이라 생각된다. 이 편집 구절은 특히 70인역에서 하느님이 그분의 우주적인 승리를 완성하고 그분의 왕국을 설립하는 야훼의 날을 말할 때 사용된 것이다. 실제로 “그 날에”(ἐν ἐκείναις ταῖς ἡμέραις)는 바다의 용 레비아탄에 대한 야훼의 종말론적 승리를 소개하는 70인역의 이사 27,1에서 나타난다.

“그 날에”와 하느님 나라의 관계는 이 이야기가 나타나는 문학적인 문맥 속에서도 유지된다고 할 수 있다. 이 이야기 앞에는 하느님 나라에 대한 예수의 가르침을 모아 놓았다. 이 4장은 많은 군중이 그분의 말씀을 듣기 위해서 “호수(=바다)가”에 모여들어 씨뿌리는 사람의 비유를 듣는 장면으로 시작한다. 그러고 나서 따로 제자들과 함께 계실 때, 그분은 제자들로 하여금 하느님 나라의 신비를 알게 해주시지만 바깥 사람들에게는 모든 것이 비유로 들린다고 설명해 주셨다. 그리고 이 복음서 기자는 독자들에게 장면이나 청중의 변화에 대한 아무런 정보도 주지 않고 여기서 하느님 나라에 대한 다른 몇 가지 비유를 수집해 놓았다(4,21-32). 바닷가에서 하느님 나라의 비유를 가르치시는 이런 배경 안에서 “그 날에” 꾸짖으시는 사건이 기록된 것이다.

바람과 바다를 꾸짖는 이 이야기와 의미상으로 유사한 것은 마르 6,45-52의 바다를 걸으신 예수의 이야기이다. 적은 음식으로 군중을 먹이신 후에 예수는 “즉시” 제자들을 재촉하시어 배를 타고 먼저 바다로 나가게 하셨다. 예수는 뒤에 머물러 군중을 헤쳐 보내셨다. 그러고 나서 그분은 홀로 산으로 물러가셨다. 예수의 이 갑작스런 행동을 마르코는 이 이야기와 연관시키지만, 사실 그렇게 해석하기는 어렵다. 그러나 아마 요한 6장의 병행구가 마태오의 이야기뿐만 아니라 마르코의 이야기를 해석할 수 있는 단서를 제공할 것이다. 요한의 이야기에 따르면 광야의 군중은 예수께서 많은 군중을 먹이신 기적에 너무도 열광하여 "그분을 억지로 데려다가 임금으로 삼으려고" 하기에 예수께서 산으로 물러나신 것이다(요한 6,15). 그의 기적은 열혈당원(젤롯)을 자극했다. 그들은 로마에 맞서 반란을 일으키고 지휘할 지도자로서의 예수를 발견한 것이다. 요한, 마태오, 마르코 복음서 모두는 같은 절차를 따라 그 사건을 보도한다. 곧 바다에서 표류하는 제자들은 폭풍이 두려워 떨고 있었다. 그런데 예수께서 "호수(=바다) 위를 걸어" 흔들리는 배 쪽으로 오셨고 폭풍은 멎었다. 이 기적을 설명하는 그리스어의 문법적인 구조와 시제의 일치만을 고려할 때, 복음서마다 제각기 쓰여있음을 알 수 있다. 마태오는 "호수 위를 걸어"(περιπατών ἐπὶ τὴν θάλασσαν: 14,25)로, 반면 마르코는 "호수 위를 걸어가시는"(ἐπὶ τῆς θαλάσσης περιπατοῦντα: 6,49)으로, 요한은 이와 비슷하게 "호수 위를 걸어서"(περιπατοῦντα ἐπὶ τῆς θαλάσσης: 6,19)로 되어 있다.

이 행동을 설명하는 용어는 놀라운 것이다. 왜냐하면 70인역에서는 같은 단어들이 우주적 전투로 얌을 패퇴시키는 것을 묘사하기 때문이다. 그 주체는 물론 야훼이시다.

> 당신 혼자 하늘을 펼치시고
>
> 바다의 등을 밟으시는 분(περιπατῶν ὡς ἐπ' ἐδάφους ἐπὶ θαλάσσης; 욥기 9,8).

욥기 9,8의 히브리어 본문은 문자 그대로 "얌의 등을 밟으신 분"으로 번역될 수 있다. 따라서 신명 33,29에서 같은 단어가 쓰였듯이, 이 구절은 더욱 분명하게 적들에 대한 야훼의 정복을 가리킨다. 이러한 배경을 염두에 둔다면, 마르 6,49의 용어와 그 병행구들은 4,35-41의 선포를 반복하기 위해 사용된 것이다. 곧 바다가 예수 추종자들의 삶을 위협할 때 예수께서는 이 "바다", 즉 혼돈의 상징을 복종시키신 것이다.

군중을 먹이신 기적과 바다를 지배하는 것 사이의 관계는 이 이야기 자체에서 볼 수 있다. 예수가 파도 위를 걸어서 배에 오르시자, 제자들은 "… 너무 놀라 넋을 잃었다. 그들은 빵의 기적에 대해 깨닫지 못하고 …"(마르 6,51-52). 독자들은 여기서 바다에서의 기적이 마음에 남을 것이다. 그러나 설화자는 그 대신 군중을 먹이신 기적에 대해 혼돈스러워했다고 보고한다. 이 두 사건의 관계는 무엇인가? 만일 요한의 이야기가 마르코의 그것을 해석하기 위하여 사용될 수 있다면, 예수께서는 군중을 먹이신 장면 직후에 제자들을 바다에 내보내셨기에, 그들은 열혈당원의 열정에 빠지지 않을 수 있었다. 군중을 잠잠하게 하기 위해 뒤에 남으시고 산에서의 고독을 위해 물러가신 예수는 우주적인 적, 즉 바다와 맞서는 하느님의 종말론적인 전투를 수행하려고 하신 것이다. 그럼으로 그분은 로마에 맞서는 군사적 지도자의 역할을 거부하신 것이다.

마르 4장에 폭풍을 꾸짖으시는 예수의 이야기와 마르 6장의 바다 위를 밟으신 이야기는 모두 마지막 날의 전투가 예수의 직무 안에서 발생한다는 것을 가리킨다. 메소포타미아, 가나안, 그리고 이집트 신화들에서 혼돈의 상징이자 실제로 야훼 자신의 적인 바다는 하느님의 아들이라고 고백된 사람에 의해 꾸짖음을 당하고 그분께 복종하게 됐다. 그리고 옛 문학작품 안에서 혼돈의 바다는 다양한 세력들을 대리자로 삼았듯이, 신약성경 안에서도 혼돈은 사람의 삶을 황폐화하는 대리자를 갖고 있다.

더러운 영을 꾸짖으시는 예수

이미 복음서 첫 장에서 마르코는 하느님 나라를 선포하는 문맥에서 "꾸짖다"라는 용어로 시작한다. 1,15은 전체 복음의 서문이자 예수께서 갈릴래아에서 행하신 가르침의 정점이다. "때가 차서 하느님의 나라가 다가왔습니다. 여러분은 회개하고 복음을 믿으시오"(마르 1,15). 이 설교는 "하느님의 복음"(14절)의 내용이고 예수의 전체적인 직무의 핵심으로 기능한다. 그분은 "카이로스"(καιρός)가 찼다고, 즉 기대하던 때가 도래했다고 선언하셨다. 이런 메시지는 하느님이 혼돈과의 대결에서 승리를 완성하시고 그분의 나라를 이룩하는 때인 종말론적인 "주님의 날"의 시작을 언급할 수 있을 뿐이다. 이 서문에 이어서 즉시 마르코는 시몬, 안드레아, 야고보, 그리고 요한을 부르심을 보도한다. 새롭게 형성된 집단은 갈릴래아 바닷가에 있는 가파르나움으로 들어갔다. 예수는 안식일에 그곳에서 가르치셨고 그분의 권위로 청중을 놀라게 하셨다.

그리고 "즉시" 예수는 더러운 영에 잡혀있는 한 사람을 보시고, 그분의 권위를 행사하실 기회를 가지게 됐다. 이 영은 권위에 두려워하며 예수께 매우 독특하게 응답했는데, 이렇게 외쳐 말했다. "나자

렛 사람 예수님, 당신이 우리와 무슨 상관이 있습니까? 당신은 우리를 없애러 오셨지요? 나는 당신이 누구인지 압니다. 당신은 하느님의 거룩한 분이십니다"(1,24). 물론 그분은 그들을 없애러 오셨다. 왜냐하면 더러운 영은 하느님의 나라와 함께 오는 질서가 아니라 사람들의 삶에 일어나는 혼돈을 대표하기 때문이다. 그러자 "예수께서는 '조용히 하여라(=잠잠하여라). 그 사람에게서 나가라'하고 그를 꾸짖으시니…"(25절)라고 말씀하셨다. 구마(驅魔)의 이 권위 있는 명령은 마르 4,39에서 바다에게 "잠잠하라 … !"라고 말씀하신 것과 같다. 군중들의 반응은—그분의 가르침에 대해서와 같이—다시 한번 예수의 권위에 대한 놀람을 표현하는 것이다. 이 장은 반복해서 예수의 설교/가르침과 구마/구원의 상호 연관성을 인용하며 계속된다. 이 모든 것은 하느님 아들의 직무 안에서 역사 속으로 들어오시는 하느님 나라를 증언한다.

마르코 복음서에 따르면 예수는 더러운 영들을 계속 꾸짖으신다. 3,12에 군중들이 예수께 밀어닥치자 바닷가에 계신 예수는 더러운 영들을 "꾸짖으시어" 하느님의 아들로서 당신의 신원에 대해 침묵을 지키라고 명령하셨다. 9장에는 예수께 뇌전증 걸린 아들을 데리고 온 사람의 이야기가 있다. 그 사람이 자신의 믿음을 표현하고, 군중들이 떼지어 달려 오자, 예수는 더러운 영을 "꾸짖으셨다"(9,25). 그리고 그 아이를 그의 가족에게 되돌려 주었다. 제자들은 자신들은 어찌하여 그런 더러운 영을 쫓아낼 수 없었는지 예수께 물었다. 예수는 "이런 종류"는 오직 기도에 의해서만 쫓아낼 수 있다고 말씀하셨다.

마르 4장 말미에 있는 바다를 꾸짖으시는 예수에 대한 이야기 바로 뒤에 이 복음서 기자는 또 하나의 구마 사화를 포함시킨다. 바로 게라사 지방의 무덤에서 살던 한 사람의 이야기이다. 이 이야기는 전문 용어인 "꾸짖다"를 사용하지 않으면서도 우주적인 의미를 전달한다. 여기서 기자는 첫째로 문학적인 문맥 그 자체에 의해서, 둘째로 적을 물리치는 데 바다를 사용하면서 구마와 바다를 연관시켜 동일한 효과를 얻는다. 관습적으로 "지극히 높으신 하느님의 아들 예수님, 당신이 저와 무슨 상관이 있습니까?"라는 말이 나오고, 악한 군단은 자신들을 없애버리지 말라고 예수를 설득하려 했다. 예수는 돼지떼 속으로 들어가게 해달라는 그들의 간청을 들어주셨다. 그러나 그들이 들어가자 돼지떼는 "호수(=바다)를 향해" 비탈을 내리 달려 "모두 호수(=바다)에 빠져 죽었다"(마르 5,13). 혹자는 복음서 기자가 탈출 14-15장에서 바다에 빠진 이집트인들을 떠올리게 하려는 것이 아닐까 의심할 것이다. 마르 5장의 구마 사화 바로 앞의 이야기에서 바다는 우주적 역할을 수행했고 마르 6장에서 물 위를 걷는 이야기에서 또 한번 같은 능력을 발휘하기 때문에, 이집트 탈출 이야기가 어떤 영향을 주었음이 가능할 것이다. 이스라엘 역사 안에서의 사건과 같이 물에 빠진다는 것은 속박, 적대적인 힘에 종속된 것으로부터의 구원을 완성하는 것이며 하느님의 통치로 인도함을 의미한다. 더구나 여기서 바다 그 자체는 이집트 탈출 사건처럼 하느님의 적이 아니고 오히려 적을 파괴하는 데 사용하는 수단이다. 흥미롭게도 루카는 군단의 귀신을 쫓은 예수에 대한 이야기 안에서 물을 (지하에 있는) "심연"으로 지칭하여 우주론적 의도를 훨씬 더 극대화시킨다(루카 8,31).

예수의 구마를 한편으로는 "꾸짖다"는 용어와 연관시키고, 다른 한편으로는 바다와 연관시켜 그 관계에 주목해 볼 때, 더러운 영들은 인간의 삶을 위협하고 하느님의 통치를 위한 그분의 계획을 방해하는 혼돈의 군대를 대표한다. 하느님의 통치가 실현되기 위해서 이 세력은 이렇게 하느님의 권위 있는 명령에 종속되어야만 한다. 예수는 이런 적들을 꾸짖는 권위를 소유하신 분이라는 말은 하느님의 아들로서 그분의 신원을 증언하는 것이다. 그러나 혼돈과의 전쟁은 아직까지는 종결되지 않았다. 왜냐하면 결국 예수는 혼돈 그 자체인 사탄을 이기시고 그분의 권위를 증명해야 하기 때문이다.

사탄을 꾸짖으시는 예수

더러운 영들과 사탄과의 관계는 마르 3,23에 있는 예수의 말씀에 의해 확인된다. 마르코의 이야기는 베엘제불, 귀신 두목 그리고 사탄을 동등하게 보지만, 이 말씀에 대한 Q문서는 (마태 12,25-26, 루카 11,17-18) 그 정체/신분을 그렇게 분명하게 말하지 않는다. 예루살렘의 율법학자들은 예수의 구마기적을 듣고 이렇게 비난했다.

> 한편 예루살렘에서 내려온 율법 학자들이
> “그는 베엘제불이 들렸다.”고도 하고,
> “그는 마귀 우두머리의 힘을 빌려 마귀들을 쫓아낸다.”고도 하였다 (마르 3,22).

예수는 다음과 같이 “비유로” 대답하셨다. “어떻게 사탄이 사탄을 쫓아낼 수 있느냐?”(3,23) 엘리야 시대 이래로 이스라엘인들은 치유를 위해 야훼 대신 에크론의 신 바알즈붑을 찾았다(2열왕 1,2-3). 그러므로 거의 천 년 동안 그 신은 야훼와 적대적 관계였다. 예수가 적들과 공모하고 있다는 율법학자들의 비난, 즉 예수께서 구마를 행하시는 수단이 귀신의 우두머리인 베엘제불이라는 주장은 매우 심각한 것이었다. 예수의 응답은 두 가지 의미가 있는 것 같다. 한편으로는 사탄은 자기 자신을 스스로 쫓아낼 수 없기에 사탄과 귀신들과 또는 더러운 영들은 하나이며 같은 존재다. 다른 한편으로는 만일 사탄이 실제로 스스로에 반대해서 일어난다면, 그의 집안은 흔들리고 그의 나라는 무너질 것이다. 곧 새 나라를 건설해야 될 때가 온 것이다. 실제로 예수 자신뿐만 아니라 선택된 군대인 열두 제자들도 종말론적 전쟁을 수행하도록 임명됐다(3,13-15).

마르코 복음서의 맨 첫 장에서 예수는 사탄을 만나신다. 하느님이 세례 때 예수를 "사랑하는 아들"이라고 선포하시자 "즉시" 영이 예수를 광야로 내보냈고 그분은 그곳에서 사탄에게 유혹을 받으셨다(그리스어, πειραζόμενος: 1,12-13). 유혹에 대한 마르코의 이야기는 마태 4,1-11과 루카 4,1-13에 있는 Q문서와 비교하여 거의 무시되다시피했다. 나아가 Q문서에서는 유혹하는 자를 사탄이 아니라 "악마"(ὁ διάβολος)라고 부른다. 단지 마르코에서만 사탄이 유혹자, 즉 히브리 성경에서 하느님 자신이 행했던 기능을 한다. 하느님은 아브라함의 믿음을(창세 22,1), 그리고 '광야에서' 이스라엘 백성의 신앙을 시험하셨다(탈출 15,25; 16,4; 신명 8,2). 욥의 이야기 안에서의 기능과 일치된다는 점에서 여기서 사탄은 하느님의 일을 수행하는 것 같다.

그렇다면 왜 마르 3장에서는 사탄이 귀신들과 같아졌는가? 왜 예수가 귀신을 내쫓은 것 때문에 사탄의 집안이 종말을 맞는가? 왜 사탄은 뿌려진 하느님의 말씀을 빼앗아 가는가(마르 4,15)?

아마도 하느님의 우주적 통치와 상응하는 야훼의 종말론적 꾸짖음은 가능한 모든 방법을 통해 완성된다는 것을 보여 주려는 마르코의 관심이 그 대답이 될 것이다. 히브리 성경의 야훼와 같이 예수는 사람들의 삶에 무질서를 일으키는 바다와 혼돈의 군대를 꾸짖으셨다. 그러나 혼돈을 누르는 권위 있는 통치를 완성하기 위해서, 여호차닥의 아들 예수아를 임명할 때 야훼께서 하셨던 것처럼, 예수는 사탄을 꾸짖으셔야만 했다.

마지막 꾸짖음은 마르 8장에 있는 필립보의 카이사리아로 가시는 길에서 일어났다. 베드로는 예수께 "선생님은 그리스도이십니다"(8,29)라고 고백했다. 즉시 예수는 사람의 아들이 많은 고난을 겪고 죽임을 당했다가 사흘 만에 다시 살아나야 한다고 말씀하기 시작하셨다(31절). 베드로와 논쟁하던 주제에 대해서 예수는 아주 분명하게 말씀하셨다. 그런데 메시아의 고난과 죽음은 베드로가 그의 전승으로부터 물려받은 것과는 잘 맞지 않는 그림이었다. 히브리 성경은 다윗 임금에 이어 미래에 오실 통치자가 고난을 받는다는 것에 대해서 전혀 말하지 않고 있지 않은가! 그가 물려받은 전승 때문에 베드로는 용서 받을 수 없는 행위를 저질렀다. 그는 감히 예수를 꾸짖는 권위를 행사한 것이다(32절). 그 경솔한 행동에 이어 신적인 응답이 왔다. 예수께서는 베드로를 "꾸짖으시며" "내 뒤로 물러가라. 사탄아! 하느님의 일은 생각하지 않고 사람들의 일만 생각하는구나"라고 말씀하셨다(33절).

베드로가 행했던 역할은 바로 즈카 3장의 환상에서 사탄이 행했던 역할이다. 그들은 야훼께서 예루살렘성 안에서 메시아의 백성을 위해 세워놓으신 계획을 완성하려는 하느님의 일을 방해했다. 실제로 마르코 복음서와 예수아에 관한 즈카르야서의 세부적인 항목을 비교해 보면 매우 놀라게 된다. 이러한 병행은 이름 그 자체에서도 적잖게 드러난다. 곧 70인역에서 '예수아'의 그리스어 이름은 '예수스'(Ἰησοῦς)인데, 바로 예수의 이름(Ἰησοῦς)과 같다.

즈카 3장	마르코 복음서
등장인물: 예수아, 사탄, 천사	등장인물: 예수, 사탄
예수아는 대사제/"새싹"으로 임명된다(사제계)	메시아로 고백된 예수
예수아와 야훼의 특별한 관계: 드나드는 권한	예수와 하느님의 특별한 관계: 사람의 아들/메시아
예수아의 직무를 통해서 하느님이 속죄가 온다	예수님의 직무와 인격을 통해서 하느님의 용서가 온다
예루살렘에서 완성된 속죄	예루살렘에서 완성된 속죄
하느님의 일을 방해하다 꾸짖음을 당한 사탄	하느님의 일을 방해하다가 꾸짖음당한 베드로(사탄)

이러한 병행들은 두 가지 의미에서 구별된다. 첫째는 여호차닥의 아들 예수아와는 달리 예수는 사탄을 꾸짖을수 있는 권위를 지니셨다. 즈카르야의 환상 속에서 예수아에게 도전하는 사탄을 꾸짖는 분은 야훼다. 그러나 그런 신적 권위는 이미 예수께 이전되어 예수는 바다와 더러운 영들을 통제하는 분이시자 사탄의 도전을 받는 대상이자 사탄을 꾸짖으시는 주체시기도 하다. 베드로는 사탄이라고 꾸지람을 받는 "어리석은 녀석"이 됐기에 고난받고 죽는 그리스도로서

의 메시아를 새롭게 이해하게 됐다. 두 번째, 즈카르야의 보도와 마르코의 이야기를 구별하는 것은 마르코의 이야기는 미래에 대한 환상을 기록한 것이 아니라 오히려 실재를 성취했다는 점이다. 하느님께서 속죄의 날과 야훼의 날을 결합시킬 때 오는 기대하는 종말론적 순간은 이미 예수의 죽음과 부활 사건 속에서 발생했다. 그러나 이런 상이점들은 마르코의 목적을 분명하게 해 준다. 곧 하느님의 아들이신 예수 안에서 하느님의 왕국이 도래했다고 선포하는 것이다. 마르코는 여러 가지 방법을 통해서 이 선포를 완성하는데, 그것들 중 하나는 야훼께서 히브리 성경에서 지배하셨던 혼돈의 세력을 지배하기 위하여 권위 있는 "꾸짖음"을 사용한 것이다.

이런 전체적인 영역을 포함하려는 마르코의 배타적인 관심은 공관복음서의 병행구에서 설명된다. 마태오와 루카는 모두 예수가 뇌전증에 걸린 소년 안에 있는 더러운 영에게 명령하는 장면에서 동사 "꾸짖다"(ἐπίτιμαν)를 계속 사용한다(마르 9,25; 마태 17,18; 루카 9,42) 그러나 두 복음서 기자는 사나운 바다와 심한 바람에 대한 이야기 속에서 이 둘을 유사하게 변형시켰다. 곧 그들은 이 둘을 결합시켜 꾸짖음의 대상을 혼합된 단일체로 만들었다(마태 8,26; 루카 8,24). 그러나 마태오는 예수가 베드로를 "꾸짖으신 것"을 빠뜨렸다. 아마도 그의 관심이 사도의 고백을 드높이는 데 있었기 때문일 것이다(마태 16,23을 보라). 그리고 루카는 메시아의 고난에 대한 베드로와 예수와의 논쟁을 모두 삭제했다(루카 9,18-22를 보라). 결국 루카는 (마태오는 아니다) 예수가 갈릴래아에서 만난 첫 번째 더러운 영에게 "꾸짖다"(ἐπίτιμαν)를 사용한다(루카 4,35). 그리고 마르코는 사용하지 않았던 곳, 즉 시몬의 장모를 치유하신 곳에 그 용어를 첨가하고 있다(루카 4,39; 또한 41절을 보라). 그러므로 공관복음서 기자들은 예수가 혼돈의 대리자인 폭풍과 더러운 영을 "꾸짖으시는" 곳에 이 동사를 사용하지만, 오직 마르코만이 사탄도 예수에 의해 꾸지람을 받았다고 주장한다. 히브리 성경에서 온 전체적인 표상을 완성함으로써 마르코는 독자에게 선명한 의미를 전달한다. 곧 예수는 하느님의 통치를 위해 필요한 종말론적 승리를 완성하기 위하여 신적 권위를 행사하시는 하느님의 아들이라는 것이다.

그 메시지의 힘은 이 승리의 우주적 차원을 깨달을 때 특히 잘 느껴진다. 예수는 결코 국지적인 분쟁에 말려들지 않으신다. 곧 땅의 적들이나 역사적 민족과 싸우시지 않는다. 혼돈의 세력이 특정한 임금이나 국가라는 의미로 이 전투가 역사화된 적은 없다. 예수가 대적하셨던 적은 신화적인 존재, 즉 바다, 귀신, 그리고 사탄으로 남아 있다. 한편 역사화는 다른 편에서 발생한다. 하느님의 아들은 우주적 전투를 수행하기 위해서 예수라는 인물 안에서 인간이 되신 것이다.[2]

2. Howard Clark Kee는 "꾸짖다"라는 동사를 연구하면서 (그는 다른 번역을 선호하지만) 마르코와 공관복음서의 ἐπίτιμαν이라는 낱말의 배경이 그리스나 헬레니즘의 세계가 아니라 구약성경과 유다교의 묵시론이라고 주장했다. 이 용어는 구약성경과 마르코에서 사용했던 것과 같은 방식으로 쿰란 문헌에 등장한다. 곧 악의 세력을 복종시키고 하느님의 통치로 인도하는 명령으로 사용되는 것이다. 이것에 기초하여 Kee는 하느님의 아들로서의 예수님의 그리스도론적 문제는 구마 이야기에서 최초로 발생한 것이 아니었고, 또한 헬레니즘이라기보다는 유다교의 전승으로부터 끌어낸 것 같다고 주장했다. *New Testament Studies* (1967-68), pp. 232-46.

최후의 전투

요한 묵시록의 기자는 기원후 95년 일곱 교회에 편지를 썼다. 당시는 그리스도인들을 박해하기 시작한 로마 황제 도미티아누스의 시대였다. 문학적 유형, 표상, 그리고 내용으로 말미암아 이 책은 묵시론, 즉 종말 비밀을 "벗겨 내는" 책의 특성을 띤다. 이런 "벗겨 냄"은 삶의 역사적 실재를 감당할 수 없을 때 반복적으로 발생한다. 희망은 앞으로 이루어질 것을 보는 환상에 의해서만 제공될 수 있다. 왜냐하면 현실은 아무것도 확신할 수 없음을 보여 주기 때문이다.

경전에 포함되지 않은 매우 극단적인 묵시문학들과 비교하면, 요한 묵시록과 구약성경의 다니엘서는 비교적 온건한 묵시론이라고 할 수 있다. 그러나 이 책에도 혼돈의 세력이 패배하는 전투를 묘사하는 여러 환상이 있다. 일정하게 이 환상들은 기원후 95년부터 예수의 십자가의 죽음과 부활까지를 회고한다. 다른 의미에서 이 환상들은 그리스도의 죽음과 부활에서 이미 시작된 새 세대의 승리가 완성됨을 고대하고 있다.

요한 묵시록을 크게 세 부분으로 나눈다면, 두 번째 부분인 12-19장은 생생한 용어로 묵시 문학의 전통적 이원론을 발전시킨다. 이 부분에서 빛과 어두움, 선과 악 사이에서 일어나는 전쟁—쿰란 문헌에서는 매우 일반적인—은 다양한 신화론적 모티프를 사용하면서 등장한다.

묵시 12장은 질서의 세력과 혼돈의 세력 사이의 우주적 전쟁으로 시작한다. 불행하게도 이 장의 1-6절과 7-13절 사이의 관계에 대해 무엇보다도 학자들의 견해가 일치되지 않아서 이 장의 해석은 난해하다. 아마도 7-13절이 더 오래된—유다 전승보다도 오래된—전승을 반영하고, 이 장의 나머지 자료에 삽입됐을 것이다. 이 이야기는 선과 악 사이에 일어난 천상의 충돌을 말한다. 이스라엘의 보호자인 미카엘은 그의 천사들과 함께 용과 용의 천사에게 맞선다. 그 싸움에 패배한 쪽은 "그 큰 용, 그 옛날의 뱀, 악마라고도 하고 사탄이라고도 하는 자, 온 세계를 속이던 그자"(묵시 12,9)와 동일시된다. 특히 "그 옛날의 뱀"을 "온 세상을 속이는(=유혹하는) 자"로 묘사했기 때문에, 이 뱀은 창세 3장을 암시하고 있다고 할 수 있다. 신화적인 전투 장면에 기초한다면 더욱 그렇다고 할 수 있다. 곧 이 뱀은 태초에 야훼께서 물리치신 혼돈의 대표자를 연상시키고, 야훼께서는 종말에 다시 한 번 물리치실 것이기 때문이다. 놀랍게도 이 오래된 혼돈의 괴물은 여기서 하느님의 신들의 의회에서 책임있는 구성원으로 기능했던(욥기 1장; 즈카 3,1-4) 사탄과 동일시된다. 그러나 지금 반역자는 천상으로부터 추방됐는데 그 이유는 그가 무엄하게도 하느님의 보좌 옆에 앉으려 했거나[3] 고발하는 자신의 권리를 빼앗겼기 때문일 것이다(10절).

물론 혼돈을 꺾고 질서가 승리하자 그 결과 하느님의 통치를 찬미하는 목소리가 이어졌다. 동시에 천상의 정복은 분노한 사탄을 땅으로 내던졌고, 그곳에서 그는 문자 그대로 큰 소란을 피우는데, 그

3. 슬라브어 에녹2서(*II Enoch*) 29,4-5; 아담과 이브의 생애(*Life of Adam and Eve*) 9,1; 이사 14,12 이하의 "빛나는 별"을 참고하라.

이유는 "시간이 얼마 남지 않았다는 것을 깨닫고"(12절) 있기 때문이다.

이 이야기의 많은 부분은 미카엘의 적이 행하는 역할이 분명하게 확립된 유다교에서 기원했고, 이 10-11절에 있는 "그리스도의 권세", "어린양의 피로" 등의 말들로 미루어 볼 때 이 이야기는 후대에 그리스도교화 또는 더 나아가 그리스도론화된 것이다. 후자의 표현은 그리스도교인들의 공동체가 혼돈의 천사에 의해서 정복되는 것도 아니고 미카엘에 의해서 정복되는 것도 아니며 오직 그리스도의 십자가로만 가능하다는 점을 분명히 해 준다.

11절의 십자가에 대한 언급은 12장 안에서는 유일한 역사적인 암시이다. 현재 묵시 12장의 문맥 안에서 사탄의 추방은 하늘의 "표징"(1-6절) 바로 뒤에 나온다. 그 표징은 태양, 달, 별, 즉 우주적인 옷을 입은 한 여인이다. 아이를 임신한 그 여인은 메시아를 낳고 이상적인 시온의 천상적 상대를 대표한다(그 표상의 하나의 예로서 미카 4,9-10; 5,2-4를 보라). 이 천상적 탄생은 예수의 현세적인 구원이 아니라 오히려 메시아적 희망의 종말론적인 완성을 묘사한다. 예루살렘에서 즉위하는 다윗 왕조의 임금들과 같이 이 메시아는 쇠지팡이로 모든 민족을 다스릴 것이다(5절; 시편 2,9 참고). 혼돈의 용, 즉 (레비아탄처럼) '일곱 머리와 열 개의 뿔을 가진 크고 붉은 용"이 메시아를 삼키려는 모든 시도는 실패로 끝날 것이다. 우주적으로 패배한 용을 위해 남은 모든 자들은 "여인의 나머지 후손들, 곧 하느님의 계명을 지키고 예수님을 위한 증언을 간직하고 있는 이들"(17절)에게 분노할 것이다. 이 말이 유다인과 그리스도인들을 언급한 것으로 이해하는 것은 가능하다. 곧 기원후 70년 이후에 요하난 벤 자카이(Johannan ben Zakkai)와 함께 야브네로 도망간 유다인들과 예루살렘의 멸망 이전에 사막을 통해 펠라(Pella)로 도망간 그리스도인들을 가리키는 것이다. 이 두 가지 경우 모두 또는 그 중의 한 가지 경우에서, 그때를 종말론적 종말로 해석하기 위해서 역사적 사건은 신화화됐다.

사탄이 천상에서 추방당했기 때문에 바다와 땅에 내린 경고(12,12)는 실로 적절한 것이다. 왜냐하면 용이 바닷가 모래 위에 자리잡으면서 이 장이 끝나기 때문이다. 그러고 나서 바다로부터 또한 열 개의 뿔과 일곱 머리를 가진 짐승이 올라온다(13,1). 이 짐승에게 용의 힘, 왕권, 권위가 주어졌기에 사람들은 용과 짐승을 경배하며 이렇게 말했다. "누가 이 짐승과 같으랴? 누가 이 짐승과 싸울 수 있으랴?"(4절) 우리가 구약성경이라고 부르는 책을 아는 신실한 사람들에게 이런 수사학적 질문은 강한 영향력을 행사했을 것이다. 여러 세기 동안 이스라엘의 예배하는 공동체는 혼돈을 이기신 야훼의 승리를 회상하는 찬양을 부르며 수사학적으로 이렇게 물었다.

> 진정, 구름 위에서 누가 주님(=야훼)과 견줄 수 있으며
> 신들(=신들의 아들) 가운데 누가 주님(=야훼)과 비슷하겠습니까?(시편 89,7)

혼돈의 바다에 대한 승리에 기초해서 바다에서 이집트인들이 빠져 죽은 후에(탈출 15,11), 그리고 강한 자에게서 약한 자를 구원하신 이후에(시편 35,10) 똑같은 질문이 바쳐졌다. 따라서 "누가 이 짐승과 같

은가?"는 전투적인 말이다. 왜냐하면 이스라엘과 교회 모두는 그분이 누구인지 알고있기 때문이다. 그분은 혼돈의 모든 대표들로부터 당신의 백성을 방어하는 '신적 전사'이시다.

그러나 이 짐승은 누구인가? 만약 이 용이 하느님께 맞서는 천상적 존재라면, 바다로부터 나온 짐승은 지상의 대표자와 동일시해야 할 것이다. 그것은 마치 종종 히브리 성경 안에서 임금과 국가들이 혼돈의 괴물을 대표하고 있는 것과 같다. 열 개의 뿔을 가지고 모양이 "표범"과 비슷하며 발은 "곰의 발 같고" 입은 "사자의 입과 같다"는 그 짐승에 대한 묘사는 다니 7장의 바다로부터 올라온 네 괴물들의 특징을 요약해 놓은 것 같이 보인다. 초기 묵시론 안에서 짐승들은 신바빌로니아인들, 메디아인들, 페르시아인들 그리고 그리스인들의 왕국을 대표했다. 곧 이 모든 왕국들은 하느님 나라가 가장 높으신 분의 신실한 성인들(분명히 마카베오 항전의 순교자들)에게 주어지기 전에 우주적 시간이 흘러가면서 사라져야만 할 것들이다. 묵시 13,1-2의 이 모든 특징들은 하나의 짐승, 즉 스스로를 신이라고 주장하고 따라서 자신에게 예배할 것을 요구한, 정신병자요 자기 중심주의적인 로마 황제의 계승자들을 묘사한 것이다. 이런 광기의 원형은 네로였다. 그는 치명상을 입고(13,3) 기원후 68년에 자살했지만, 신화 안에서 그의 광기(13,12)를 지속시키기 위해서 돌아올 것으로 예상됐다. 신실한 자들과 적대적인 이 짐승의 권위와 관계되어 묵시록 기자의 주장은 '성도들의 인내와 믿음이 필요하다'(13,10)라는 것이었다.

바다에서 올라온 이 일곱 머리를 가진 짐승을 특정한 로마 황제와 동일시하는 것은 불가능하지만, 신화적으로는 괴물 레비아탄을 대표하는 것 같다. 묵시 13장 중간에서 "또 다른 짐승 하나가 땅에서 올라오는 것을 보았다"(11절)는 구절과 마주치면 이런 생각이 더 확고해진다. 이 괴물은 신화적으로 땅짐승인 브헤못(בהמות)을 대표하는 것 같다. 이 두 짐승이 함께 언급된 것은 욥기 40,15-41,26이 처음이지만, 이 끔찍한 한 쌍은 묵시론적 전승으로 계속됐다. 외경인 1에녹(*1 Enoch*) 60,7-8에서는 이 둘이 저마다 각각의 장소를 맡아서 레비아탄은 심연을, 브헤못은 메마른 광야의 장소를 맡은 것으로 나온다. 역시 외경인 4에즈라 6,49-51에도 같은 짐이 언급되는데, 레비아탄이 태초의 날에 먹힌 것처럼(시편 74,14) 이 둘은 종말의 날을 위한 음식으로 준비된 것이다. 묵시 13장과 관련되어 가장 흥미 있는 것은 아마도 외경인 2바룩 29,4의 예언일 것이다. 여기서는 메시아의 출현 때에 이 둘 모두 바다와 땅으로부터 각각 일어날 것이고, 마지막 날의 전투에서 살아 남은 신실한 사람들은 레비아탄과 브헤못의 고기를 먹을 것이다. 그래서 욥기 40-41장에서 시작된 신화론적 전승이 묵시 문학 안으로 발전됐고, 그 과정에서 묵시록의 기자는 하느님의 선택된 백성을 탄압하는 괴물 적들을 묘사하기 위해서 더욱 변형시켰다. 더욱이 그들의 출현이 메시아적 시대와 일치한다는 점은 그 기자가 임박한 승리의 시대를 묘사하는 데 유용했을 것이다.

학문적인 논쟁과 대중적인 관심을 많이 불러 일으킨 것은 두 번째 짐승을 역사적인 요소와 일치시키는 문제였다. 그 짐승의 정체성을 이해하는 열쇠는 666이라는 숫자인 것 같다. 그러나 본문에 616이라는 변형이 나타나기 때문에, 숫자에 대한 해석의 일치는 결코 이루어지지 않았다. 대부분의 학자들은 게마트리아(*gematria*: 알파벳의 각

철자가 숫자의 의미를 담고 있다는 것)에 입각해서 네로를 주장하지만, 다른 사람들은 666이란 완벽함(777)이 세 번 부족한 것을 가리키는 것이라고 더 상징적인 해석을 제안하기도 했다. 그러나 묵시록의 기자가 "여기에 지혜가 필요한 까닭이 있습니다"(묵시 13,18)고 말한 것은 우리에게 그 표상을 해석할 수 있는 열쇠를 제공하려 한 것이 아니다. 오히려 묵시적 전승 안에서 비밀을 전수 받은 소수를 위해서 이런 비밀은 보존되어야 한다는 것이 그의 의도다. 어쨌든 묵시 13장의 짐승은 역사적 차원에서 로마 제국과 연관이 있는 것으로 보인다. 어떤 학자들은 그 짐승을 특별한 로마 황제 또는 유다인 역사가 요세푸스와 같은 로마의 동조자들과 동일시한다. 하지만 묵시론적 종말이 임박했으므로 로마 제국은 그 발전이 다했다는 것 정도에 그치는 것이 책임있는 연구 결과일 것이다. 하느님은 천상과 지상의 세력을 꺾으시고 우주 통치를 완성하셨다(이사 24,21-23을 보라). 그러므로 우주적 전투를 소개하는 다양한 표상에 의해 시간의 역사는 신화화됐다.

전선(戰線)이 분명히 그어졌다. 한편에는 용과 그의 짐승 동료들, 곧 바다에서 올라온 열 개의 뿔을 가진 짐승(13,1)과 땅에서 올라온 두 개의 뿔을 가진 짐승(13,11)이 있다. 다른 한편에는 '어린양'이 시온 산 위에 서 있고 그와 함께 144,000명이 있는데, 그들의 이마에는 어린양의 이름과 그 아버지의 이름이 쓰여 있다(14,1). 나중에 이 용의 적대자는 흰 말을 탄 '전사'로 나온다. 그는 '하느님의 말씀'이고 그의 옷에는 "임금들의 임금, 주님들의 주님"이라는 이름이 쓰여 있다(19,11-16). 이 적들에게 가장 큰 문제는 분명 우주의 지배권이다. 곧 이 전투 후에 혼돈 또는 질서가 다스릴 것이다.

마지막으로 묵시 20장의 적들은 완전히 우주적이 됐다. 이제는 천사와 사탄의 대결이다. 천상에서 천사가 나락, 즉 심연으로 열쇠를 지니고 내려오고 나서 전투가 지속된다. 그 즉시 '악마라고도 하고 사탄이라고도 하는 그 옛날의 뱀'(12,9을 참고하라)이 묶여 나락에 던져졌다. 그를 나락에 던져 넣고 닫아 봉인하여 그곳에 천 년 동안 묶어 두었다(20,1-3). 그것은 마치 마르둑이 문을 걸어 잠그고 경비원을 두어 티아맛의 물이 빠져나가지 못하게 했던 것과 같다.

천 년이 끝나고 난 다음에 사탄은 감옥에서 풀려 악의 세력을 모아 전투를 준비하여 예루살렘을 공격할 것이다. 그러나 마치 야훼께서 과거에 혼돈의 힘들로부터 그분의 도시를 방어하셨던 것처럼(이사 17,12-14; 시편 48,4-8; 76,1-6) 적들은 다시 한번 쫓겨갈 것이다. 사탄은 불못에 던져질 것이며 '죽음'과 '저승'(하데스)이 함께 할 것이다(20,7-15). 이것은 로마의 박해 아래서 그리고 역사를 통해서 이런 혼돈의 대표자들 아래서 고통당했던 사람들의 우주적 희망이다.

마지막 전투는 끝나고 혼돈은 단 한 번의 복종으로, 영원히 복종했다. 그러고 나서 묵시록의 기자는 마지막 환상을 본다. "나는 또 새 하늘과 새 땅을 보았습니다. 첫 번째 하늘과 첫 번째 땅은 사라지고 바다도 더 이상 없었습니다"(묵시 21,1).

제2부

신과 인간의 성(性)

제4장
풍산과 불모의 반복 운동

1장에서 우리는 한편에서는 질서 또는 생명을 대표하고, 다른 편에서는 혼돈 또는 죽음을 대표하는 자연적인 힘들 사이에서 지속적으로 일어나는 충돌을 살펴보았다. 생명을 주는 비바람의 힘은 땅의 홍수를 이겨서 생명이 자라나는 데 필수적인 곡식을 키워야 했다. 생명을 주는 태양은 비옥한 땅이 먹거리를 낳게 하기 위해서 나일 골짜기 위로 떠올라야 했다. 다시 말해서 자연이 질서 있게 기능하는 것에 관심을 가지는 가장 큰 이유는 바로 인간의 생존이었던 것이다. 이와 같은 점에서 곡식과 동물의 풍산과 신들의 풍산의 특별한 관계를 살펴보는 것은 각각의 신화를 이해하는 데 필수적이다. 무엇이 씨를 자라게 하는가? 곡식이 수확될 때 무슨 일이 일어나는가? 어떨 때에 동물과 인간은 번식력이 강해지고 또 어떨 때에 번식력이 줄어드는가—또는 무관심해지는가? 우리는 씨앗이 자라나서 생명이 계속될 것이라고 어떻게 확신할 수 있는가?

메소포타미아: 두무지(Dumuzi)와 다른 연인들

기원전 4천 년경부터 이미 메소포타미아인들은 신들을 공급자(provider)로서 섬겼다. 그러나 당시의 예술 작품 등의 증거들이 부족하므로 이 시기를 연구하는 우리들은 이런 부족함을 메꾸기 위해서 후대의 문학적 증거를 필요로 한다. 그렇지만 생명을 지탱시켜 주는 행위는 특별한 의미와 헌신(devotion)을 낳았음이 분명하다.

메소포타미아의 신화와 의례에서 신들의 쌍(divine couple)이 성적 체험을 하고 결혼하는 것을 많이 볼 수 있지만, 그 가운데서도 두무지 의례에서 나온 이야기들은 메소포타미아 종교의 이런 측면을 이해하는 데 도움을 주는 풍부한 정보를 제공한다. 일반적으로 두무지에 대해서 그저 젊은 신의 구혼과 결혼, 그의 때 이른 죽음, 그리고 저승에서 그의 육체를 찾는 이야기라고 말할 수도 있다. 실제로는 이 모든 행위가 단 하나의 본문에 모두 쓰여져 있거나 단 하나의 의례에서 다 나타나는 것이 아니다. 이 이야기는 다양하게 변형되어 존재하고, 각 이야기의 그 핵심적 사건들은 모두 개별적인 공동체의 기초 경제—대추야자 경작, 대맥(大麥) 재배, 목축—와 관련되어 있다.

어떤 공동체에서 두무지는 두무지-아마슘갈라나(*Dumuzi-Amashumgalana*)라는 형태로 존재하는데, 그는 대추야자 안에서 새 과일을 생산하는 힘이다. 이 의례에서 그의 상대는 그 대추야자의 창고를 대표하는 인안나(*Inanna*)이다. 그들이 결혼한 이야기는 기원전 4,000년경 우룩(*Uruk*)시에서 발견된 꽃병에 묘사되어 있는데, 이것은 기원전 3천 년경 시적 양식으로 표현된 다양한 본문과 관련이 있다. 풍산의 힘과 대추야자 창고의 결혼은 공동체 전체가 먹거리와 술을 즐길 수 있고 인안나가 "모든 땅의 생명을 보살핀다."는 것을 알기 때문에 안심하는 메소포타미아인들의 생활 경험을 나타내는 것이다. 그러므로 이 이야기는 대추야자의 수확 의례를 나타내고 신화론에서 천상에서 일어난 일이 지상에서 일어난 일에(또는 그 반대로도) 상응하므로, 그 의례에서 거룩한 결혼이 묘사된다. 어떤 본문은 임금이 두무지-아마슘갈라나의 역할을, 왕비 또는 여성 대사제가 인안나의 역할을 한다고 보고한다.

> "왕은 고개를 쳐들고 성스러운 음부로 간다.
>
> 고개를 쳐들고 인안나의 음부로 간다.
>
> 아마슘갈라나는 그녀를 데리고 침대로 간다."[1]

경제적 토대가 다른 공동체에서 기원한 다른 판본(version)의 이야기는 풍산의 축복이 대추야자를 훨씬 넘어서 사냥이나 일반적인 야생의 채취뿐 아니라 농부나 목자 등도 포함한다. 한편 두무지는 대추야자에서 분리되어 홀로 가축의 출산력을 책임지는 신이 되기도 했다. 물론 여기서도 먹거리를 위해서 봄의 성장은 중요하지만, 동물의 짝짓기가 성공했을 때의 축복이 훨씬 생명을 낳는 힘이 크다. 이런 신화론은 대추야자에 기반한 경제 공동체의 신화보다 성행위를 더

---

1. 다음의 인용이다. Thorkild Jacobsen, *The Treasures of Darkness: A History of Mesopotamian Religion* (New Haven: Yale University Press, 1976), p. 38.

강조한다. 그러므로 설화와 교합 의례가 더 노골적이고 솔직하다. 다시 말해서 여기서 풍산 의례는 수확 의례보다 더 중요하게 되며, 결혼의 보장과 친밀한 사랑에 강조점을 둔다.

풍산의 봄이 금방 지나가면, 덥고 메마른 중동의 여름이 시작된다. 이런 계절의 변화와 상응하는 두무지의 죽음을 묘사한 여러 본문을 보면, 곡식은 너무 수명이 짧고 가축의 축복은 길다는 목동의 시각이 충분히 확인된다. 두무지의 죽음은 여러 가지 방법으로 기술된다. 심지어 한 이야기에서는 그의 아내 인안나가 두무지를 저승의 주인에게 넘겨 주고, 그녀 자신은 자신의 비참한 운명에서 탈출한다. 그러나 일반적으로 그의 죽음은 그의 아내, 어머니, 그리고 누이들의 통곡을 가져 오는데, 그것은 예배자의 통곡 의례로 행해진다. 성스러운 통곡의 일부는 저승에서 두무지의 육체를 찾는 것과 관련이 있다. 특히 그의 어머니와 누이가 함께, 또는 누이 홀로 찾는다. 결국 이 이야기는 인안나가 스스로 저승으로 내려오는 것을 이야기하는데, 이것은 창고에 비축된 식량이 감소하고 삶의 연속이 불확실함을 말하는 것 같다.

두무지의 환생을 이야기하는 본문은 오직 하나가 있다. 이 신은 나무와 풀의 수액 안에 존재하는 힘인 다무(*Damu*)라는 형태로 환생한다. 우룩시에 있는 거대 신전의 성스런 삼나무에서는 예배자들이 이 신을 위해 통곡하는 의례가 행해졌다. 이 나무는 그 신의 어머니이자 출생지를 나타낸다. 이 특유의 통곡 의례로 말미암아 예배자들은 나무에서 잠자면서 메마른 계절에 쏟아져 나오는 수액의 부활을 계속해서 체험할 수 있었다. 그것은 유프라테스강의 수면이 상승함으로써 가시화된다.

두무지의 의례나 신화와는 다르게, 우리가 앞에서 봄의 풍우신으로 보았던 엔릴은 그의 아내이자 곡식의 여신인 닌릴(*Ninlil*)에 대해서 성적으로 능동적인 상대였다. 곡식과 양털의 저장 더미를 나타내는 "거룩한 산"으로서의 그의 왕위를 묘사한 것에서 엔릴과 풍산과의 관계를 볼 수 있다. 더구나 "엔릴 찬미가"라 불리는 본문에서 엔릴은 풍산과 불모를 지배하는 권능과 권위를 가진 신으로 묘사되어 그가 동의하지 않으면 동물들이 나서 자랄 수도 없고 새끼를 번식시킬 수도 없다. 풍매(風媒)를 신화론적으로 해석한 것에 따르면, 엔릴은 곡식의 신인 닌릴을 강간하고 봄이 지나가면 사망하는 것 같다.

또 하나 주목할 만한 한 쌍의 신들은 엔키(*Enki*)와 닌후르삭(*Ninhursag*)이다. 엔키는 씨를 자라게 해주는 단물이요 동물의 난자를 수정시키는 정액의 힘을 표현한다. 닌후르삭은 모든 신과 인간뿐만 아니라 야생 생물의 어머니이다. 이 두 신의 관계를 묘사한 신화를 보면, 어떤 여신이 엔키가 결혼해 준다면 성교에 동의하겠다고 했다. 그 결과로 그들의 딸인 "재배의 여신"(Lady Plant)이 태어났다. 곧 딸이 자라 젊은 여성이 되자 엔키는 그녀를 유혹하고 그는 자신의 딸을 임신시켜 또 여성을 낳도록 했다. 이 과정은 반복되어 이렇게 낳은 네 번째 여성까지 임신시키려고 하자, 닌후르삭이 네 번째 딸에게 아버지와의 근친상간을 경고하기에 이른다. 결국 마지막 대결은 남편과 아내간의 화해로 끝난다. 이것은 도덕적인 이야기(또는 도덕성이 부족한 이야기)이기는 커녕 번식하는—또한 변덕스런—강물의 힘을 축복하는 풍산의 신화일 것이다.

수메르 시대(기원전 3천 년대)부터 메소포타미아 종교의 역사를 통해 신성한 결혼이라는 의례의 주제를 추적하는 것은 어려운 일이다. 그러나 기원전 7세기 바빌론에 대한 정보에 기초한다면 신년 축제인 아키투의 넷째 날에는 『에누마 엘리쉬』가 공연되는데, 이 아키투의 핵심적 요소가 바로 신성한 결혼인 것 같다. 풍산과 승리의 신을 대표하는 임금은 (인간의 형상인) 여러 여신들의 호위를 받고 결혼이 이루어지는 오두막으로 간다. 이 의례의 행위로 마르둑의 전투의 승리가 보장되고 풍산과 질서도 보장된다. 그리하여 이 의례는 결국 한 해 동안 생명 자체를 지탱하는 것이다.

수메르 시대가 저물고 바빌로니아와 아시리아 시대로 넘어가자 메소포타미아에서 신들의 이름이 바뀌거나—앞에서 보았듯이 엔릴이 마르둑으로 넘어간 것—또는 새로운 신이 옛 신의 역할을 넘겨 받게 됐다. 매우 뛰어산 풍산의 여신은 사랑과 전쟁의 여신인 이쉬타르(*Ishtar*)로 바뀌었다—그 전에는 인안나였다. 비록 그녀는 신적 인간인 길가메쉬(*Gilgamesh*)라는 인물의 마음을 얻지는 못했지만, 꽤나 많은 신들을 상대했기에 연인으로서의 그녀의 명성은 확인된다. 어쨌든 "이쉬타르의 지하세계 여행"이라는 본문에서 그녀가 행복을 되찾자 땅도 풍산을 낳는다는 사실을 분명히 볼 수 있다. 그 이전의 인안나처럼 이 풍산의 여신은 자신의 집을 떠나 죽음의 영역으로 내려가 다시는 돌아오지 못할 것 같다. 비록 이유는 분명치 않지만 이쉬타르는 저승의 여왕이자 자매인 에레쉬키갈(*Ereshkigal*)을 방문한다. 그러나 에레쉬키갈은 예기치 않은 방문을 전혀 반가워하지 않고 이쉬타르를 가두어 버린다. 그리고 아마도 죽이는 것 같다. 그녀가 저승으로 내려간 것이 천상의 신들에게 알려지자, 신적 사자(使者)는 최고신 에아의 반응을 보고한다.

> 여주인 이쉬타르가 저승에 내려갔을 때
> 황소는 암소에게 뛰어오르지 않았고
> 수탕나귀는 암탕나귀를 임신시키지 못했고
> 거리에서 남자는 여자를 임신시키지 못했다.
> 남자는 홀로 누웠고
> 여성은 홀로 누워 있습니다.[2]

풍산의 여신이 성적으로 무능력해졌기 때문에 동물과 인간의 성적 능력도 사라졌다. 또한 땅도 완전히 그렇게 되어버렸다. 이쉬타르 자신처럼 씨는 땅에 갇혀 버렸다.

저승에 내려가 갇혀 버린 그 불쌍한 여인의 품격을 떨어뜨리려는 의도는 없지만, 이쉬타르는 그 이전의 인안나처럼 창녀의 신이었고 그녀 자신이 창녀였다는 점은 매우 주목할 만하다. 이렇게 주장하는 것은 아마도 그녀가 샛별과 어둠별의, 곧 금성(金星)의 신이라는 믿음과 연관되어 있다. 금성은 저녁이나 새벽에 잠시 보였다가 곧 사라져버리는 신이다.

이상 간략하게 요약한 바와 같이 메소포타미아의 남녀 신들은 분명 성적으로 능동적인 존재들이었다. 우리의 시각에서 본다면 어

---

2. ANET-K, pp. 173-4; ANET p. 108.

떤 이야기들은 단지 희극적이거나 저속할지 모르지만, 이것들 가운데 많은 것은 생명 그 자체만큼 중요한 것을 해석하는 신화이다. 여러 신들의 성행위들이 자세하게 묘사됐든 아니든 간에 신들의 그런 성행위는 땅의 씨앗뿐만 아니라 인간이나 동물의 정자의 풍산과 상응한다. 본문들은 의례에서 남신을 나타내는 임금과 적절한 여신을 나타내는 어떤 신성이 부여된 여성 사이에 성교 행위가 이루어져야 한다고 말한다. 의례에서 이런 "신성한 결혼"은 천상에서의 완성과 상응하는 것이고, 따라서 지상에서 갖가지 씨앗들의 풍산을 보장해 주는 것이었다. 메소포타미아의 의례와 전례에서 임금 이외의 다른 사람들도 이 성행위를 즐겼는지 밝히는 일은 매우 어렵다. 그러나 매우 근본적으로 풍산에 기반을 둔 종교적 문화 안에서 살던 사람들은 아마도 더 일반적인 관계를 당연하게 생각했을 것이다.

그러나 고대 메소포타미아인들에게 성(性)이란 엄격히 종교적인 것이었다는 인상은 잘못이다. 오히려 성은 지속적으로 우주와 조화하는 매우 자연스럽고 즐거운 인간적 행위였다. 아름다운—그리고 노골적인—사랑의 시(詩)는 성에 대한 개방성을 말해 준다. 이 개방성은 성을 일반적이고 건강한 생활의 일부로 포함시키는 것이었다. 위에서 논의한 몇 가지 신화 외에도 이런 인간적 시에서 남성과 여성은 즐거움을 추구하며 성행위에 매우 열정적으로 참여했다.

메소포타미아에서 인생의 모든 영역은 어떤 징조와 관련된 "과학"의 일부였다. 성 또한 그런 과학의 한 분야에 속했다. 모든 종류의 행운과 불행은 인간의 성행위로 설명됐다. 오후 낮잠 시간에 정기적으로 행하는 성행위는 인격적 신을 소유하게 만들고 사람을 행복하게 할 것이다. 그러나 성교를 갖고 난 다음 꿈 속에서 사정을 한다면 그 사람 위에 재앙이 떨어질 것이다. 그런데 그런 꿈속의 사정 이전에 성교를 갖지 않았다면, 그는 행운과 성공을 즐길 것이다. 나아가 "규정적(missionary) 체위"는 가장 유익한 것으로 보인다. 만일 여성 상위의 체위를 취한다면, 그 남자는 한 달 동안 생식력을 잃어 버릴 것이다. 이 마지막 예가 성교에서 평등성이 부족했다는 증거가 되겠지만, 이런 징조와 관련된 본문들로부터 얻을 수 있는 가능성을 종합한다면, 우리는 성행위의 자연스러움과 심지어 실험적 개방성까지도 볼 수 있다. 선과 악의 결과는 도덕성이 아니라 마술에 의해 결정됐다.

결국 아이를 낳는 것이 가족 경제의 핵심인 사회에서 남성과 여성에게 중요한 성적 능력을 얻게 해 주는 것은(또는 회복시켜 주는 것은) 마술이었다. 이런 능력을 위한 의례와 마술은 현대의 X-레이 사진처럼 아주 자세하게 묘사되며 생생하게 표현됐다. 그러나 그들의 상황에서 이런 언어는 절대 저속한 것이 아니었다. 그것은 생명의 지속과 관련되고 성행위의 즐거움과도 관련된 자연스러운 표현이었다.

가나안: 바알의 풍산과 불모

우가릿 본문은 바알/아나투와 얌이 충돌하는 주제와 함께, 자연의 순환을 신화적으로 해석하는 바알과 모투("죽음")의 충돌을 드러낸다. 얌과의 전투는 늦가을/겨울의 폭풍 시기에 일어나지만, 모투와의 투쟁은 타는 듯한 태양과 가뭄으로 인해 식물이 시드는 여름에 자리잡는다. 그러므로 모투는 동물과 인간의 죽음뿐 아니라 식물의 소멸도 의미한다. 그러나 정확히 말해서 가끔 "엘의 애인"이라고 불리우는 이 신에 대해서 몇몇 학자들은 '죽음'을 의미하는 "모투"(*Mōtu*)란 단어가 원래 "성숙"을 의미하는 것이라고 주장한다. 다시 말해서 바알의 겨울비는 포도나무의 성장을 촉진하는데, 모투는 아마 그 포도를 성숙하게 하고 익게 하는 역할을 하는 것 같다. 그러나 우리가 너무도 잘 알고 있듯이, 지나친 성숙은 결국 죽음에 이르므로 모투는 씨의 불모성을 대표하는 것 같다. 결국 모투가 땅 밑의 저승에 사는 것처럼 씨는 땅 밑으로 내려가고, 바알은 비를 내려 이들을 돌아오게 한다.

여기에 이 신화의 본질이 있다. 바알이 얌을 물리치고 나서, 아마도 모투가 땅 밑 세계의 지배권을 이어 받은 것 같다. 모투는 승리자(바알)에게 연설하면서 저승에 내려오라고 초대한다. 그런데 그곳에서 "죽음"이 풍산신을 삼켜 버린다. 다음 시에서 바알이 모투의 게걸스런 목구멍으로 내려가는 것과 식물이 일 년마다 주기적으로 죽는 것이 상응하고 있음을 분명히 볼 수 있다.

한 입술은 땅을 향해
한 입술은 하늘을 향해
혀는 별들을 향해 놓여졌다.
바알은 그의 속으로 들어갔다.
그는 그의 입으로 내려갔다.

과연 올리브나무는 바싹 말랐다.

땅의 소출과 나무의 과일도.[3]

사자(使者)들이 바알의 죽음을 알고 최고신 엘에게 '풍산의 주인님이 불모의 영역에 패배하셨다'는 소식을 보고했다. 엘은 즉시 왕좌를 내던지고 내려와서 먼지를 뒤집어 쓰고 상복을 걸치고 땅을 써레로 갈듯이 자기 몸에 상처를 내어 바알의 죽음을 슬퍼하는 비탄 의식을 시작했다. 바알의 누이 아나투는 바알의 시체를 발견하고 같은 양식으로 통곡했다. 그녀는 바알에게 바치기 위해 짐승들을 잡았던 바알의 산인 차폰 산에 바알을 묻었다.

엘과 아나투의 통곡 의례는—신화와 의례에서 예상할 수 있듯이—이른바 카르멜산에서 엘리야와 겨룰 때 바알의 예언자들이 했던 행위와 일치한다(1열왕 18,26. 28-29). 황소를 잡아 바치고(아마도 그들의 함성과 상응하는 천둥을 흉내내면서) 황홀경에 빠져 아침부터 한낮까지 바알을 불렀다. 이 울부짖음은 바알의 제단을 절뚝거리며 도는 춤과 함께 진행됐다. 더 정확하게 말하자면, 그들은 "'자기들의 관습에 따라' 피가 흐를 때까지 칼과 창으로 자기들의 몸을 찔러댔다." 이런 모든 행위가 이루어진 이유는 이 이야기의 앞에서 말하듯이 3년간 계속됐던 가뭄과 관련이 있었다(참고 1열왕 17,1과 18,1). 가나안 종교에서 이런 가뭄은 비바람의 신이 죽었다는 것을 의미한다. 그래서 '그곳에는 아무런 천둥 소리도, 아무런 생명의 징표도' 없었던 것이다(1열왕 18,29; 2열

3. KTU[3] 1.5:II:1-6; ANET-K, p. 280; ANET, p. 138.

왕 4,31 참고).

우가릿 본문에서 이야기는 계속된다. 엘은 바알의 죽음과 상응하여 땅에서 일어나는 일을 좀 더 자세히 묘사한다. 엘은 즉시 바알과 땅의 풍산이 부활할 것을 내다보았다. 실제로 그는 바알의 시체를 발견하고 이렇게 선언했다

> 들의 고랑이 메말랐다, 아 샵슈여.
>
> 천상의 들의 고랑이 메말랐다.
>
> 바알은 경작지의 고랑에 (비를) 뿌리리라.[4]

엘과 아나투의 통곡이 의례에서 상응하는 것처럼, 땅 그 자체는 그 주인의 사망과 상응하여 죽었다.

하지만 끝에서 바알은 작은 신들을 조금 쳐부수고나서 새로 태어난 권능을 드러내며 "높으신 그분의 왕좌"에 오르며 무대에 다시 등장한다. 그러나 모투와 새로운 일전을 치르어야 할 실제 시험이 남아 있다. '풍산'과 '불모'의 무시무시한 충돌이 끝나고, 바알은 그의 최종적인 적을 물리친다. 그래서 여름 가뭄은 끝난다!

신들 사이에서 이루어진 행위와 자연의 순환 간에 다양한 상응점들은 이 이야기를 정확히 풍산 신화로 규정하게 한다. 게다가 많은 학자들은 이 이야기에서 의미 있는 부분들을 여럿 찾아냈는데, 그것들은 이 이야기를 반복되는 예배의 의례와 행위를 포함하는 제의적

4. KTU[3] 1.6:IV:1-4; ANET-K, p. 292; ANET, p. 141.

드라마로 보아야 설명할 수 있는 것들이다.

우가릿 본문 또는 다른 서부 셈족의 자료들에서도 도시 국가의 임금을 신으로 여겼다고 말할 수 있는 증거는 없다. 그들은 엘의 자손 또는 땅에 있는 엘의 대표자로 생각됐다. 그러므로 우가릿 서사시 가운데 두 곳에서 왕의 죽음은 자연의 질서마저 파괴시키는 것으로 생각됐다는 점은 흥미를 끈다. "키르타 이야기"에서 왕의 심각한 질병은 땅의 불모, 곡식과 포도주와 기름같은 비축물의 고갈과 관련됐다. 그리고 그것은 바알 신에게 봉헌물을 바칠 필요와도 관련됐다. "아크하투 이야기"에서는 아나투가 그의 활을 빼앗기 위해 다니엘 왕의 아들 아크하투를 죽이고, 왕인 아버지는 탄식 가운데 다음을 예상한다.[5]

> 바알이 일곱 해 동안 없었고
>
> 구름을 타는 이가 여덟째 해에도 없었다.
>
> 이슬도 없었고
>
> 이슬비도 없었고
>
> 깊음(=심연)으로부터의 홍수도 없었다.
>
> 바알의 달콤한 음성도 없었다.
>
> 진실로, 라피우족 사람, 다닐루의 옷은 찢겨졌다.
>
> 하르나미유의 영웅, 전사의 옷이 찢겨졌다.[6]

---

5. 두 이야기는 ANET-K에 있다. ANET-K, pp. 296-327; 327-352.
6. ANET-K, pp. 316-317; ANET, p. 153.

바빌로니아의 이쉬타르가 저승으로 들어갔을 때 이미 성의 주제는 명백해졌지만, 바알 신화에서 풍산과 관련된 성의 주제는 지금부터 말할 차례다. 지금까지 본 바알 신화에서 바알과 아나투의 친밀함을 말하기는 매우 힘들지만, 사실 다음과 같이 다소 엉뚱한 것이 우가릿 문학에 존재한다. 아마도 가장 눈에 띄는 것은 남매 간에 열정적 행위를 전하는 이야기일 것이다. 바알이 여러 곳에서 암소의 뿔로 대표됐던 아나투를 염탐하고 서로 생생한 전희(前戲)를 주고받는 것이 묘사되어 있다. 그리고 서로 껴안은 결과, 바알은 결국 거친 황소가 태어났다고 선언하는 "성스러운 소식"을 듣는다.[7] 이 본문은 성스러운 결혼을 말하고 있다. 왜냐하면 특히 연관된 본문들이 아나투가 칼 없이 바알의 고기를 먹고 술잔 없이 그의 피를 마신다고 (완곡하게?) 말하고 있기 때문이다.[8]

우가릿 본문에서 가장 노골적으로 성을 다룬 시는 이른바 "우아한 신들의 탄생"(The Birth of the Gracious Gods)이라는 것이다. 여기서는 엘이 자신의 자식인 "새벽"과 "황혼"을 임신한 두 젊은 여성의 풍산을 책임진다. 이 신화의 해석은 상당히 다양하다. 가스터(Theodor Gaster)는 이 이야기를 가나안 맏배 축제의 용어로 해석한다. 그 축제에서 신성한 결혼은 핵심적 역할을 하는데, 가스터에게 엘의 정력을 증거하는 것은 "바다처럼 멀리 미치는 그의 손"에 대한 암시다. 이와 다르게 해석하는 학자들 가운데 특히 포프(Marvin Pope)는 엘의 "손"을

7. ANET, p. 142.
8. 역주: 우가릿의 중요한 두 신, 곧 바알과 아나투의 관계를 이렇게 해석한 이 문단의 내용은 사실 현재는 논란의 여지가 매우 크다.

여인들을 유혹하는 엘의 발기된 성기를 완곡어법으로 표현한 것으로 해석한다.[9] 그러나 결국 마술적 의례로써 실제적인 엘의 성적 무능력이 극복되자, 그 신은 여인을 임신시키고 사내 아이를 낳는 데 성공한다. 이 이야기를 어떻게 해석하든, 이 이야기는 흥미롭게도 무대 연출 등 의례의 규정들이 넘쳐 나고, 이 극은 임금이 참석한 가운데 행해졌을 것이란 점을 알 수 있다. 그러므로 임금과 왕비가 성스런 결혼에서 의례의 역할을 수행했을 가능성은 충분하다. 이 경우에 인간과의 성교는 이 드라마에 등장하는 신적 인물과의 성교와 상응하는 행위였고, 따라서 그 결과도 똑같이 풍산이었을 것이다.

엘과 바알뿐 아니라 다른 신들도 가나안의 풍산 제의에서 중요한 역할을 수행했다. 다간(*Dagan*)은 비록 우가릿의 신화론적 본문에서 아무 역할도 없지만, 아마 원래 식물의 신이었을 것이다. 바알은 그의 아들이고 나중에 그의 기능을 물려받았다. 히브리 성경에서 '다곤'으로 나오는 이 신은 팔레스티나의 곡식의 신으로 언급되는데(판관 16,23; 1사무 5,1-5) 우가릿에 신전을 가지고 있었고, 따라서 바알의 아들로서 바알과 함께 중요한 신이었다. 우리는 이미 아나투가 성적으로 능동적인 역할을 수행한다는 것을 보았다. 가나안의 아나투에 대응되는 메소포타미아의 신은 이쉬타르인데, 아나투도 이쉬타르처럼 사랑과 전쟁의 신이었다. 가끔 "처녀"(עלמה)라고 번역되어 불리기도 하지만, 그녀는 분명 그런 명칭과는 어울리지 않는다. 후대의 아세라

---

9. Theodor. H. Gaster, "A Canaanite Ritual Drama. The Spring Festival at Ugarit," *Journal of the American Oriental Society* 66 (1946): 46-76; Marvin Pope, *El in the Ugaritic Texts* (Leiden: E. J. Brill, 1955), pp. 37-42.

—엘의 소원해진(?) 아내—는 더 젊고 정력적인 아나투와 같은 성적 상대라기보다 가모장적(matriarchal) 인물로 그려졌다.

히브리 성경은 가나안 종교를 이해하는 데 도움을 주는 중요한 원천이다. 특히 그 사회에서 강조된 풍산의 관점으로 이해하는 데 도움을 준다. 이스라엘 백성은 가나안인들과 바로 이웃하고 살면서 이웃의 매혹적인 종교적 실천에 매우 익숙해졌다. 우리는 이미 카르멜 산에서 바알 신의 풍산의 역할과 울부짖는 의례를 보았다. 그러나 같은 역할이 의례에서뿐만 아니라 건축에서도 잘 드러난다. 가장 뛰어난 출산의 원천으로서 바알은 의례의 자리에서 자주 "기둥"(מצבה, 1열왕 14,23)으로[10] 묘사됐다. 히브리 성경에서 아나투는 신으로서 나오지 않지만, 아세라는 젊은 풍산의 여신으로 출현한다. 그녀는 남창 제의의 집(=신전)에서 숭배된다(2열왕 23,7. 14을 보라. 또한 1열왕 14,23-24; 22,47을 참고하라). 이 신은 자연의 것이든, 인공적인 것이든, 높은 장소에 있는 다양한 과일나무로 대표된다(호세 4,11-14; 1열왕 14,23; 15,13). 가나안의 신들에 대한 예배에서 역할을 했던 제의적인 창녀들은 신화와 의례간의 더 깊은 상응성을 보여 주는 증거다. 우리가 우가릿 본문에서 얻을 수 있는 제한된 정보로 내릴 수 있는 결론은, 아마도 이런 성행위가 임금과 왕비에게 국한된 것이 아니었을 것이란 점이다.

이상의 논의로부터 가나안인들에게 성이란 생명 그 자체에 대한 신학적이고 종교적인 관심에 깊이 뿌리내린 것임을 알 수 있다. 비록 예언자들과 신명기 기자들은 이런 성행위를 부정적 관점에서 묘사

10. 역주: 가톨릭 성경은 "높은 언덕"으로 옮겼다.

했지만, 가나안인들에게 성이란 공동체의 생활을 지탱하는 핵심적인 힘 이상의 어떤 것도 아니었음을 인식해야 한다. 의례에서 신의 행위와 상응하는 이런 성행위는 분명 어떤 즐거움을 만들어 내지만, 오히려 성행위에 대한 열정과 그 결과인 임신은 농업 경제 사회의 생명을 위해 자연스럽고도 필요한 것이었으리라 생각된다. 평범한 가나안인들의 삶에서의 성, 곧 비의례적인 성을 묘사한 본문을 제외하면, 우리는 성과 속을 구분하지 않는 사회의 생생한 참여와 개방성을 생각해 볼 수 있을 것이다.

이런 관점에서 척박함을 극복하는 방법은 메소포타미아의 몇몇 마술적인 본문에 쓰인 생생한 성적 조치들과 비교할 때 놀랍도록 온건하다. 한편으로 혼기의 여성은 장래의 남편에게 자손을 약속해주기 위해서 풍산신의 대표자와 함께 성행위에 참가한다. 이 의례 행위는 신전 안에서 어떤 낯선 사람들과 함께 이루어진다. 그리고 그녀는 더 이상 처녀가 아니라 풍산의 권능으로 들어갔음을 나타내기 위해서, 특정한 보석으로 치장하거나 심지어 알맞은 곳에 상처를 내는 방법을 공개적으로 사용하지는 것이 허용된다. 그러므로 모든 남성은 훌륭한 신부를 찾기 위해서 혼전의 제의적 성교를 행한 증거를 원했다. 다른 한편으로 아들이 없는 임금은 바알에게 희생제를 바쳤다. 이렇게 바알에게 호소함으로써 임금은 엘로부터 자손의 축복을 기대할 수 있었다. 이런 방법을 통해서 키르타와 다닐루는 자신의 왕위를 물려줄 남자 상속자를 준비하는 데 성공했다.[11]

11. ANET, p.143ff, p.149ff.

이집트: 죽음과 불모의 부정

나일강 계곡에 있는 신들의 의회에서 성이 차지하는 자리는 메소포타미아나 가나안만큼 노골적이지 않다. 이런 구별점은 그런 풍산의 신화와 관련된 서사시나 극적인 본문이 없다는 사실로 어느 정도 설명할 수 있다. 다시 말해서 그런 능동성에 대한 이야기가 전혀 존재하지 않다. 다시 말해 척박함이나 불모가 지배할 수 없음을 확인하기 위해서 성교하는 풍산의 신과 여신의 위업에 대한 이야기가 보존되어 있지 않은 것이다. 이런 이야기의 부재(不在)는 성적 영역에 대해서 이집트와 그 이웃한 셈족 사이에 존재하는 차이점을 드러내는 징후일 뿐이지, 그 차이점의 이유는 될 수 없다. 질서와 혼돈의 충돌에 대한 이집트인들의 개념은 자연의 힘들이 계절마다 벌이는 불확실한 전투에 기반하지 않고, 태양신이 뱀에 대해 항상 승리하는 정기적인 야간 전투에 기반했다. 이와 같은 주기성과 승리에 대한 같은 확신때문에 그들은 신들 사이에서 일어나는 풍산과 불모의 충돌에 대한 필요를 느끼지 못했다. 나일강의 지속적인 흐름과 범람 그리고 매일 나타나는 태양으로 말미암아 이집트인들은 씨를 뿌리고 수확하는 자연적 순환을 확신하게 됐다.

그럼에도 나일 계곡에서 풍산의 문제는 역시 너무도 중요한—그러나 걱정스럽지는 않은—문제였고, 그런 관심의 증거가 고대 오시리스 신화에서 신화론적으로 나타난다. 창조신의 손자들인 오시리스(*Osiris*)와 그의 형제 세트는 우주의 지배권을 위해 경쟁한다. 오시리스가 세운 목가적인 시대는 세트에 의해서 파괴된다. 세트는 오시리스를 죽이고 여러 갈래로 찢어서 “흩어 버렸다”. 이제 미망인이 된 이시스(*Isis*)는 남편의 시체를 충분히 모아들여서 아들 호루스를 임신할 수 있었다. 호루스는 성장하여 아버지에 대한 복수를 한다. 그러나 호루스와 세트의 전투는 너무나도 오래 계속되어서 다른 신들조차 우주의 이 단조로운 소란에 지쳐 버린다.

신화론은 상응성에 기반하므로 이 이야기를 지상의 실존적 언어로 해석할 필요가 있다. 세트는 파괴요 혼돈이다. 폭풍, 지진, 죽음의 사막 폭풍이 그의 현현이다. 오시리스는 수확의 시기에 잘려져 씨앗이 땅 밑에 (실제로는 저승에) 묻히는 곡물을 대표한다. 가나안 이야기의 바알처럼 오시리스는 그의 누이와 아내에 의해 다시 일으켜지고 이시스와 네프티스(*Nephthys*)가 그를 위해 통곡한다. 그러나 바알과는 다르게, 오시리스는 대단한 힘을 가지고 부활하는 것 같지는 않다. 결국 오시리스는 수동적 신으로서 무력함과 죽음의 상징이고, 심지어 그는 죽음의 장소, 즉 피라밋과 동일시된다. 반면 그의 아들 호루스가 능동적인 신이 되어 파라오로 육화한다. 곧 곡식의 성장을 책임지는 것은 호루스이다. 그러므로 오시리스는 씨앗에서, 그리고 죽음 이후의 생을 사는 각각의 죽은 임금들 안에서 다시 살 수 있다. 그 임금들은 “오시리스”가 됨으로써 살아 있는 영혼으로 변환된다. 호루스가 이집트의 왕위로 육화하는 한, 자연과 왕족은 불멸을 희망할 수 있다.

오시리스와 연관된 신화와 의례 안에서 성의 역할을 인식하기란 어렵고 호루스조차 성적 역할을 맡지는 않는다. 하지만 예외가 있는데 호루스가 민(*Min*)이라는 형태를 띠는 경우다. 민은 주로 콥토스

(*Coptos*)에서 섬김을 받고 성기가 항상 발기되어 있는 모습으로 그려진다. 비록 어떤 이야기에서도 그를 뛰어난 남성으로 묘사하지는 않지만, 매년 수확 축제가 그의 이름으로 행해졌다. 그리고 한껏 발기한 성기로 묘사되는 이 신의 신상에서 분명한 역할을 확인할 수 있다. 더욱이 민의 구원은 테베(현대의 룩소르) 신전의 일부를 이루는 아멘호텝 2세의 "탄생의 집"(Birth House) 벽화에서 발견된다. 그러므로 이 신은 곡식과 인간의 풍산을 책임지고 있는 신으로 보인다.

민 축제의 자세한 구조나 해석은 결코 확실하게 밝혀졌다고 할 수 없다. 그러나 그 증거들을 해석하려는 모든 시도는 파라오로서 육화되어 다스리는 호루스 신과 민을 동일시하는 것에 기초하는 것 같다. 그렇다면 수확 축제는 민의 산출력이—그리고 그 신 자체가—파라오로 육화됐음을 재확인해주는 것이 된다. 왕의 직무와 인격은 한 수확 축제가 지나고 새 수확 축제까지 새 씨앗의 성장을 보장했다. 나아가 어떤 학자들은 이 축제에서 묘사되는 성스런 결혼이 주는 암시를 제시했다. 즉 아마도 파라오는—언제나 준비된 민의 역할을 하면서—왕녀들의 어머니를 임신시키는 것 같다. 그녀는 새로운 민-호루스의 육화로서 그의 아버지의 대를 이을 것이다.

민-호루스의 여성 상대는 그의 어머니 이시스일 것이다. 신이 그의 어머니를 임신시켜 신을 낳게 한다는 관념은 매우 이해하기 힘든 순환이다. 그러나 모든 가능성을 고려할 때, 이 개념은 불멸성을 표현하는 한 방법이었다. 민에게 가장 일반적으로 사용된 형용사는 카무테프(*Kamutef*), 즉 "그의 어머니의 황소"이다. 일반적으로 "황소"는 그의 배우자요 아내요 어머니를 임신시키는 상대를 의미한다. 따라서 특별한 방법으로 민-호루스는 영원히 이집트의 왕위로 육화하므로 신은 그 자신을 영원히 재창조한다.

바로 위에서 묘사한 괴상한 삼각 관계는 오펫(*Opet*) 축제의 이상한 불륜에서도 볼 수 있다. 그 축제는 카르낙 그리고 테베(룩소르)와 이웃한 신전에서 거행됐다. 이 축제에서—아마 축제의 양식은 바빌론의 아키투를 따랐을 것이다—전능한 신 아문-레는 카르낙에 있는 자신의 장엄한 신전을 떠나 테베에 있는 신전으로 배를 타고 여행하면서 즐겁게 행진한다. 일주일 동안 그곳에서 그는 자신의 배우자 뭇(*Mut*)과 결합하여 즐거운 시간을 보낸다. 이 신들의 짝이 낳은 자식은 카르낙의 신으로서 콘수(*Khonsu*)라는 이름을 지녔다. 흥미롭게도 뭇은 스스로 그녀의 "아버지 레"의 주위를 상처내는 뱀으로 묘사됐다. 그러므로 뭇은 콘수의 어머니일 뿐 아니라 아문-레의 딸이기도 한 것이다. 이런 근친 상간을 통한 아버지-어머니-아들의 삼각관계는 분명히 불멸성이란 주제와 관계가 있을 것이다.

그러므로 이집트 신들 사이에 일어나는 성행위는 메소포타미아나 가나안의 그것과는 매우 다르다. 세트와의 지속적인 충돌이 존재하지만, 죽음과 파괴에 대한 승리는 땅의 호루스인 파라오의 통치가 보장한다. 그러므로 씨 뿌리는 시기와 수확기가 지속적으로 순환하는 것을 실제로 위협하는 것은 없다. 그래서 소위 사후(死後)의 종교라는 이집트 종교는 정적(靜的)인 불멸의 관념을 선호하고 그것을 지속적으로 주장하면서 실제로는 죽음과 불모를 부정한다. 그러므로 신들 사이의 성이 지닌 중요한 목적은 파라오의 인격 안에서 다스리는 신의 불멸성이었다.

우리는 이집트의 신전에 묘사된 의례에서 성행위에 대한 확실한 증거가 없다는 점을 인정해야만 한다. 제의적 매춘에 예배자들이 참여하는 것은—가나안의 종교에서는 일반적이었지만—이집트에서는 별 다른 역할을 하지 못했던 것 같다. 인간의 자손은 말할 것도 없고, 곡식의 성장과 동물의 생명을 지탱시켜 주는 기능은 오직 파라오 혼자만의 책임이다. 성스런 결혼에서 왕의 역할조차—만약 실제 파라오가 그런 역을 한다면—바빌론의 임금이 했던 것과는 매우 다르게 이해되어야 한다. 메소포타미아 신년 축제의 성스런 결혼에서는 임금이 신의 편에서 역할을 했다. 반면 이집트에서는 삶의 다른 모든 측면들 안에서 신이 파라오로 육화하듯, 성행위 안에서 신이 파라오로 육화함을 재확인한 것이다. 이집트 임금과 왕비의 성교는—축제 때에서도—이미 실제로 존재하던 것, 즉 신과 파라오 사이의 불멸의 관계를 재확인해 주는 것이다. 이 관계 속에서 땅의 번영이 약속된다.

따라서 신적 임금의 권능은 모든 것을 포함하기에 여러 본문에서 임금이 된 자는 풍산의 역할을 스스로 충족시킬 수 있는 양성(兩性)으로 묘사됐다. 레크미레(*Rekhmire*)의 무덤 비문은 분명한 예를 제공한다. "상이집트와 하이집트의 임금은 무엇인가? 그는 신이며 그와 관계 맺음으로 사람이 살고, 그는 모든 인간의 아버지요 어머니다. 그는 홀로 높고 그와 동등한 자는 없다."[12]

12. 다음의 인용이다. H. Franfort, *Ancient Egyptian Religion: An Interpretation* (New York: Columbia University Press, 1948), p. 43.

그러나 파라오의 불멸성과 모든 것을 포함하는 성적 역할을 강조하지만, 고대 이집트인이 성교의 모든 쾌락을 부정한 것은 아니었다. 노골적인 본문은 드물지만, 위대한 태양신 레가 다음과 같이 스스로를 땅의 성교라는 선물을 책임진다고 말한 것은 주목할 만하다. "나는 암소를 위해 황소를 만들어 성적 쾌락이 있게 하는 자다."[13] 그러므로 비록 연례 축제 때에만 그런 쾌락을 아는 신이었지만, 인간의 성도 그런 것을 아는 신의 선물이었다.

부기: 남성과 여성의 성적 역할

가나안 사회에서 남성과 여성의 성적 역할에 대해서 말할 수 있는 것은 거의 없다. 종교와 사회적 생활에 대해 가장 중요한 정보의 원천인 우가릿 본문도 거의 소용이 없다. 그러나 풍산의 용어를 통해 종교와 문화를 이해한 것에 기초해서, 남성과 여성 모두 높고 평등한 의미를 지녔다고 확실히 말할 수는 있다. 왜냐하면 이런 이성애적 상대가 없다면, 꼭 필요한 풍산을 성취할 수 없기 때문이다. 결국 예술이나 도상 등에서 여성과 여성의 생식적 역할에 대해 강조한 것은 여신을 예배했음을 가리키고, 이상적으로 보면 —여신에 상응하는—인간 여성도 존중했음을 말해 준다. 그러나 풍산의 영역에서 존재하는 여성의 중요성이 사회의 다른 영역과도 관계가 있는지는 의문이다.

13. ANET, p. 13.

메소포타미아에선 성적 평등을 거의 논할 수 없다. 법조문과 다른 문학적 원천들에서 여성은 남성보다 열등하다고 생각됐다. 그러나 그 유명한 함무라피 법전은 여성이 강간당했거나 이혼했더라도 재산을 소유하고 생업에 종사할 수 있으며 남편의 성관계 요구를 거부할 수 있는 권리를 인정함으로써 여성을 보호했음을 보여 준다. 나아가 바빌론 법에서는 여성의 이혼을 허용했고, 아울러 불륜을 저지른 남녀가 붙잡혔을 경우 동등하게 처벌했다.

바빌론의 상황이 아시리아보다는 나았지만, 여성이 적절한 시간과 장소에서 권력을 획득했던 것은 메소포타미아의 기나긴 역사 가운데 예외적인 경우뿐이었다.[14] 메소포타미아에서는 단 한 명의 여성만이 최고 권력을 획득했다. 『수메르 왕명록』에 따르면 쿠-바바(*Ku-Baba*)가 키쉬(*Kish*)의 "임금이 됐다." 그리고 백 년을 다스렸다. 다른 여성들은 임금과의 관계를 통해서 권력과 영향력과 존경을 획득했다. 기원전 18세기에 마리(Mari)의 짐리-림(*Zimri-Lim*)은 쉽투(*Shibtu*)라는 여성과 결혼했는데, 그녀는 여러 해 동안 행정적인 솜씨를 보여주어서 남편이 전쟁으로 자리를 비운 동안 지배권을 행사했다. 그로부터 거의 천 년후에 아시리아 임금 샴쉬-아닷 5세(*Shamshi-Adad* V)의 아내 삼무라맛(*Sammuramat*)이라는 여성은 그녀의 권력과 영향력으로 말미암아 전설적인 인물이 됐다. 그로부터 한 세기 후, 산헤립(*Sennacherib*)의 아내이자 그 다음 임금인 에사르하똔(*Esarhaddon*)의 어머니

14. 지금부터의 내용은 다음의 요약이다. A. Kirk Grayson and Donald B. Redfold, "They Embraced One Another: Mesopotamian Attitude Toward Sex," in *Papyrus and Tablet* (Englewood Cliffs, N.J.: Prentice-Hall, 1973).

자쿠투(*Zakutu*)는 아들의 재위 기간 동안 권력을 확고히 함으로써 그녀 스스로 높은 자리에 올랐다. 마지막으로 이들 가운데 가장 강한 권력을 지녔고 역사가 헤로도토스로 인해 유명해진 아닷-굽피(*Adad-guppi*)는 기원전 555년에서 539년까지 통치했던 나보니두스(*Nabonidus*)의 어머니이다. 이 여성은 나보폴라싸르(*Nabopolassar*), 네부카드네자르(*Nebuchadnezzar*), 네리글리싸르(*Neriglissar*) 같은 임금들을 섬긴 다음, 자기 아들이 왕위에 오르도록 하는 데 상당한 역할을 했다. 아닷-굽피는 아들이 등극하고 9년 동안 살았는데, 날카로운 지성과 법정에서의 경험을 바탕으로 상당한 영향력을 행사했던 것 같다.

이런 사례들에서 주목해야 할 것은 이 여성들이 능력과 기회 면에서 매우 비범했을 뿐만 아니라 쿠-바바를 제외하면 왕위에 있는 임금과의 관계를 통해서만, 곧 아내나 어머니로서 탁월함을 획득할 수 있었다는 점이다. 이런 기회는 일반 여성에게는 물론이고 왕비들에게도 모두 개방된 것은 아니었다. 그러므로 탁월한 여성을 인용할 수는 있어도 메소포타미아에서 성적 평등을 논할 수는 없다.

고대 이집트인의 삶과 그 사회에서 여성의 역할과 중요성은 널리 증언된다. 심지어 고왕국(기원전 2750-2250년) 시대에도 이집트의 여왕은 매우 어렵지만 스스로의 권위를 획득했다. 여성 왕족인 켄트-카우스(*Khent-kaus*)는 남자와 동등한 크기로 피라밋을 지으려고 경쟁했다. 또 페피 2세(*Pepi II*)의 어머니는 왕의 유년기 때에 나라를 통치했다. 물론 여성이 자신의 지배권을 가장 확실히 선언했던 특별한 예는 제 18왕조의 핫셉수트(*Hatshepsut*)로서, 그녀는 자신을 "임금"으로 선포하고 자신의 사후(死後) 신전을 '왕비의 계곡'이 아닌 '왕의 계곡'에 건설했다. 훗날 14세기 초반기인 아마르나 시대에 같은 왕조에서 아케나톤(*Akhenaton*)의 왕비 네페르티티(*Nefertiti*)와 그녀의 여섯 딸들(아들은 없었다)은 공공 생활에 참여한 자로서 예술 작품에서 매우 탁월하게 묘사됐다. 왕족뿐만 아니라 일반적으로 여성들은 재산을 소유하고 매매할 수 있었으며 법정에서 증언할 수 있었다. 물론 여성의 이 같은 권력 장악은 예외적인 경우였음을 인정해야 하지만, 이런 모든 것들을 볼 때 이집트의 상황이 가나안이나 메소포타미아보다는 약간이나마 좋았다고 할 수 있다.

제5장
야훼의 본성과 인간의 성

이스라엘의 하느님이신 야훼의 성과 성적인 역할에 대한 물음은 얼핏 논쟁의 여지가 많은 주제로 보인다. 성경 본문은 그 어디에서도 성적 상대에 대해서 이야기하지 않기 때문이다. 물론 기원전 6세기와 5세기에 나일강의 엘레판틴 섬에 살던 유다인들의 살짝 이단적인 공동체에서는 이런 가능성이 존재했을 수도 있다. 그러나 히브리 성경 그 자체는 이런 이성관계(異性關係)의 한 쪽을 맡았음을 절대 언급하지 않는다.

예루살렘 성전 내에 제의적 매춘 제도가 존재했기에(2열왕 23,7을 보라) 백성들이 야훼께서 천상에서 그런 쾌락을 즐기신다고 생각했을 가능성도 의심해 볼 수 있다. 실제로 천상과 지상의 상응성에 대한 이해에 기초한다면, 이런 제의적 활동은 야훼의 성과 필연적인 상관관계를 맺었을 것 같다. 다른 한편으로 성경은 건축술, 축제, 물건들, 관습들의 수많은 예를 기록해 놓았다. 이것들은 이스라엘의 제의 안에서 변형됐기에 이스라엘에 유입되기 전의 의미와는 전혀 다른 의미를 지니게 된다.

분명한 것은 야훼께서 풍산에 매우 깊이 관련되어 있다는 점이다. 씨 뿌리는 때와 거두는 때를 가장 중요한 시기로 정하고 계절의 규칙적인 흐름을 세운 분은 야훼셨다(창세 8,22). 임금의 잘못 때문에 백성에게 가뭄을 벌로 주신 분도 야훼셨다(2사무 21장; 1열왕 17장). 실제로 야훼께서는 수확물의 맏배를 봉헌 받았던 하느님이셨는데, 그 이유는 아마도 땅을 기름지게 하는 신이야말로 그 땅의 고유한 주인이었기 때문일 것이다(신명 26,1 이하). 풍산의 신으로서 야훼를 찬미한 시가운데 다음과 같은 것이 있다.

> 골짜기들에 샘을 터뜨리시니,
> 산과 산 사이로 흘러내려,
> 들짐승들이 모두 마시고,
> 들나귀들도 목마름을 풉니다.
> …
> 가축들을 위하여 풀이 나게 하시고,
> 사람들이 가꾸도록 나물을 돋게 하시어,
> 땅에서 빵을,
> 인간의 마음을 즐거게 하는 술을 얻게 하시고 … (시편 104,10-11. 14-15ㄱ).

'공급자'로서의 야훼의 역할은 현재적 실재일 뿐만 아니라 종말론적 희망이다. 가나안 신화에서 바알은 '죽음'과 '불모'의 신에게 해마다 먹히지만, 야훼께서는 히브리 성경의 종말론적 기대 안에서 모트/모투를 삼키실 것이다. 야훼께서 모든 백성들을 위하여 그분의 종말론적인 잔치를 베푸실 때 먹는 자와 먹히는 자의 역할이 이렇게 뒤바뀔 것이다(이사 25,6-8). 인류를 위해 여러 가지 은혜를 베푸시는 야훼께서는 한번에 그리고 영원히 비와 가뭄의 불확실한 순환을 종결지으실 것이다. 곧 "그분께서는 죽음(=모트)을 영원히 없애 버리시리라." 그러나 이제 모트/모투의 파괴는 풍산의 순환을 끝낼 뿐 아니라 인간의 죽음 또한 끝내는 것이다. 이사야 묵시론의 기자가 우가릿의 자료들을 알고 있었다는 사실은 이사 27,1에서 "레비아탄"을 인용했던 사실로 뒷받침된다(앞의 115-16쪽을 보라.).

야훼께서는 식물의 풍산과 동물을 먹여 살리는 일을 책임질 뿐 아니라, 인간의 임신과 출생에도 관계하신다. 아브라함과 사라가 아비멜렉에게 오누이라고 계략을 써서 말하는 이야기(창세 20,1-18)와 마침내 임신하여 사무엘을 낳는 한나의 이야기(1사무 1,5-6)에서 보이듯이, 태를 닫아 버려 임신을 막는 분은 야훼시다. 아기를 갖지 못하는 사람이 야훼께 접근하던 수단은 (메소포타미아처럼) 성행위와 관련된 주술적 실천, 또는 (우가릿처럼) 의례의 반복이나 희생제가 아니라 꾸준한 기도였다(1사무 1,9-18). 한나 이야기(1사무 1,19-20)와 레아와 라헬 이야기(창세 29,31-35; 30,22)에서 보이듯이, 야훼께서는 이 수단에 의해서만 태를 여신다. 그리고 그분은 미래에도 그렇게 하실 것이다(이사 66,9). 훨씬 더 근본적으로, 야훼께서는 태에서 이미 개인들을 만드셨고 백성의 지도자도 미리 임명하셨다(예레 1,5; 이사 49,1).

야훼께서는 필연적으로 풍산과 관계가 있고 그것을 책임지지만,

성적 상대가 있다고는 절대로 묘사되지 않는다. 이제 야훼와 관련되어 사용된 성적 본질에 대한 유비와 은유를 설명하고, 그것들이 고대 이스라엘의 신앙 안에서 가졌던 의미가 무엇인가를 연구하는 과제가 남았다. 더욱이 우리는 야훼와 인간의 성 사이의 관계에서 상응성의 관념이 어떤 역할을 하는지를 고려해 볼 필요가 있다.

아내의 남편으로서 야훼

결혼이라는 은유로 야훼와 이스라엘 사이의 관계를 표현한 첫 사람은 기원전 8세기의 예언자 호세아였다. 결혼의 모티프는 이 예언자의 선포 전체에서 매우 기본적인 것이었다. 따라서 야훼께서는 호세아에게 하신 최초의 말씀에서 결혼을 배신하는 용어들로 예언자의 사명을 보여 주신다.

> 호세아를 통하여 주님(=야훼)께서 하신 말씀의 시작. 주님(=야훼)께서 호세아에게 말씀하셨다. "너는 가서 창녀와 창녀의 자식들을 맞아들여라. 이 나라가 주님(=야훼)에게 등을 돌리고 마구 창녀 짓을 하기 때문이다." 호세아는 가서 디블라임의 딸 고메르를 아내로 맞아들였다. 그 여자가 임신하여 그에게 아들을 낳아 주자 …(호세 1,2-3)

가끔 매춘부로, 기껏해야 제의적 매춘부로 이해됐지만, 사실 이 부인은 가나안인들 가운데 일반적이던 신부 입문의례(rite of initiation)

에 참가한 그 당시의 이스라엘인이었을 것 같다.[1] 그러므로 분명히 그 부인은 "양다리를 걸치고 절뚝거릴"(1열왕 18,21) 이스라엘 백성을 대표한다. 곧 야훼를 향한 믿음과 실천, 그리고 바알을 향한 믿음과 실천 사이에서 이리저리 헤매는 자들이었다.

만일에 이 부인이 두 세계 전부를 소유하려는 이스라엘을 대표한다면, 호세아는 충실한 남편 야훼를 대표한다. 그러므로 호세아와 고메르의 결혼은 야훼께서 이스라엘과 맺으신 관계의 유비다. 호세아와 같은 시대에 아모스는 북이스라엘의 같은 일반 청중들에게 놀랍게도 비슷한 용어를 사용하여 야훼와 이스라엘이 맺은 배타적인 관계를 설명했다. "나는 이 땅의 모든 씨족 가운데에서 너희만 알았다"(아모 3,2). 그러나 호세아 자신과 아모스도 하느님과 이스라엘 간의 생식적 활동을 상상하지 않았음은 분명하다. 그들이 상상한 것은 유비로 전달되는 관계의 친밀함과 배타성이다. 후대에 또는 다른 예언자 집단에서 야훼와 이스라엘 사이의 이 관계는 "계약"(ברית)이라는 전문용어로 불리게 됐다.

이 결혼의 유비는 야훼께서 호세아에게 간음녀를 사랑해야 한다고 두 번째로 명령하셨을 때(호세 3,1 이하) 더욱 강력하고 심지어 충격적인 느낌을 전한다. 그녀는 아마도 고메르인듯 하지만 그 간음녀가 똑같은 부인, 즉 고메르를 의미하는지는 사실 분명치 않다. 독자들은 문맥으로 호세아와 결혼해서 아이들을 낳았으면서도 다른 남자와

1. 다음의 논의를 참고하라. Hans Walter Wolff, *Hosea*, trans. Gary Stansell (Philadelphia: Fortress Press, 1974), pp. 13-16.

함께 가출한 고메르를 생각하게 될 뿐이다. 호세아는—야훼의 명령에 복종하여—그녀의 애인에게서 그녀를 사서 집으로 데리고 오고 상호 충실함을 맹세한다. 이 본문에서 신명 24,1-4에서 규정된 율법을 거스른다는 점은 실로 충격적이다. 남자가 다른 사람에 의해서 순결을 빼앗긴 여자를 다시 데리고 오는 것은 금지됐다. 실제로 그런 행위는 야훼 앞에서 혐오스러운 짓으로 생각됐다. 호세아가 불충실한 이스라엘을 데려오는 유비로서 구체적인 그런 행동을 수행하도록 명령받았을 때, 호세아뿐만 아니라 야훼도 "혐오"의 저주를 무릅쓴 것이다. 하지만 이로써 깨진 결혼을 회복하기 위하여 하느님께서 무엇까지 무릅쓰실 수 있는 분인지가 드러났다.

호세아가 사용한 결혼의 유비는 분명히 그가 살았고 설교했던 사회의 관점에서 이해되어야 한다. 이스라엘의 북왕국에는 풍요로운 산과 계곡이 많았고 가나안의 토착 종교가 만연했다. 사람들이 할 일은 과수의 생장을 지켜 보고 그 감미로운 열매를 맛보는 것 뿐이었다. 그럼으로써 그곳은 풍산의 신이 최고의 주권으로 통치한다는 것을 알았다. 그 신은 바알이었다—우리가 그 지역의 초기 예언자 엘리야로부터 알듯이, 이스라엘의 일부 백성들은 심지어 그 신을 믿게 됐다.

호세아는 이 풍산의 땅에서 설교하면서 이스라엘의 백성에게 하느님과 맺은 결혼, 즉 가나안의 풍산의 계곡이 아니라 이집트의 모래땅과 석회석의 사막에서 맺어진 관계를 상기시키려고 노력했다 (12,10; 13,4-5; 2,16-17). 야훼께서 이스라엘의 하느님이 되시고 이스라엘이 야훼의 백성이 된 이집트 탈출은 자연에서가 아니라 역사에서, 순환의 양식을 따라서가 아니라 고유한 시간과 공간에 기초해서 이루어진 사건이었다.

동시에 호세아는 대중들이 과거 사건과 현재의 이익을 비교해서 생각하지 못함을 알았기에 동물들과 식물들의 세계로부터 얻은 수많은 표상들을 사용해서 야훼를 묘사했다. 야훼께서는 목자, 들새 사냥꾼, 사자, 표범, 암곰과 같다. 또한 놀랍게도 야훼께서는 이스라엘을 자라게 하고 피어나게 하는 "이슬" 같은 분이시고(14,5-6), 백성들에게 그늘과 열매를 주는 나무와 같은 분이시다(14,7-8). 이들 표상들은 모두 가나안 종교로부터 파생한 것이다. 이슬은 바알의 선물이고, 나무는 여신 아세라의 상징이다. 더구나 호세아는 이스라엘에게 "양식과 물, 양털과 아마 기름과 술을 주는" 분은 야훼이며 바알이 아니라고 분명하게 말한다(2,7).

이스라엘은 자신의 참된 공급자를 잊어버려 이제 이혼 법정의 피고인이 된다. 야훼께서는 간음한 이스라엘을 고발한다(2,2-13). 그 소송은 분명하다. 사막에서의 짧은 밀월(honeymoon) 기간이 지나고, 이스라엘은 다른 애인들과 매춘을 했다. 비록 이스라엘이 이 세상에서 야훼께서 "아시는" 유일한 민족, 즉 야훼와 친밀하게 지내 온 민족일지라도, 이스라엘은 "하느님을 아는 지식(=예지)"도 없고 사랑 안에서 어떤 신실함이나 충성심도 없는 민족이다. 그런 지식은 야훼께서 갈망하시는 것인데도 말이다(6,6).

호세아를 따라서 예레미야와 에제키엘도 야훼와 이스라엘의 관계를 결혼으로 묘사하고 이스라엘이 그 관계에 불충실했다고 말한다. 예레미야에게 신부의 충실하고도 헌신적 사랑은 광야 기간 하느님을 향한 백성의 태도를 묘사하는 것이다(2,2-3). 그러나 가나안 종교의 유혹과 접촉함으로써 신부는 만족할 줄 모르는 매춘부가 됐다(2,20-25; 3,1-5. 6-10). 그런 관계를 가장 감각적으로 묘사한 예언자는 에제키엘이다. 결혼 계약을 초래한 가장 친밀한 사건은 파괴됐다. 왜냐하면 이스라엘이 어떤 행인과 계속 놀아났기 때문이었다. 이미 고통스러운 분리를 체험했던 그 유배 중인 사람들에게 에제키엘은 야훼께서 용서와 화해를 약속하심을 선포했다(에제 20).

제2이사야는 야훼와 이스라엘과의 결혼을 바빌론 유배에서 구원을 상징하는 뚜렷한 모티프로 사용했다. 야훼께서는 잠시 이스라엘을 떠났고 소박맞은 부인처럼 내버려 두었지만, 그럼에도 그녀의 충실한 남편으로서 야훼의 역할은 그녀의 젊은 시절의 부끄러움을 잊어버리도록 할 것이다(이사 54,4-8). 그러므로 야훼께서 이스라엘이라 하는 부인의 남편이다. 야훼의 결혼 상대자는 또 하나의 다른 신이 아니라 한 백성이다. 그러므로 처음에 사막에서 알았고 야훼께서 여전히 열망하시는 친밀성은 절대 생식적 용어로서는 묘사되거나 서술될 수 없다. 오늘날의 많은 이들처럼 아마 가나안인들도 성이 결여된 친밀감은 이해하기 어려웠을 것이다. 하지만 이 사랑하는 행위는 성의 마술적 역할 또는 성의 신화론적인 역할이 아니라 오히려 충실성을 강조하는 것이다.

그럼에도 불구하고 히브리 성경은 야훼의 자손이라는 표상을 빠뜨리지 않는다.

아들의 어버이로서[2] 야훼

다양한 청중들에게 행하신 선포들에서 야훼께서는 이스라엘을 아들로 언급한다. 이 선포들 가운데 구약성경의 경전 안에서 맨 처음 나오는 것은 모세가 파라오에게로 나아가도록 지시받을 때이다.

> "그러면 너는 '주님(=야훼)께서 이렇게 말씀하십니다.' 하고 파라오에게 말하여라. '이스라엘은 나의 맏아들이다. 내가 너에게 내 아들을 내보내어 나를 예배하게 하라고 말했건만, 너는 거부하며 그를 내보내지 않았다. 그러니 이제 내가 너의 맏아들을 죽이겠다'"(탈출 4,22-23).

야훼와 이스라엘의 어버이-아들 관계는 이집트 탈출 시기에 탈출 사건보다 앞서 맺어졌다. 남편과 아내의 유비를 풍부하게 사용했던 예언자 호세아는 이와 매우 비슷한 모티프를 사용했다. 그는 이집트 탈출 사건을 야훼의 아들이 구원된 것으로 해석했다. "이스라엘이 아이였을 때에 나는 그를 사랑하여 나의 그 아들을 이집트에서 불러내었다"(호세 11,1).

이런 구절에서 이 어린이의 성은 분명히 남성이지만, 야훼의 성

---

2. 역주, 저자는 father나 mother 대신에 주의깊게 parent라는 표현을 사용한다. 그래서 우리말로 '어버이'로 옮겼다. 물론 '어버이'는 양친을 모두 이르는 말이지만 여기서는 '밭어버이' 등의 특수한 용례와 '임금과 어버이와 스승은 하나이다' 등의 오래되고 익숙한 표현에 기대어 단수의 의미로 쓴다.

은 분명치 않다. 야훼께서 남성 또는 여성이라고, 아니면 야훼께서는 어머니 또는 아버지라고 말하지 않는다. 이와 비슷하게, 어버이와 아들의 관계가 맺어지는 방법, 다시 말해 출산, 임신, 또는 입양 가운데 어떤 것도 분명히 설명되지 않는다. 여기서 논점은 단 하나다. 야훼와 이스라엘의 관계는 구원의 동기인가? 또는 그 결과인가?

이제 하느님과 백성의 관계를 아버지와 어머니의 역할과 관련된 표상으로 언급하는 다른 본문들을 연구해야 할 것이다.

이스라엘이라는 아들의 아버지로서 야훼

이스라엘과의 관계에서 분명히 '아버지'라는 말을 사용하여 야훼를 묘사한 사람은 예레미야이다. 호세아와 같이 북부 전승에 깊이 젖은 예레미야는 임박한 유다의 파괴를 백성들의 불충실에 대한 하느님의 심판으로 해석하고, 그의 소명보다 1세기 앞서 있었던 북부의 몰락도 그렇게 해석했다. 이스라엘과 유다는 많은 매춘부 애인들과 놀아남으로써 결혼 서약을 깨뜨렸다(2,2-3, 그리고 2,20-3,4; 3,9. 20). 그러나 동시에 이스라엘에 대한 야훼의 애끓는 마음은 아들에게 희망을 지닌 '아버지'의 마음이다.

> "나는 너를 어떻게
> 나의 아들들 가운데 하나로 내세워
> 탐스러운 땅, 뭇 민족 가운데에서 가장 아름다운 상속 재산을
> 너에게 줄 수 있을까 하고 생각했다.
> 나는 너희가 나를 '저의 아버지'라 하고

나를 따르던 길에서 돌아서지 않을 것이라고 생각했다"(예레 3,19)

아아! 그러나 그 백성은 믿음 없는 아이들이 되어 아버지한테서 떠나고 말았다.

그러나 아버지와 아들의 인연은 불순종에 의해서도 끊어질 수 없는 것이다. 어버이-아들의 유비가 옛날 이집트로부터의 탈출에 바탕이 됐고, 그 관계 자체는 야훼께서 유배로부터 이스라엘을 구원하시는 모티프로 기능한다.

"내가 이제 그들을 북녘 땅에서 데려오고
땅 끝에서 모아들이리라.
…
나는 이스라엘의 아버지가 됐고
에프라임은 나의 맏아들이기 때문이다"(예레 31,8-9).

다른 곳에서도 야훼께서는 역시 이스라엘에게 아버지처럼 행동하시는 분, 특히 그를 단련시키기 위해서 아들을 훈련시키는 분으로 묘사된다. 광야 기간에 야훼께서는 이스라엘을 시험했고 겸손하게 하셨다. "너희는 마치 사람이 자기 아들을 단련시키듯, 주(=야훼) 너희 하느님께서 너희를 단련시키신다는 것을 마음 깊이 알아 두어야 한다"(신명 8,5). 이런 능력으로 야훼께서는 지혜 교사처럼 그리고 자식을 교육시키는 아버지처럼 기능하셨다.

"내 아들아, 주님(=야훼)의 교훈을 물리치지 말고
그분의 훈계를 언짢게 여기지 마라.
아버지가 아끼는 아들을 꾸짖듯
주님(=야훼)께서는 사랑하시는 이를 꾸짖으신다"(잠언 3,11-12).

그러므로 야훼께서는 지혜 교사의 기능을 수행하실 때 아버지와 비교되시고, 노예 신분으로부터 당신의 백성을 해방하는 임금으로서 행하실 때 아버지라 불리우신다. 두 경우 모두 신의 성(gender)보다는 하느님이 행하시는 역할이 유비의 용법을 결정한다.

다윗 왕조 임금들의 아버지로서 야훼

2사무 7장에 보고된 나탄의 신탁에 따르면 예루살렘에서 즉위한 다윗 임금의 계승자는 야훼와 특별한 관계를 맺는다. 야훼께서는 다윗 왕조를 영원히 지속시키겠다는 신적 약속에 따라 솔로몬과 다른 이들에게 이렇게 말씀하신다. 이 말씀이 약속의 본질적인 요소다. "나는 그의 아버지가 되고 그는 나의 아들이 될 것이다"(14절).

하느님과 임금의 이 신화적인 관계는 의례에서 실현된다. 임금시편인 시편 2편은 다윗 왕조의 왕권 계승자가 왕위에 오를 때 예루살렘에서 행해진 대관식의 의식을 묘사한다. 여러 가지 고정된 표상들 가운데에는 야훼께서 (사제를 통하여?) 선언하시는 말씀이 있다.

"너는 내 아들,
오늘 내가 너를 낳았노라"(7절).

시간을 가리키는 "오늘"이라는 말은 하느님과의 관계가 출생 때에 세워진 것이 아니라는 것을 가리킨다. 오히려 즉위하는 날에 "너는 나의 아들"이라는 법적 정식을 사용함으로써 야훼께서는 임금을 양자로 삼으신다. 비록 장자권이 왕의 계승을 결정했을지라도, 예루살렘의 통치자는 신적 존재가 아니었다. 야훼께서 다윗 자신과 세우셨던 직무와 왕조에 기초하여, 하느님은 그들을 양자로 삼으셨다.

시편 89편에서는 바다를 꺾으신 야훼의 신화론적인 승리가 다윗의 계약을 위한 신학적인 근거를 제공한다. 이 시편에서 야훼께서는 성난 바다를 잠잠케 하셨듯이 기름 부음 받은 자(=메시아)의 손을 바다 위에 놓으실 것이라고 약속하신다(10-11절, 26절). 이 태초의 권능이 다양한 적을 무찌르는 임금에게 이전됨으로써, 임금은 "당신은 저의 아버지 저의 하느님, 제 구원의 바위이십니다"(27절)고 노래할 것이다. 이에 대해 야훼께서는 다른 모든 사람들 위에 이 임금을 들어 높이실 것이다. "나도 그를 맏아들로, 세상 임금들 가운데 으뜸으로 세우리라"(28절). 그러므로 다윗 왕조의 통치자가 예루살렘 왕위에 핵심적인 "아버지"라는 명칭을 사용하는 것은 구원과 적을 무찌르는 권능이다. 그는 전사의 역할을 하며 "아버지" 표상을 대를 이어 사용한다.

다윗 왕조의 임금을 "맏아들"로 삼는다는 야훼의 약속은 흥미로운 딜레마를 낳는다. 앞서 우리는 야훼의 큰아들이 이스라엘이었음을 보았다. 결국 이런 관계가 이집트로부터(탈출 4,22-23), 그리고 유배로부터(예레 31,9) 백성을 구원시키는 동기였다. 그런데 어떻게 야훼께서 두 명의 큰아들을 가질 수가 있는가? 심지어 쌍동이의 탄생에서 조차도 뱃속에서 먼저 나온 아이를 결정해야 하지 않는가(창세 25,22-26)? 물론 가장 간단한 해결책은 상이한 전승들이 뒤섞였음을 인정하는 것이다. 더욱이 "에프라임"이 예레 31,9에서 야훼의 첫아들이었으므로, 옛 지파 전승을 강조하는 북왕국은 스스로를 야훼께서 이집트로부터 데려온 공동체라고 생각했을 만하다. 이와 대조적으로 남왕국에서는 이집트 탈출 전승이 중심적 지위를 차지하지 못하고 다윗과 예루살렘 전승들이 우세했던 것 같다. 그러므로 예레미야가 새로운 이집트 탈출을 언급하며 사용한 옛 북부 전승들이 맏아들은 백성이라고 주장한 반면, 예루살렘에서는 다윗 왕조의 임금들이 그런 명예로운 지위를 차지했다.

여전히 두 개의 전승들이 히브리 성경 안에서 발견되지만 그것은 첫아들이 둘이 아니라 하나라고 주장하기 위해서 존재한다. 다윗 왕조의 임금은 하느님의 아들로서 백성의 대표자이다. 하느님의 아들이라는 명칭은 대관식 날에 임금에게 부여된다. 그런데 그 명예는 나머지 이스라엘 백성들로부터 그를 분리시키지 않고, 임금과 백성들이 주체로서 함께 야훼와 관계맺는 것으로서 백성과 임금을 동일시하는 것이다. 이런 이해는 이집트에서 왕조를 계승하는 각각의 임금이 스스로를 민-호루스 신에서 성적 역할을 완전히 제거한 것이다. 임금과 백성과 관련하여 야훼를 '아버지'로 규정하는 것은 성과 출산이라기보다는 보호와 구원의 역할이다.

아들의 어머니로서 야훼

고대 이스라엘인들이 보호와 교육이라는 전통적인 남성의 역할로서 야훼를 '아버지'로서 언급했다면, 어머니와 관련된 다양한 표상들을 통해 신의 동정과 자비 역할이 전달된다. 여성적 표상의 특징은 다양한 감정들이 인체의 특정한 기관에 기초하고 있다는 믿음과 관련되어 있다. 간은 기쁨의 자리였다. 간이 터져 흘러 나올 때 인간은 슬퍼한다(애가 2,11). 신장은 의식의 자리였고(시편 16,7), 심장은 지성과 마음의 중심이었다(잠언 16,9). 그러므로 생리학보다는 심리학적으로 내부 장기들에 관심을 두는 사회에서 "자비"가 여성의 해부학적 기관, 곧 "자궁"(רחם, '레헴')과 연관된 것은 일관성이 있다.

예레미야는 야훼께서 에프라임의 '아버지'이므로 유배로부터의 구원을 약속하신다고 말했다(예레 31,9). 같은 예언서의 같은 장에서 예언자는 그 둘 사이에서 사랑과 친밀함의 관계를 뒷받침해 주는 여성적 표상을 사용했다.

> "에프라임은 나에게 귀한 자식이요
> 귀여운 자식이 아니던가!
> 그에 대해 이야기할 때마다
> 더욱 그가 생각난다.
> 그러니 내 마음이 그를 가없이 여기고
> 그를 몹시도 가여워하지(רחם, '라헴') 않을 수 없다.
> 주님(=야훼)의 말씀이다"(예레 31,20).

기원전 6세기 바빌론 유배 기간에 제2이사야는 야훼를 어머니에 비교했다. 내버려져 고통을 겪던 이스라엘에게 야훼께서는 이렇게 확신을 주신다. "여인이 제 젖먹이를 잊을 수 있느냐? 제 몸에서 난 아기를 가엾이 여기지 않을 수 있느냐?"(이사 49,15) 그 전에도 이 예언자는 야훼께서 문득 이스라엘의 유배를 끝내시리라는 급격한 변화를 출산하는 여인의 고통과 관련시켰다. 마치 오랜 임신 기간이 끝나고 갑자기 해산의 진통이 터지듯이 야훼께서는 이스라엘의 곤경에 대해 침묵하시다가 갑자기 구원과 회복의 행위로 돌입하신다(이사 42,14).

하느님께서 욥에게 하신 일련의 수사학적 질문이 있다. 인간의 한계를 훨씬 뛰어넘는, 헤아릴 수 없는 자신의 힘을 증명하신 물음 안에서 하느님은 자연의 아버지와 어머니로서 나타나신다.

> "비에게 아버지가 있느냐?
> 또 누가 이슬방울들을 낳았느냐?
> 누구의 모태에서 얼음이 나왔느냐?
> 또 하늘의 서리는 누가 낳았느냐?"(욥기 38,28-29)

하느님을 이슬, 얼음, 서리를 낳은 분으로서 묘사한 것은 그분을 '어머니의 특성'(Mother Nature)으로 설명하는 것이다. 그런데 동일한 명백한 여성적 행위가 야훼를 이스라엘의 어머니로 묘사한다. 모세의 노래의 기자는 이스라엘(여수룬)에게 들려준 다음의 말에서 백성들의 배신을 묘사한다. "너희를 낳으신 바위를 무시하고 너희를 세상에 내신 하느님을 잊어버렸다"(신명 32,18).

광야에서 자기 백성을 책임진 모세는 야훼의 분노에 대해서 대담하게 자기 자신을 방어했다. "제가 이 온 백성을 배기라도 하였습니까? 제가 그들을 낳기라도 하였습니까? 그런데 어째서 당신께서는 그들 조상들에게 맹세하신 땅으로, 유모가 젖먹이를 안고 가듯, 그들을 제 품에 안고 가라 하십니까?"(민수 11,12). 그 의미인즉 이스라엘을 잉태하고 그들을 데려 내온 사람은 모세가 아니고 야훼라는 것이다. 따라서 그 백성을 먹여 살릴 책임이 있는 분은 야훼시다.

야훼께서는 이스라엘뿐만 아니라 다윗 왕조 임금들의 '아버지'로 묘사됐다. 그런데 야훼께서 이스라엘을 잉태하여 출산했고 게다가 '신적 어머니'로서 메시아의 즉위식에 다스리실 메시아를 낳는다는 것에 놀랄 필요는 없다. 시편 2,7에서 야훼께서는 임금의 즉위를 선포하면서 "너는 내 아들"이라는 합법적 정식을 통해서 임금을 입양하고, 그 즉시 어머니로서 "내가 오늘 너를 낳았노라"고 말씀하신다. 야훼를 성인 남성으로 생각한다면, 이 정식은 문자 그대로는 절대 채택될 수 없는 것이다. 그것은 위에서 언급된 유비처럼 야훼와 다윗 왕조의 임금이 맺는 관계를 묘사하는 하나의 수단이다. 남자가 아이를 낳는 것을 이해할 수는 없지만(예레 30,6), 여기서 중요하게 관찰해야 하는 것은 야훼의 성이 아니라 그 관계의 기능이다.

위에서 인용된 어버이의 유비들과 표상들은 동식물 세계에서 가져 온 많은 표상들처럼 하느님이 세상과 그리고 인간과 관계를 맺으시는 방식들을 묘사한다. 하느님은 여성도 남성도 아니시지만, 야훼께서는 고대 이스라엘 사회가 남성과 여성에게, 그리고 아버지와 어머니에게 부여한 다양한 기능과 역할을 수행하신다. 같은 사회에서, 심지어 그 사회의 동일한 문학적 단편들 안에서조차 하느님은 아버지요 어머니로서 묘사되신다는 것은 인간과 관계 맺는 방식으로서 "하느님의 모상"을 생각하도록 한다.

인간의 성과 야훼의 관계

이스라엘의 이웃들이 지닌 신들의 성과 성행위는 인간의 성행위와 직접적으로 관계된다. 메소포타미아 임금은 신의 편에서 성적 역할을 수행했고, 이집트의 신은 파라오의 성행위 안에서 육화하며, 천상의 환희에 상응하는 가나안의 신성한 매춘은 지상과 인간의 풍산을 보장하는 수단이었다. 그러면 만일 야훼께서 이스라엘과 친근하지만 생식적인 분이 아니라면, 만일 이스라엘의 하느님이 성적인 상대를 지니지 않고 단지 성적 은유만으로 표현된다면, 인간의 성에 대해서는 무엇을 말할 수 있을까?

출산의 역할: 창세 1,27-28

사제계의 창조 이야기 안에서 아주 많이 논의된 시는 하느님의 무성(無性: asexuality)과 인간의 성행위 모두를 강조한다. 다양한 구성 요소가 사용된 동의 병행법 안에서 관계는 심화된다.

하느님께서는 이렇게 당신의 모습으로 사람을 창조하셨다.

하느님의 모습으로 사람을 창조하시되
남자와 여자로 그들을 창조하셨다(창세 1,27).

"창조하셨다"는 동사는 세 행에서 모두 나타난다. 1행의 "하느님"과 2행과 3행의 주어 "그분"은 동의적 요소다. 이 동사의 목적어인 1행과 2행의 "사람"은 3행의 "그들을"에 병행한다. 그리고 남은 요소들, 곧 "당신의 모습으로", "하느님의 모습으로", 그리고 "남자와 여자로"도 동의적 병행한다. 사제계가 하느님의 모상을 양성(兩性)으로서 묘사한 것은 위에서 논의한 아버지와 어머니의 유비들과 완전히 일치한다. 하느님은 남성도 여성도 아니시지만, 하느님은 두 성의 성적 역할의 용어를 사용해서 인간적으로 이해되고 묘사된다. 세상의 창조주로서의 하느님의 역할은 남성과 여성에게 부여된 역할들을 언급함으로써, 즉 다음과 같이 인간적인 방법으로 전달된다. "자식을 낳고 번성하여 땅을 가득 채우고 지배하여라"(28절). 게다가 남성과 여성의 용어로 서술된 이 신적 모상은 인간을 제외한 전체 피조물에 대한 지배권, 즉 모든 살아 있는 것들을 다스리는 임금과 여왕의 지배권을 행사하는 것이다. 또한 이 기능으로 말미암아 하느님에 대한 어떤 것이 인간적 수준에서 알려지고 전달된다.

창세 1,1-2,4ㄱ의 창조이야기는 인간의 성을 확립하기 위해서가 아니라, 기원전 6세기에 바빌론에 유배 중인 사람들에게 하느님의 창조 축복을 말하기 위해 쓰였다. 즉 바빌론에서 인구가 줄어서는 안 된다, 늘어나라, 그래서 우주를 다스리시는 살아 계신 하느님을 증언하라는 말이다(예레 29,6). 히브리 신학자들이 성과 성적 역할을 논했던 자리는 바로 이 희망의 선포였다. 자손의 축복은 남성과 여성의 성교와 떨어질 수 없으므로, 성행위는 창조주가 모든 피조물에 역할을 부여할 때, 즉 창조 그 자체 때 하느님이 정해주시고 축복하신 것이다. 하느님은 당신이 하신 일을 보시고, 심지어 남성과 여성의 성적 본성을 보시고 나서 "좋다!"(טוב)라고 승인하셨다.

히브리 성경의 하느님은 당신의 성을 필요로 하지 않는다. 성적 상대가 전혀 존재하지 않은 채, 신적 자아 안에 남성과 여성의 역할을 모두 품으시면서 하느님은 인간과 동물의 피조물에게 성이라는 선물을 주셨다. 인간이 책임성 있게 창조 사업에 동참하고 청지기로서 세상을 통치할 때, 하느님 모상은 세상에 드러나 인간에게 이해된다.

남성과 여성의 상호 친밀성: 창세 2,18-25

창세 1장에서 남자와 여자를 동시에 창조하시고 양성에게 책임을 주셨기에, 남성과 여성의 평등이란 하느님이 세우신 우주 질서의 한 부분이다. 얼핏 보기에 이런 파트너십은 창세 2장의 기자에게는 알려지지 않았던 것 같다. 그래서 때때로 야훠스트에게는 남성 국수주의자라는 명칭이 붙여졌다. 첫째로 남성과 여성의 창조를 순서대로 묘사하는데, 남성이 먼저 출현했다고 묘사한다. 둘째로 야훠스트는 여성을 남성의 "협력자"로 묘사한다.

남성과 여성의 순서를 해석하기 위해서는 앞선 이야기(창세 1장)에서 창조 주간의 마지막 날, 즉 여섯째 날로 갈수록 더 높은 수준의 생명체가 창조됐다는 사실을 상기해야만 한다. 그러므로 야훠스트의 순서를 바탕으로 남성의 우월성을 주장할 수는 없다. 실제로 에덴 동산에서 거니는 짝 없는 남자를 지켜 보신 야훼께서는 남자가 여성 없이 지내는 것은 "좋지 않다"(לא-טוב)고 결정하셨다. 그래서 태초에 맺어진 최초의 인간 관계는 이성애적 교제이다.

여성을 묘사하는 히브리어를 문자 그대로 옮기자면 "그의 협력자로"(כנגדו, 창세 2,18, 20)이다. 여기서 히브리어 "네그도"(נגדו)는 단지 "그의 협력자"를 의미할 뿐, 절대로 여성이 남성보다 열등하다든지 심지어 남성에게 종속된다는 것을 의미하지 않는다. 또한 "도와주다"란 의미인 히브리어(עזר)는 성경의 다른 곳에서 오직 야훼께만 사용된다. 야훼께서는 도움의 원천(시편 20,2; 121,1-2; 124,8)이시고 야훼 자신이 도움이시다(탈출 18,4; 신명 33,7; 시편 33,20; 70,6; 115,9-11). 이 말은 도움보다는 힘을 의미하는 우가릿어(*ǵzr*)와 관계된다. 그러므로 창세 2장에서 여성과 갈빗대로부터 여성을 형성한 남성은 최소한 동등한 존재다.

남성이 "깊은 잠"에서 깨어났을 때, 그는 야훼께서 주신 피조물을 보고 깜짝 놀랐다. 짝을 지니게 됨으로써 구원된 그 남성의 기쁨을 표현한 시가 이어지고, 둘은 서로에게 육체적으로 친밀한 매력을 느끼고 이 이야기는 끝난다. 남성과 여성이라는 그들의 관계에서, 그들의 성행위에서, 그리고 그들의 완벽한 협력 안에서 '그들은 한 몸이 됐다'. 그들의 결합에서 배타성은 본질적인 것이었다. 남자는 인간적 관계, 심지어 부모와의 관계도 저버려야 한다. 그것은 이스라엘이 야훼께 굳게 결합하도록 지속적으로 교육받은 대로, '아내와 결합하기' 위해서였다. 그들의 훌륭한 벌거벗은 육체는 완벽히 자연스러운 것이었다. 왜냐하면 그들은 아직 불신하거나 속이거나 서로에 대해 죄를 뒤집어 씌우거나 오만하게 되지 않았기 때문이다. 남자와 여자는 알몸이면서도 부끄러운 줄을 몰랐다.

창세 1장이 자손을 출산하는 의미로만 인간의 성을 묘사했다면, 창세 2장은 쾌락과 아름다움을 실천하는 것으로서 성을 묘사한다. 그리고 이렇게 야훼의 낙원 이야기는 인간의 성이 지닌 기쁨을 확언하는 것과 따로 떨어지지 않았다.

남성과 여성의 상호 친밀성: 아가

전통적으로 아가서는 예수와 교회의 관계에 대한 유비로서 해석했지만, 이제 이 노래는 남자와 여자 사이의 로맨스를 생생하게 묘사하는 사랑 노래, 또는 사랑 노래의 모음집으로서 그 원래의 기능을 회복해야 한다. 이 노래의 사랑을 한마디로 말하면 바로 '에로스'이다. 상대의 신체 일부에서 쾌감을 얻고 남성과 여성이 나눌 수 있는 아름다운 육체적 애정을 칭송하는 성적인 사랑이다. 이스라엘의 이웃 문학의 많은 사랑와 비슷한 이 노래는 성을 논하는 우리에게 특별한 관심을 끈다.

(1) 성적인 사랑이란 어색하지 않고 분명히 좋은 것이다. 결국 남성과 여성 사이의 전체적인 사랑의 관계는 삶의 기쁨에 참여함으로써 "화평"(샬롬, שלום), 완전성, 그리고 전체성을 낳는다(아가 8,10 참조).

(2) 성교는 절대 출산만을 위해서 계획되지 않는다. 여기서는 자손의 출산보다 침대의 즐거움이 시인의 관심을 지배한다. 더구나 이 노래에서 남성과 여성이 결혼한다는 것조차 분명하지 않다.

(3) 여성은 남성의 쾌락을 위한 수단으로서 봉사하는 수동적인 행위자가 절대 아니다. 오히려 여성은 잠자리에서 최소한 남자만큼 주도적이고 그 쾌락을 똑같이 즐긴다. 그러므로 여성은 성에서 남성의 짝, 즉 "그의 상대자"이다.

창세 2장과 솔로몬의 노래(=아가)는 둘 다 남성과 여성의 평등과 인간 성의 자연적인 아름다움을 증언한다. 인간의 성은 천상의 활동과 일치할 필요가 없고, 남성과 여성에게 함께 주어진 하느님의 선물이다. 사랑에 빠지는 것이 무엇인지 충분히 잘 아시는 야훼께서는(호세 1-3장) 그 즐거움을 신(神) 체험보다 훨씬 더 확장시켜서 성행위까지 포함하신다.

왜곡된 협력 관계

야휘스트에 따르면 야훼께서 맺으신 아름다운 관계는 인간의 첫 번째 결정에 의해 근본적으로 뒤틀려 버렸다. 야훼께서 활동하실 때는 "샬롬"(שלום)이 낙원을 지배했다. 그러나 남성과 여성이 금지된 과일을 먹기로 의식적인 결정을 내리자 모든 것이 변했다. 절대적인 자유의 추구 때문에, 즉 모든 것을 경험하려 하고 신처럼 되기를 추구했기 때문에, 하느님께서 성 안에 만들어 두신 평등과 자연스러움이 전복됐다.

과일나무에서 행한 그녀의 행위로 말미암아 여성은 출산 때 고통을 겪어야 하고, 남편과의 관계에서 남성의 지배와 권위로 순화되어야 한다. 더욱이 그녀는 자기 남편을 갈망하지만, 남편이 그녀를 갈망하는지에 대해서는 아무 말도 없다(창세 3,16). 그러므로 야휘스트의 시대에는 너무도 분명했던 성적인 위계질서는 하느님께서 주신 낙원에서 첫 인간이 반역함으로써 비롯된 것이다. 인간은 땅과의 관계가 깨어지는 고통을 당한다. 그는 더 이상 땅을 경작할 수도 지킬 수도 없고 거기에서 나는 생산물도 먹지 못할 것이다. 이제 그런 일을 하는 것은 헛되다(3,17-19). 따라서 이렇게 두 성을 구분하는 구도에서 오직 여성만이 벌의 고통을 받지만, 여성이 평등을 상실함으로써 남성은 이 협력 관계가 창조하기로 되어 있는 "샬롬"(שלום)을 상실했다.

이러한 뒤틀린 관계는 실로 많은 결과를 낳았다. 야훼에 대한 서원을 규정한 곳에서도 불평등은 노골적이다. 남자는 자신이 서원한 것에 책임을 지지만, 여성의 서원은 남자의 재량에 종속된다(민수 30,1-16). 이런 율법은 여성이 자기가 한 말에 대해서 책임을 질 수 없음을 의미한다. 그러나 성의 문제에 대해서는 여성은 자신이 행하는 것에 대해 완전한 책임을 지지만, 남성들에 대한 태도는 그저 "남자들이란 뭐 다 그래" 식이다. 예민한 젊은 남성들은 여성에게서 나오는 악을 항상 피해야 한다(잠언 5,3-8; 6,24-26). 더욱이 지혜 교사들은 이웃의 부인과 간음한 남자에게 불명예와 치욕을 약속했지만(잠언 6,29-35), 그 법에 따르면 불충실한 부인은 죽음의 벌을 받아야 한다(민수 5,11-31). 여성의 혼전 순결은 문자 그대로 여성에게 가장 중요한 것이지만, 남성의 같은 상태에 대해서는 아무 말도 없다(신명 22,13-21; 또한 창세 19,8을 보라). 분명히 간음하다 잡힌 남녀를 똑같이 벌주는 사례가 있긴 하지만(신명 22,22-24), 일반적으로 성적 범죄를 책임지고 벌을 받는 자는 여성이었다.

현재 성경의 문맥을 따르면, 모든 법적이고 문화적인 상황은 인간이 맨 처음에 결정을 내린 그 동산에서의 행동으로부터 신학적으로 도출된 것이다. 하느님이 세우신 성적 평등은 인간의 행위로 말미암아 불평등으로 변했고, 무성(無性)의 하느님이 주신 성의 우아한 선물은 내던져졌다. 그곳에선 사랑 대신에 욕망이, 나눔 대신에 속임이, 서로 간의 자연스러운 매력 대신에 부끄러움이 자리잡게 됐다.

제6장
하느님, 하느님의 아들, 그리고 성적 평등의 회복

하느님의 아기가 남성으로 육화했다는 것, 그리고 이와 관련된 하느님과 인간들의 성에 대한 문제들만큼 오늘날의 우리를 흥분시키는 주제는 아마 없을 것이다. 예수는 “하느님이시다.” 그리고 하느님은 당신의 모습에 따라 예수를 만들었기 때문에, 이 아들은 남성신을 대표해야 한다고 주장하는 사람들이 있다. 더구나 예수님 스스로 하느님을 “아버지”라고 불렀기 때문에, 우리의 신은 남성으로 묘사되어야만 한다는 것이다. 여성 해방 운동의 대변인들은 오랜 세월에 걸친 이런 유형의 논증이 인간성보다는 오히려 남성성을 공고화시키는 데로 귀결되어 왔다고 주장했다. 이런 결과들에 대응하기 위해서 예수를 ‘자식’으로, 하느님을 ‘어버이’로 언급해야 한다고 제안했다. 이런 과정을 통하여 특히 바오로 저술들의 핵심적인 구절들에 대한 잘못된 해석들 가운데 일부를 바로잡을 수 있을 것이고, 남성과 여성간의 성적 평등이 실현될 수 있을 것이다.

신약성경에 나타나는 이 주제는 고대근동의 신화들과 히브리 성경에서 나타나는 성에 대한 연구에 바탕해서 검토되어야 한다. 그러나 필자는 서로 다른 영역에서 기원한 상이한 주제를 연구하다가 역사적 인물인 예수의 특수성과 그분의 신원에 대한 선포를 모호하게 만들어서는 안된다고 생각한다.

신약성경에 나타난 하느님의 성

신약성경의 증인들은 하느님의 창조적인 역할과 풍산과 관련된 활동에 대해서 히브리 성경의 증인들만큼 확실하게 강조하지 않는다. 혹자는 "구약성경"이 예수님과 초대 교회의 성경이었기 때문에 이런 강조점들을 반복할 필요가 없었고, 특히 예수의 신성과 하느님이 그분의 삶과 죽음과 부활을 통하여 성취한 결과들을 선포하는 것이 새로운 관심사였던 상황에서는 더욱 그러했을 것이라고 주장할 수 있을 것이다.

그럼에도 신약성경은 하느님께서 자연과 풍산에 관심을 두신다는 증언을 빠뜨리지 않았다. 하느님 나라에 대한 예수의 비유들 안에서 하느님은 때때로 씨뿌리는 자, 포도원 주인, 또는 땅주인으로서 묘사된다. 공중의 새를 먹이시고 들판의 풀을 옷 입히시는 하느님에 대한 이야기가 더 적절한 예가 될 것이다. Q 자료에 나와있는 이 이야기는 인간의 걱정을 덜어 주려는 의도에서 발설된 것이다(마태 6,25-33; 루카 12,22-31). 여기서 생명을 유지하는 데 필요한 것을 제공하시는 하느님의 역할은 앞에서 기원전 3천 년 전부터 히브리 성경 전체를 통해서 추적한 전승의 연장이다.

더욱이 신들은 인간의 임신을 통제하므로, 인간은 임신하기 위해서 다양한 방식으로—주술이나 희생제, 또는 기도를 통해서—그런 신들을 설득해야만 했다. 신약성경의 하느님도 인간의 태를 여신다. 아브라함과 사라가 인간의 능력이 미치는 한계를 넘어서 있을 때 하느님이 이들을 위해서 해주신 것처럼(창세 17,17; 18,11), 비슷한 처지에 있던 즈카르야와 엘리사벳에게도 자녀의 기쁨을 체험할 수 있게 해주셨다(루카 1,5-25).

무엇보다도 가장 놀라운 점은 예수가 태어나실 때 하느님이 행하셨던 역할이다. 마르코 복음에 따르면 예수는 세례를 받으실 때에 '하느님의 아들'로 인정됐다(마르 1,11). 이 선언은 하느님이 다윗 왕조의 임금이 즉위하는 날 선언하시는 것(시편 2,7)과 매우 유사하고, 예수가 하느님의 아들이 되신 것과 입양 정식을 연결시키는 것 같다. 그렇지만 마태오와 루카에게 예수의 신원을 설명해 주는 것으로 이런 입양의 의미는 충분하지 않았다. 그래서 이 복음서 기자들은 예수의 신성이 기원한 때를 마리아가 잉태한 시기로 거슬러 올려 놓았다. 마리아의 남편이 될 요셉은 그 잉태에 책임이 없었으므로(마태 1,18-25; 루카 1,34) 마리아의 잉태와 관련하여 하느님의 성에 관한 문제가 제기될 수밖에 없다.

마태오의 설명에 따르면 마리아는 "성령으로 말미암아 잉태한 사실이 드러났다"(마태 1,18. 또한 20절도 참고). 그녀와 약혼한 요셉은 조용하게 그녀와 파혼하기로 마음먹었다. 그러나 꿈에 주님의 천사가 나타나 마리아의 동정을 확인시켜 주었다. 마태오 복음서 기자는 어떤 이야기를 완성하기 위해 여러 독립적 구절들을 덧붙이곤 했는데, 여기서도 처녀가 아이를 낳으리라는 이사 7,14을 인용하며 그 말씀이 이제 이루어졌다고 이야기를 완성한다(여기서 기원전 735년에 젊은 여자가 임신하는 이야기를 역사적으로 대조할 필요는 없을 것이다.). 그러므로 마태오 복음서는 첫머리에서 인간 예수의 신적인 기원을 설명한다. 예수의 잉태는 인간적 행동의 결과가 아니라 성령께서 하신 일이었다.

루카는 예수의 잉태를 전혀 다른 양식으로 설명한다. 여기서는 하느님이 성적으로 연관되어 있다고 할 수 있는 가능성이 존재하고, 이런 가능성은 하느님이 실제로 남성임을 분명하게 드러내 준다고 생각된다. 가브리엘 천사가 마리아에게 아들을 잉태하여 예수를 낳을 것이라고 알려주자, 그녀는 다음과 같이 당황하며 자신의 동정을 주장한다. “제가 남자를 알지 못하는데 어떻게 그런 일이 있을 수 있겠습니까?”(루카 1,34) 언뜻 보기에 천사가 한 다음과 같은 응답은 신의 성행위를 시사하는 것으로 생각된다. “성령께서 너에게 내려오시고 지극히 높으신 분의 힘이 너를 덮을 것이다”(35ㄱ절). 여기서 사용된 어휘들은 특별히 검토해 볼 만한 중요한 것들이다. 왜냐하면 루카는 특별히 유년기 이야기에서 70인역의 용어를 즐겨 사용하기 때문이다. 만일 “내려오다”(ἐπελεύσεται)라든가 “감싸다”(ἐπισκιάσει)라는 동사가 70인역에서 성관계를 표현한다면, 성경에서 처음으로 하느님은 성적 상대와 생식적 관계를 맺으시는 것이다. 하지만 70인역에서 일반적으로 성교를 나타내는 그리스어는 εἰσέρχεται(히브리어로 בוא, 즉 ‘들어가다’)이고, 이 “내려오다”(ἐπελεύσεται)는 전혀 그런 식으로 사용되지 않는다. 하지만 흥미롭게도 루카의 이 용어는 이사 32,15에서 영과 관련해서 등장하는데, 이 동사의 효과는 땅의 풍산이다. 역시 “감싸다”(ἐπισκιάσει)라는 동사도 70인역에서는 성과 관련된 맥락에서 사용되지 않는다. 이와 관련하여 탈출 40,35에서 가장 흥미로운 예를 찾아볼 수 있다. 여기서는 “구름이 만남의 장막을 ‘감싸고 있었다.’”는 말이 이스라엘 백성이 시나이 산을 떠나서 여행할 때 이들과 함께 계시는 하느님의 현존을 드러내주는 기능을 한다. 이 두 그리스어 동사들이 모두 풍산과 신의 현존이라는 의미를 전달하고 있긴 하지만 루카 복음서에 있는 예수의 잉태 이야기에서의 하느님은 히브리 성경의 야훼처럼 성적으로 관계를 맺으시는 분이 아니다.

마리아의 잉태를 설명하는 데 성령을 사용함으로써, 마태오와 루카의 이야기에서 신화론적인 경향은 제거된다. 우리가 이미 고대근동의 이야기들에서 보았던 것처럼, 신화론에서 자손을 잉태하는 것은 신이 인간적 형태를 취하거나 인간이 신적 형태를 취함으로써 가능하다. 하지만 예수의 경우는 인간인 상대가 인간으로 머물러 있고 신적 상대도 영으로 남아 있다. 그 결과 인간인 동시에 신인 한 아기가 태어난다.

더구나 히브리 성경의 병행구에서는 하느님의 친밀한 상대가 백성 전체로 나타나지만, 예수의 탄생 이야기에서는 이와 달리 그 상대가 한 여성 개인이다. 이 특수성의 결과로 하느님의 자식은 한 백성—그 백성이 설령 이스라엘이라고 할지라도—이 아니라 예수님이라고 일컬어질 한 아들이 될 것이다. 한 인간 여성과 성령이 낳은 이런 결과가 이 전승을 유일무이한 것으로 만든다.

쿰란 동굴에서 나온 『쿰란 규칙서』(*the Manual of Discipline*)에는—만일 이것이 정확하게 복원된 것이라면—하느님의 영에 의한 예수의 잉태 이야기와 어느 정도 관련이 있는 듯한 진술이 있다. 이 구절은 공동체의 회의에 참여하는 회중에게 "(하느님이) 그들 가운데서 메시아를 낳으실 때"를 언급한다(1QSa 2,11-12). 그런데 흥미롭게도 여기서 신의 행위를 표현하는 "낳았다"(ילד)는 말은 히브리 성경에서 하느님이 이스라엘을 낳으실 때(신명 32,18), 그리고 다윗 왕조의 임금들을 낳으실 때(시편 2,7) 사용된 표현과 같다. 앞에서 보았듯이 이 행위는 결코 한 아버지의 생식적인 행위를 말하지 않는다. 이것은 어머니의 행위 또는 어버이의 입양 선언이다. 그럼에도 쿰란 문헌에서 인용된 말은 우리의 관심을 끌지 않을 수 없는데, 이것은 신적인 어버이의 역할을 종말론적 장면으로 투사하고 또한 "고대하는" 메시아에 적용하고 있기 때문이다.

루카가 이 이야기를 진술하는 이유, 그리고 특히 마리아가 성령으로 잉태하셨다고 묘사하는 이유는 뒤이어 가브리엘 천사가 마리아에게 응답하는 말에서 분명하게 드러난다.

> "그러므로 (당신에게서) 태어날 아기는
>
> 거룩하신 분,
>
> 하느님의 아드님이라고 불릴 것이다"(루카 1,35ㄴ).

결국 루카가 전하는 이 이야기의 목적은 하느님의 성을 밝히려는 것이 아니다. 독특한 방식으로 하느님의 아들이 되신 예수의 신원을 보여 주려는 것이다.

물론 신약성경의 증언에 따라 예수가 하느님을 "아버지"로 불렀다는 것은 부인될 수 없다. 예수가 실제로 이 호칭을 사용했던 것은 사실일 가능성이 높다. 특히 하느님을 지칭하는 데 당시 일상 생활의 친밀한 말이었던 "압바"(אבא)를 사용하는 것은 버릇없는 일로 생각됐을 것이기 때문이다. 오늘날 어떤 사람들은 이 말이 하느님의 성에 대한 문제를 완전히 해결해 주는 것으로 본다. 곧 만일 예수가 당신의 어버이를 "아버지"라고 불렀다면, 하느님은 남성이셔야 된다는 것이다. 그렇지만 문제는 그렇게 간단하지 않다. 비록 예수는 하느님에 대해 다른 누구보다도 훨씬 더 분명하고 친밀하게 알고 계셨고, 설령 "압바"라는 말이 유다교에서 통상적으로 하느님을 가리키는 말로 사용되지 않았던 말이라고 해도, 예수는 그 시대에 살던 분이었다. 예수가 실제로 하느님에 관해서 무엇을 알고 계셨던가를 밝히기란 불가능하다. 우리가 알 수 있는 것이란 예수님과 복음서 기자들이 그들과 동시대에 살던 1세기 유다인과 이방인 청중들에게 무언가 전달하기 위해서 사용했던 인간의 말과 유비적인 표현들뿐이다. 만일 예수가 그의 동시대인들의 종교 전통을 벗어나는 말들을 사용했다면, 예컨대 하느님을 "어머니"라고 일컬으셨다면, 예수는 동족인 유다인들 가운데 그 누구에게서 신뢰를 받을 수 있었을까? 비록 상당히 자주 야훼를 어머니적인 표상으로 표현했지만(앞의 189-92쪽을 보라), "어머니"라는 호칭을 붙인 적은 없다. 실제로 예수님조차 하느님에 대한 그분의 풍부한 지식을 전달하기 위해서 "하느님의 나라는 …과 같다"는 식으로 인간의 언어와 이해의 한계를 스스로 받아들이지 않을 수 없었던 것이다.

예수의 성

하느님의 아기의 남성성

하느님이 말씀을 육으로 만들자고 결정을 내렸을 때, 하느님에게는 한 남성을 만드는 것외에 선택의 여지가 없었던 것 같다. 이런 제한된 선택은 하느님의 성에 근거한 것이 아니라 (우리는 이미 하느님이 인간적 이해를 위해서 '아버지'와 '어머니'로 함께 묘사되는 것을 보았다), 의사 소통의 필요에 근거한 것이었다. "구약성경"이 경전이었던 유다인의 후손에게서 태어난 하느님의 자손은 남성이 되어야만 하느님의 자손이라고 선포될 수 있었다. 확실히 "영" 또는 "지혜" 같은 하느님과 관련된 특정한 개념은 여성적이다. 그러나 하느님과 그 후손의 관계가 지닌 의미를 전달하는 말과 표상은 거의 배타적으로 남성적이다. 다시 말해서 하느님 자손의 성을 결정지었던 것은 역사성, 곧 그 시대의 그리고 특정한 백성의 기성 문화였던 것이다. 비록 도시들과 땅과 백성의 "딸"이라는 구절이 지역의 주민들을 표현하기 위해서 빈번하게 사용됐지만(예컨대 "시온의 딸", "내 백성의 딸" 등), "하느님의 딸"이라는 표현은 1세기 유다교에서 그 자손의 관계와 궁극적인 기원을 전달해 주기 어려웠을 것이다. "하느님의 딸"이라는 표현은 단지 이스라엘의 우상 숭배를 표현하는 데만 사용됐을 뿐이다(말라 2,11을 보라 "이방신을 섬기는 여자들"). 그렇지만 "하느님의 아들"로서 자녀의 신원은—이

것 자체도 독특한 것이기는 하지만—이전 전통들과의 연속성을 가능하게 하는 방식으로 접근할 수 있었던 말이다.

우리는 히브리 성경에서 "하느님의 아들"이 본질적으로 두 가지 신원을 지녔음을 보았다. 이스라엘 백성과 다윗 왕조의 임금이다. 이 "아들들"과 관련된 구절들과 표상들이 '하느님의 아들'로서의 예수의 신원을 전달하기 위해 사용된다. 물론 이 가운데서 다윗 왕조의 임금으로서의 아들이 전자보다 훨씬 더 명백히 그리고 자주 그 원천으로 나타난다.

흥미롭게도 마태오는 '하느님의 아들'로서의 이스라엘 백성으로 예수의 신원을 선포할 수 있었다. 이 복음서 기자는 2,15에서 요셉과 마리아가 이집트로 도망쳤다가 헤로데가 죽은 후에 되돌아왔을 때 호세 11,1이 성취됐다고 적었다. 호세아 예언자는 "내가 내 아들을 이집트에서 불러내었다"는 진술을 이스라엘이 과거 역사에서 체험한 구원을 묘사하는 데 사용했지만, 마태오의 구도하에서 이 과거의 진술은 미래를 고대하며 예수께 적용됐다.

이 표상을 이렇게 적용한 것은 마태오뿐이다. 하지만 마태오와 루카의 공동 자료(이른바 Q 자료)에도 예수의 신원을 밝히려는 목적으로 '하느님의 아들'을 사용하여 이스라엘을 언급한 곳이 있다. Q 자료에서 예수의 유혹은(마태 4,1 이하; 루카 4,1 이하) 굶주림의 시험으로 시작된다. 예수는 돌들을 빵으로 변하게 함으로써 그분이 "하느님의 아들"임을 악마에게 증명할 수 있었다. 하지만 그 대신 그분은 "사람이 빵으로만 살지 않고 …"라는 신명 8,3을 인용하셨다. 이 신명 8장은 야훼께서 광야에서 이스라엘을 시험하신 일, 곧 야훼께서 이 백성을 굶주리는 시험에 들게 하시고 만나로 생존시키신 일을 기술한다. 결국 광야의 시험을 겪은 이스라엘의 체험은 전체적으로 "사람이 자기 아들을 단련시키듯"(5절) 야훼께서 훈련시키신 것이었다. 따라서 예수는 여기서 '하느님의 아들', 곧 이스라엘로서 나타나시는 것 같다.

신약성경에서 다윗 왕조의 임금이 '하느님의 아들'이라는 표상은 훨씬 폭넓게 사용된다. 우리는 앞에서 이미 특히 바다를 지배하는 야훼의 권능이 다윗 왕조의 임금에게 이전된 것을 보았다. 이를 근거로 마르코는 야훼의 꾸짖는 권위가 예수께 이전됐고, 이런 전이가 '하느님의 아들'로서의 예수의 신원을 입증하고 있는 것을 살펴보았다(76쪽과 123-30쪽을 보라). 나아가 우리는 앞으로(319-21쪽) 다윗 왕조의 대관식에서 기원한 입양 정식(시편 2,7)이 예수를 메시아로 선포하기 위해서 예수의 세례와 그의 변모 때에 다시 인용됨을 볼 것이다.

논리적으로는 무리가 좀 있지만, 마태오는 그의 복음서를 각각 14세대씩 세 묶음으로 구성되어 있는 족보로 시작한다. 곧, 아브라함에서 다윗까지, 다윗에서 유배까지, 그리고 유배에서 그리스도까지가 각각의 묶음을 이루고 있다. 이 틀 속에서 "14"를 게마트리아(*gematria*)로 해석하면 다윗의 역할은 훨씬 더 중요하게 된다. "다윗"에 해당하는 히브리어 글자들(ד+ו+ד=4+6+4)의 수 값은 모두 합해서 14인 것이다. 이 족보를 통하여 예수께 이르는 다윗 왕조의 족보를 완성하기 위해서 마태오는 요셉의 가계를 더듬어 추적한다. 그런데 이 복음서 기자는 족보(1,1-17)에 이어서 즉시 마리아가 요셉을 통해서가 아니라 "성령"을 통해서 자식을 임신했다고 보도한다. 마태오는 예수의 잉태에서 신의 주도권을 유지하면서 이사 7,14와 미카 5,1을 인용한다. 전자는 "다윗 왕실", 곧 아하즈 임금에게 발설된 징표이고 후자는 탄생지가 아니라 다윗 왕조의 혈통에 대해서 진술하는 "메시아" 예언을 시작하는 진술이었다. 다시 말해서 마태오는 자신의 복음서의 시작에서 다윗의 후손과 성령의 기적적인 잉태를 결합시키는 것이다.

루카 역시 이 두 사상을 한데 결합시킨다. 그는 관련 인물들을 소개하면서 요셉을 "다윗 왕조"에 속한다고 기술한다(1,27). 나아가 루카는 마리아에게 예수의 잉태와 탄생을 알려 주는 가브리엘의 말에 아들의 신분과 다윗의 왕위를 결합시킨 다음의 시를 포함시킨다.

> "그분께서는 큰 인물이 되시고 지극히 높으신 분의 아드님이라
> 불리실 것이다.
> 주 하느님께서 그분의 조상 다윗의 왕좌를 그분께 주시어,
> 그분께서 야곱 집안을 영원히 다스리시리니
> 그분의 나라는 끝이 없을 것이다"(루카 1,32-33).

이 구절들은 마치 이스라엘의 제의에서 기원하는 임금 시편 또는 왕권 신탁에서 인용한 것 같다(시편 21,4-6; 89,25-29; 이사 9,7; 2사무 7,9-16 참고. 더 일반적인 용법에 대해서는 집회 4,10; 지혜 2,18을 보라). 마리아와 가브리엘 사이의 대화가 여기서 끝난다면, 일부 독자들은 예수가 다윗 왕조의 임금들과 같은 방식으로 하느님의 아들이었다고 결론지었을 것이다. 하지만 이렇게 논리적으로 불가능하게 보이는 임신에 대해

마리아가 즉각적이고도 전통적인 질문을 던지자, 루카는 성령이 그녀에게 내려와서 그녀를 감쌀 것이고 "그러므로 태어날 아기는 거룩하신 분, 하느님의 아드님이라고 불릴 것이다"(1,35)라는 가브리엘의 말을 전한다. 따라서 예수는 단순히 옛 다윗 왕조의 임금들과 같은 방법이 아니라 새로운 방법으로, 곧 잉태 순간부터 성령의 작용을 통하여 '하느님의 아들'이 되신다. 루카는 이런 식으로 탄생 이야기를 밝힘으로써 예수가 단지 다윗 왕조의 다른 한 구성원—설령 마지막 구성원이라고 할지라도—이라는 인상을 전혀 남기지 않은 채, "하느님의 아들"과 "그리스도"(4,41)를 서로 교환 가능한 말들로 사용할 수 있었다.

예수가 신의 아들이라는 마태오와 루카의 해석은 마르코에 의해 제기됐으나 실제로 답변되지 않았던 문제를 해결한다. 예수가 성전에서 가르치고 있었을 때, 그분은 그리스도는 다윗의 아들이라고 주장하는 율법학자들에게 도전받았다. 예수는 이런 가르침에 맞서 시편 110,1을 인용하여 "다윗 자신이 그리스도를 주님으로 일컫는다." 고 말씀하셔서 그분은 다윗의 아들보다 더 큰 존재라는 것을 분명히 증명했다. 하지만 마르코는 '어떻게' 예수가 다윗 왕조의 왕보다 더 큰 존재인가에 대해서 명확하게 입증하지 않았다. 실제로 예수가 세례받으실 때의 선포에서(마르 1,11) 시온의 통치자들의 대관식 때 사용된 입양 정식이 예수를 향해서 울려 퍼졌다. 비록 마르코가(또는 그의 자료들이) 여러 방식으로 예수를 야훼화했지만 (그 예로 123-38쪽에서 논의한 꾸짖는 특권을 보라), 이 복음서 기자는 예수가 하느님의 아들이 된 기원을 오로지 다윗 왕조과 관련해서만 설명할 수 있었다.

몇몇 학자들은 '하느님의 아들'로서의 예수의 신원을 확립하기 위해서 다윗 왕조의 배경을 사용하는 것에 이의를 제기한다. 이들은 고대하는 종말론적 메시아를 예언하는 예언서 본문에는 정확하게 "하느님의 아들"이라는 표현이 나타나지 않으며, 다만 당대의 다윗 왕조의 임금들에 대해서 언급하고 있는 2사무 7,14; 시편 2,7; 89,26-27과 같은 구절에서만 나타나는 점에 주목한다. 이런 관찰이 정확한 것이기는 해도, 그들의 결론은 다음과 같은 두 가지 이유에서 완전히 정당한 것이라고는 할 수 없다. (1) 우선 메시아와 관련된 고전적인 예언들(이사 9,1-6; 11,1-9; 예레 23,5-6; 미카 5,2-4; 즈카 9,9-10)에서도 "메시아"(히브리어 משיח = 기름 부음 받은 자)라는 말은 나타나지 않지만, 그럼에도 신약성경에서 이 구절들은 예수가 기대됐던 메시아/그리스도라는 것을 "입증하기" 위해서 인용된다. (2) 신약성경 기자들이 예수를 메시아로 증명하기 위해 사용하는 본문은 '미래'의 메시아 관련 본문들에 한정되지 않는다. 실제로 이스라엘의 역사에서 다윗 왕조의 왕권을 묘사하는 구절인 시편 2,7과 2사무 7,14 모두 예수의 신원을 기술하기 위해 인용됐다. 그러므로 다윗 왕조의 이데올로기가 예수가 '하느님의 아들'이라는 점을 선포하기 위해 중요한—그러나 배타적이지는 않은—도구를 제공했던 것이라 생각된다.

예수가 하느님의 아들이심이 실제로 어디서 기원하든, 예수가 아들이라는 것을 강조함으로써 하느님의 자손은 분명 남성이 된다. 그렇지만 문제는 그의 남성성이 절대 아니다. 초대 교회의 관심은 하느님의 다스림이라는 기쁜 소식을 선포하는 것이었다. 곧 이들의 가장 중요한 과제는 이제 때가 찼으므로 기다리던 나라가 가까이 다가왔다는 예수님 자신의 선포를 지속시키는 것이었다. 이 초대 교회는 예수의 부활에 바탕하여 예수가 설교하셨던 메시지뿐만 아니라 예수님 자신에 대한 기쁜 소식도 선포했다. 하느님의 다스림은 한 인간인 예수의 삶과 활동과 죽음과 부활을 통하여 인간 역사에 들어왔다. 히브리 성경에 나타나는 기대에 따르면 하느님이 도래하는 왕국을 세우실 때, 다윗 왕조의 후손이 그 나라를 종말론적으로 통치할 것이다. 당시 교회가 선포한 내용의 본질은 왕국과 메시아가 동시에 출현하고 그 메시아는 바로 예수라는 것이었다. 결국 이 경우에 메시아는 하느님이 새로운 다스림을 세우시는 데 사용하신 대리인이다. 그와 같은 역할은 교회에 의해 제시된 새로운 해석이었고, 그들은 히브리 성경에 있는 왕권과 관련한 본문들을 어느 정도 자유롭게 사용한 것이다.

이런 자유에는 메시아적 칭호인 "하느님의 아들"을 단순히 시온의 역사적인 임금들이 아니라 오히려 종말론적인 메시아를 기술하는 데 사용한 것 또한 포함된다. 예수가 하느님의 아들이시라는 것은 그분의 남성성이 아니라 그분이 메시아임을 강조하는 것이고, 이런 신원을 주장하는 이유는 하느님 나라를 새로운 실재로서 선포하는 것이었다. 히브리 성경을 물려받은 1세기 유다교의 역사적·문화적 배경 안에서 하느님의 종말론적 자녀가 남성이라는 사실은 당연하게 받아들여졌고, 또한 그 자손이 남성일 경우에만 이 자식과 어버이의 관계가 전달될 수 있었다. 그러나 요한 복음의 서문이 매우 강하게 선포하는 것과 같이, 말씀은 남성이 된 것도 여성이 된 것도 아니다. 곧, 남자가 된 것도 여자가 된 것도 아니며 단지 '육'(肉)이 됐을 때름이다. 따라서 육화(肉化)는 결코 어떤 특정한 성을 취했다는 점을 의미하는 것이 아니라 오로지 인간이 되셨음을 확인해 줄 뿐이다.

예수의 성적 표현에 대한 문제

예수는 참된 인간이셨기에, 그분은 하나의 성을 취하셔야 했다. 그는 남성이셨다. 그의 인성에 관한 전통적인 주장은 그의 성과 관련하여, 특히 그의 성행위들과 관련하여 훨씬 더 많은 물음들을 유발시켜 왔다. 일반적으로 예수는 "그것을 뛰어넘는 존재"로 생각된다. 아마 동정 수태에 관한 이야기들이 그분 자신이 동정으로 남아 계셨다는 결론에 도달하게 했을 것이다. 하지만 여기서 마태오와 루카가 독특한 방식으로 '하느님의 아들'로서 예수의 신원을 확인하기 위해서 성령에 의한 마리아의 잉태를 보도한다는 점이 다시 한번 강조되어야 한다. 이들의 목적은 일상의 성적 표현을 깎아 내리려는 것이 아니라 예수의 신적인 기원을 입증하려는 것이었다.

그럼에도 신약성경은 예수의 독신생활에 관해서는 완전히 침묵을 지킨다. 그리고 이런 침묵은 이 주제와 관련된 엄청난 저술을 낳게 했다. 혹자는 1세기 유다교에서 혼인이 차지하는 사회학적인 지위에 바탕한 연구에서 예수는 필경 결혼하셨고 자녀들도 있었을 것이라고 결론 내리기도 한다. 반면 어떤 이들은 약 삼십 년 동안의 "숨겨진 세월"에 대해 동성애적인 성향을 주장하기도 한다. 카잔차키스(Nikos Kazanztakis)는 유명한 저서 『그리스도 최후의 유혹』(*The Last Temptation of Christ*)에서 예수를 막달라 여자 마리아에 대한 강렬한 욕망을 통제하는 데 성공한 분으로 그린다. 반면 약 4세기 반 전에 루터는 예수가 막달라 마리아와 다른 여성들과의 성관계를 즐겼다고 주장했다.

예수의 성적 표현과 관련한 문제는 결말이 나지 않을 것이다. 만일 누군가가 이와 같은 가능성을 논하고자 한다면, 1세기 팔레스티나의 문화보다는 다른 문화가 억지로 적용될 가능성이 높다. 반면에 만일 예수가 결혼을 하고서 또는 결혼하지 않고서 성관계를 나누었다고 주장하는 사람이 있다면, 그는 신약성경 저술들이 그런 견해를 조금도 뒷받침해주지 않음을 인정해야 할 것이다. 특히 예수가 우물가에서 여자와 이야기를 나누는 것을 보면서 제자들이 "당신은 무엇을 찾고 계십니까?"(요한 4,27)라고 묻는 장면을 보면 그렇다.

예수의 성적인 표현에 관한 신약성경의 침묵은 경건함이 아니라 신원에 기인하는 것일 가능성이 있다. 예수가 성적인 욕망이나 즐거움을 체험하셨다고 기록으로 남았다면 여러 문제가 발생했을 것이다. 그런데 그분이 그런 행위를 했는가 하는 문제보다 더 중요한 것이 그분의 신원과 관련한 문제들이다. 초대 교회, 특히 복음서 기자들은 예수가 종말론적인 다윗 왕조의 통치자였음을 입증하는 과정에서 기존 전승의 내용과 상반되는 데서 비롯되는 여러 어려움들을 겪었다. 한 가지 예를 들면, 히브리 성경에는 이런 메시아가 고난을 겪고 죽는 전승이 전혀 없었다. 더군다나 메시아가 나무에 매달리는 것은 두말할 필요조차 없다(신명 21,22-23을 보라). 하지만 이 사건의 신학적 중요성 때문에, 그리고 역사적인 기억 그 자체 때문에 이와 같은 기록을 침묵 속에 가둘 수 없었다. 예수를 종말론적인 메시아와 동일시하면서 그분이 성관계를 가졌다고, 그리고 어쩌면 자녀들도 낳았을 것이라고 주장하는 것은 전승 전체와 불필요한 모순을 발생시키는 것이 될 것이다. 미래의 "메시아"와 관련한 히브리 예언 전승에는 메시아가 자신을 계승할 자녀를 낳으리라는 기대가 없었다. 그와 같은 예언들은 다윗 왕조의 후손들이 아니라 "새 순", "통치자가 될 이", "올바른 싹"에 관해서 언급하고 있다. 종말론적인 하느님 나라에서 "메시아"의 다스림은 다윗 왕조를 역동적으로 계승하는 것이 아니라 그것을 끝내는 것이다.

끝으로, 그렇지만 예수에게 신부가 있었다는 것은 받아들여질 수 있다고 생각된다. 그는 신랑, 곧 예수를 빼앗기는 그 날까지는 당연히 단식할 걱정을 하면 안되는 그의 제자들과 혼인을 했던 것이다(마태 9,14-16; 마르 2,18-20; 루카 5,33-35). 물론 예수가 여기서 말하는 혼인은 그분과 그의 추종자들 사이에 형성된 관계를 말하는 유비다. 이 유비적인 표현은 자주 단식을 하는 요한의 추종자들과 바리사이들의 처신과는 대조되는 예수님의 제자들의 모습에 대한 물음에 답하는 데 사용된 것이다.

신약성경의 다른 기자들도 교회와 그리스도의 관계를 묘사하기 위해 신부와 신랑이라는 형상을 사용했다. 바오로는 고린토 교회의 그리스도인들과 그리스도와의 혼인을 주선하는 자신의 역할에 관하여 언급하며, 혼인날에 자신의 남편을 맞은 "순결한 처녀"로 교회를 표현했다(2코린 11,2). 이 사도는 다른 곳에서도 창세 2,24의 혼인 정식이 그리스도와 교회 사이의 관계를 의미한다고 해석한다(에페 5,31-32). 그리고 다른 그 누구보다도 '어린양'과 그의 '신부' 사이의 혼인이 완성될 마지막 날을 내다보고 있는 인물은 바로 묵시록의 기자 요한이다(묵시 19,7; 21,2. 9; 22,17 참고).

그러므로 이런 성적 표상은 신약성경에서 특별한 기능을 한다. 곧 히브리 성경에서 야훼와 이스라엘 사이의 혼인을 묘사했던 것과 매우 비슷한 방법으로 그리스도와 교회 사이의 관계를 묘사하는 것이다. 이스라엘의 예언자들은 혼인을 이집트 탈출과 광야에서의 유랑이라는 과거의 역사적 사건들 안에서 발생했던 것으로 언급하지만, 바오로와 묵시록의 기자 요한은 약혼한 한 쌍이 마침내 혼인하게 될 종말을 고대한다.

성적 평등의 회복

창세기의 첫머리에 실린 이야기에 대한 논의에서 우리는 창조 때 하느님께서 세워 놓으신 남성과 여성의 평등이 창세 3장에서 묘사된 인간의 반역에 의해 어떻게 훼손됐는지를 살펴보았다. 이제 하느님의 아들이라는 남성의 직무와 죽음과 부활이 남성과 여성의 관계에 끼친 영향을 살펴보는 데 관심을 두려 한다.

유년기 이야기에서 남성과 여성의 역할

우리는 이미 마태오와 루카가 기록한 예수의 잉태 이야기에서 남성의 역할이 여성의 역할에 완전히 포함되는 것을 보았다. "동정 출산"으로 요셉은 아무 영향도 미칠 수 없게 됐다! 이와 달리 마리아의 여성적 역할은 육화의 본질적인 것이 됐다. 그녀가 없었다면 하느님의 자녀는 결코 인간이 될 수 없었다.

그런데 독자들은 세례자 요한의 잉태와 탄생에 대한 루카의 이야기를 읽을 때 이런 느낌을 받지 않는다. 오히려 요한의 아버지 즈카르야가 훨씬 더 주목받는 것 같다. 가브리엘 천사는 불가능한 것처럼 보이는 출산을 엘리사벳이 아니라 바로 즈카르야에게 알려 주었다. 아기를 낳고 이름을 붙일 때 어머니와 아버지는 모두 뜻을 같이하여 이 아기에게 요한이라고 이름 붙일 것을 주장한다. 하지만 즈카르야가 다시 목소리를 되찾게 됐을 때, 주님을 찬양하는 노래인 이른바 "베네딕투스"를[1] 부른 인물은 바로 그였다.

그러므로 세례자 요한의 잉태와 탄생 이야기에서 수태고지(受胎告知)를 받고 인간적으로 이해할 수 없음을 표현하며 찬양을 노래하는 것은 즈카르야가 했던 역할이다. 그런데 그것은 예수의 잉태와 탄생 이야기에서는 마리아에게 귀속된 역할이었다. 이 장치는 루카가 예수님 안에서 새로운 시대가 시작됐음을 선포하는 한 수단이었을까? 요한이 하느님의 왕국 이전 시기에 속한 인불이기 때문에(루카 7,28을 보라), 요한의 탄생과 관련된 역할들은 전승과 일치하는 것이었다고 말할 수 있을까?

루카 복음의 유년기 이야기에서 요셉은 중요한 역할을 수행한다. 왜냐하면 그는 다윗 혈통에 속해 있었기 때문이었다. 하지만 목자들이 구유를 찾아오고 그들이 천사들의 말을 전하는 장면 뒤에 이런 일

1. 역주: *Benedictus*. 즈카르야 노래의 라틴어 첫말을 따서 즈카르야의 노래를 이렇게 부른다.

들을 마음속에 새겨 곰곰히 생각하는 부모로서 그려지는 것은 마리아였다(2,17-19).

이 부부가 정결례를 위해서 아기 예수를 예루살렘으로 데리고 갔을 때, 이들은 이 아기가 유일무이한 분임을 확인해 주는 두 사람을 만났다. 한 사람은 하느님과 새 부모를 축복한 시메온이라는 남자였고, 다른 한 사람은 하느님께 감사를 드린 한나라는 여성 예언자였다(2,22-38).

루카는 이들이 다시 예루살렘으로 여행을 떠난 것은 예수가 12세 때였다고 기록한다. 이 가족은 파스카 축제를 위해서 "올라갔다." 하지만 돌아가던 도중에 부모는 아들이 없어졌다는 것을 알게 됐다. 어머니도 아버지도 모두 예루살렘으로 돌아갔고, 아들이 성전에서 교사들 사이에 앉아 있는 것을 발견했다. 그런데 이 사건에 대해 아들과 대화를 한 인물은 마리아였다. 루카는 다시 이렇게 기록하고 있다. "그의 어머니는 이 모든 일을 마음속에 간직했다"(2,51).

예수의 직무 안에서 남성과 여성의 지위

예수의 직무 안에서 그분은 남성과 여성을 전적으로 동등하게 돌보셨다. 모든 복음서 기자들이 남성과 여성 모두에 대한 예수의 관심을 보도하지만, 다른 누구보다도 성적 평등을 강조하려고 의도적으로 남성과 여성에 관한 이야기의 균형을 잡은 복음서 기자는 루카다. 예컨대 루카 7,1-10에서 이 복음서 기자는 백인대장의 아들을 예수께서 치유해주셨음을 전한다. 그리고 이어지는 대목에서 예수가 과부의 아들을 죽음으로부터 일으키는 이야기를 기록한다. 7,36-50

에서 예수는 시몬이라는 남자를 가르치시는 동시에 한 여자의 죄를 용서해 주신다. 하혈하는 여자를 치유하시는 사건(8,43-48)은 예수께서 야이로의 딸을 죽음으로부터 일으키는 이야기(8,40-42. 49-56)로 둘러싸여 있다. 착한 사마리아 사람에 관한 비유를 들어 율법학자들을 가르치신 이야기에 이어서 곧바로 마리아의 언니 집에서 그녀를 가르치시는 이야기가 전개된다(10,25-42).

루카는 예수의 가르침을 기록하면서 여성적인 형상과 남성적인 형상의 균형도 잡는다. "하느님의 나라는 … 겨자씨와 같다. 어떤 사람이(=남자가) 그것을 가져다가 … . 누룩과 비슷합니다. 어떤 여자가 그것을 가져다가 … "(13,18-21). 나아가 그는 예수가 죄인들을 받아들이고 이들과 함께 식사한다고 불평하자 이렇게 답했다고 전한다. "너희 가운데 어떤 사람이(=남자가) 양 백 마리를 가지고 있었는데 … ", 그리고 "어떤 부인이 은전 열 닢을 가지고 있었는데 … "(15,3-10).

한 걸음 더 나아가 십자가 처형의 현장을 지켰던 갈릴래아 출신 여자들에 관한 루카의 기록은 공관복음서들보다 훨씬 확장됐다. 이 세 번째 복음서 기자는 복음서 앞 부분에서 예수가 갈릴래아에서 선포하시던 동안 열두 제자들(=남자들)이 그분을 따라다녔는데, 그들과 더불어 "악령과 병에 시달리다 낫게 된 몇몇 여자도" 그분을 따랐다고 전한다. 그 가운데는 막달레나 마리아, 요안나 그리고 수산나가 있었고 그들은 자기들의 재산으로 예수님의 일행에게 시중을 들었다(8,1-3).

네 복음서 모두에서 막달레나 마리아는 부활절 아침에 예수의 부활 소식을 들은 여성들 가운데 한 사람으로 묘사된다. 그렇지만 루카 복음서에서 이 언급은 특별히 두드러진다. '육화'가 마리아라는 한 여성에게 맨 처음 알려졌듯이 '부활' 역시 여성들에게 선포됐는데, 그 여성들 가운데 두 명은 마리아라는 이름을 갖고 있었다(24,1-11).

초대 교회에서의 남성과 여성의 역할

베드로는 오순절 체험을 다음과 같이 요엘 예언자의 예언이 성취된 것으로 해석했다.

> 하느님께서 말씀하신다.
> 마지막 날에 나는 모든 사람에게 내 영을 부어 주리라.
> 그리하여 너희 아들딸들은 예언을 하고
> 너희 젊은이들은 환시를 보며
> 너희 노인들은 꿈을 꾸리라.
> 그날에 나의 남종들과 여종들에게도 내 영을 부어 주리니
> 그들도 예언을 하리라(사도 2,17-18; 요엘 3,1-2의 인용이다.).

미래를 향한 이 희망은 하느님의 다스림이 확립되는 주님의 날에 실현될 것이다. 신약성경의 견해에 따르면 하느님의 다스림은 예수 그리스도의 직무와 죽음과 부활에서 시작됐고, 따라서 "마지막 날들"의 체험 또한 시작됐다. 남성과 여성이 함께 예언하는 것은 새로운 시대의 표징들 가운데 하나다.

복음이 여러 지역으로 퍼져 나가자, 사도 행전 전체에서 남성들

과 여성들은 모두 중요한 역할들을 수행하게 된다. 테살로니카에서 행한 바오로와 실라스의 설교는 유다인들과 그리스인들, 남자들과 "적지 않은 귀부인들도" 이들에게 합류하는 결과를 낳았다(사도 17,4). 아퀼라와 프리스킬라 부부는 바오로가 고린토에 있는 회당에서 선교하는 동안 그를 맞아들여 대접했다(18,1-4). 바오로가 필리피에서 설득하여 세례를 주었던 티아티라의 리디아도 그렇게 했다(16,11-15).

바오로 자신이 세운 여러 교회들에 보낸 그의 편지들과 바오로의 것이라고 주장되는 일부 편지들에는 남성과 여성에 관한 중요한 몇몇 구절들이 발견된다. 바오로의 편지와 그의 이름으로 쓰인 편지들이 남성 지배가 압도적이던 당시의 문화적 이해를 완전히 벗어나지 못한 것은 분명하다. 이런 것이 가장 분명하게 드러나는 예는, 여자들은 교회 안에서 침묵하지 않으면 안되고 자신들이 필요로 하는 어떤 내용이라도—집에서—자신들의 남편으로부터 얻으라는 명령이다(1코린 14,33ㄴ-36). 또한 태초에 아담이 하와보다 먼저 창조됐고 맨 처음 여자가 범죄를 저질렀기 때문에 여성의 침묵과 일방적인 복종이 당연하다고 말하는 곳도 있다(1티모 2,8-15).

여성에게 침묵을 강요하는 대목만큼 분명하진 않지만, 여전히 남성의 지배를 전제하고 있는 핵심적인 구절로는 에페 5,21-23과 1코린 11,2-16을 들 수 있다. 에페 5,22는 아내들에게 "남편에게 순종해야 합니다"고 권고한다. 왜냐하면 "그리스도께서 교회의 머리이시고 그 몸의 구원자이신" 것처럼 "남편은 아내의 머리"(23절)이기 때문이다. 누구도 결코 교회가 그리스도와 동등하다고 주장할 수는 없으므로, 이런 논리는 아내를 남편의 재량에 속해야 하는 것으로 만든다. 하지만 남편에 대한 아내의 책임은 결코 일방적이지 않다. 왜냐하면 이 사도는 다음과 같이 남편 측에도 상호적인 의무를 부과하기 때문이다. "… 그리스도께서 교회를 사랑하시고 교회를 위하여 당신 자신을 바치신 것처럼, 아내를 사랑하십시오 …"(25절). 그리스도가 십자가 위에서 보여 주셨던 그 사랑이 자신들의 아내를 사랑할 남편들을 위한 모델이다. 그러므로 남편이 권위를 행사하는 방식은 재량권이 아니라 바로 희생하시는 그리스도의 모범이다. 더욱이 이 구절은 일방적인 통제와는 전혀 다른, 남편과 아내의 상호 책임들에 관한 다음과 같은 언급으로 끝난다. "여러분도 저마다 자기 아내를 자기 자신처럼 사랑하고, 아내도 남편을 존경해야 합니다"(33절).

1코린 11,2-16에 전해지는 바오로의 매우 복잡한 논증은 "학생 수준의 토론으로 논점이 오락가락한다".[2] 여기서 바오로의 비전적(秘傳的) 지혜의 가르침과 헬레니즘계 유다인들의 기대가 분명하게 드러난다. 바오로는 여성들이 예배에 머리를 가리고 참여하라는 공동 예배 관습을 옹호하는데 초점을 둔다. 바오로는 한편으로 여자 위에 남자, 남자 위에 그리스도, 그리스도 위에 하느님이라는 식으로 권위의 순서를 나열한다. 이 연결 고리에서 첫 고리의 증거가 창세 2장의 창조 이야기에서 인용된 다음의 구절이다. "사실 남자가 여자에게서 나온 것이 아니라 여자가 남자에게서 나왔습니다. 또한 남자가 여자를 위하여 창조된 것이 아니라 여자가 남자를 위하여 창조됐습니

2. Hans Conzelmann, *1 Corinthians*, trans. James W. Leitch (Philadelphia: Fortress Press, 1975), p. 182.

다"(1코린 11,8-9). 아무튼 그는 이 순서가 여자들이 머리를 가려야 하는 이유를 설명해 준다고 한다. 다른 한편으로 바오로는 이런 결론에 도달하자마자 곧바로 자신의 주장을 번복하는 듯이 보인다. "그러나 주님 안에서는 남자 없이 여자가 있을 수 없고 여자 없이 남자가 있을 수 없습니다. 여자가 남자에게서 나온 것과 마찬가지로 남자도 여자를 통하여 태어나기 때문입니다. 그러나 모든 것이 하느님에게서 나옵니다"(11-12절). 따라서 고린토 교회에서 세워진 전통에 따르면 창조 때의 남성-여성의 순서 때문에, 여성은 머리를 가리고 예배에 참여할 것을 요구받는다. "그러나 주님 안에서는"(이 말은 필경 세례를 언급할 것이다) 창조 순서가 쓸모없게 됐다. 그러므로 여자들이 머리를 가리는 의례의 관습은 성에 대한 독특한 그리스도교적 이해에 기반한 것이 아니라, 정확한 기원이 알려지지 않은 어떤 관습에 근거한 것이었다.

다른 두 구절에서 바오로는 그리스도교 공동체 안에서 남성과 여성의 평등—최소한 상호 관계성—에 대해 더 분명하게 말한다. 바오로는 1코린 7장에서 성적 금욕에 대해 논하면서 성행위를 삼가는 것이 더 좋겠다고 주장한다. 하지만 인간적인 유혹을 피하기 위해서 "남편은 아내에게 의무를 이행하고, 마찬가지로 아내는 남편에게 의무를 이행해야 합니다. 아내의 몸은 아내가 아니라 남편의 것이고, 마찬가지로 남편의 몸은 남편이 아니라 아내의 것입니다"(1코린 7,3-4). 성관계의 이런 상호 관계성에 대한 표현은 낙원에서 맨 처음으로 불순종을 저지른 여성에게 "그(남편)는 너의 주인이 되리라"(창세 3,16)고 하신 하느님의 선언을 극복하는 것이다. 그리스도를 통한 하느님의 구원 행위가 하느님이 창세 1-2장에서 세워 놓은 협력 관계를 회복시킨다.

우리에게 훨씬 잘 알려져 있는 핵심적인 본문은 갈라 3장이다. 여기서 바오로는 "믿음으로 말미암아" 생긴 새로운 상황을 기술한다. "여러분은 모두 그리스도 예수님 안에서 믿음으로 하느님의 자녀가 됐습니다. 그리스도와 하나 되는 세례를 받은 여러분은 다 그리스도를 입었습니다. 그래서 유다인도 그리스인도 없고, 종도 자유인도 없으며, 남자도 여자도 없습니다. 여러분은 모두 그리스도 예수님 안에서 하나입니다"(갈라 3,26-28). 이 세상에는 이와 같은 종족적·사회적·성적 차별이 남아있지만, 그리스도 안에서, 곧 교회라고 일컫는 구원된 공동체 안에서 이것들은 전혀 중요하지 않다. 그리스도 안에서 성취된 구원 사건은 창조 때 하느님께서 의도하셨으나 인간의 죄에 의해 파괴된 평등을 회복시킨다.

지금까지 바오로의 저술들에 등장하는 이런 구절들을 논의한 우리는 이제 여성들이 교회 안에서 침묵하지 않으면 안된다는 그의 명령(1코린 14,33ㄴ-36)으로 되돌아가지 않을 수 없다. 여기서 바오로는 "주님 안에서" 또는 "그리스도 안에서"의 성에 대한 새로운 이해보다는 그의 문화적인 유산을 반영하고 있을 가능성이 분명히 있다. 우리는 이미 그가 같은 주제를 논하는 1코린 11장에서 오락가락했던 것을 보았다. 그렇지만 이 대목은 바오로에게서 기원한 것이 아니라 오히려 티모테오 1서의 기자와 같은 정신을 소유한 누군가에 의해 후대에 삽입됐을 것이다. 이 단락은 33ㄱ절과 37절 사이에 끼어들여져서 사상의 흐름을 깨트리고 있을 뿐만 아니라, 바오로가 같은 서신에서 앞서 논증했던 것 가운데 일부와 모순되는 것 같다. 더구나 교회 안에서 여자들이 침묵해야 한다는 것은 바오로가 편지를 쓸 때 인사말에서 다양한 회중의 지도자였던 남성들과 여성들에게 자주 인사말을 전하는 것과도 부합하지 않는 것이다.

그러므로 바오로는 흔히 주장되는 것처럼 남성 국수주의자와는 거리가 멀다. 오히려, 많은 유산을 남긴 이 사도는 핵심적인 여러 구절에서 자신의 입장을 분명히 한다. 곧 그는 "그리스도 안에서" 성차별이 폐지됐다고 주장한다. 그리스도인들의 혼인이나 일반적인 그리스도교 공동체에서 인간의 죄에 의해 생긴 성적 위계질서는 남성과 여성의 평등과 상호 관계성을 위해서 철폐됐다. 그러므로 구원 사건은 하느님의 모상을 따라 창조된 이들에게 주어진 창조 약속을 회복시킨다.

신약성경의 성에 대한 요약

신약성경 기자들은 성과 풍산에 관련된 신화론적인 암시를 거의 사용하지 않았다. 이런 모티프를 회피하는 현상은 철저한 탈신화화와 일맥상통하고, 특히 이스라엘의 예언자들이 가나안의 유혹에 맞서 전투를 치른 히브리 성경에서 이미 분명하게 드러났던 태도다. 게다가 하느님이 아들을 이 세계에 보내신다는 말씀은 신약성경 기자들에게 도전이 됐다. 그들은 그들이 처한 그리스-로마 문화 안의 특정한 신화론적 경향들을 회피하면서도 동시에 '아버지-아들'의 관계를 표현해야 했다.

그럼에도 불구하고 그리스도 안의 새로운 신학적 실재가 요구한 재변형을 관찰하기 위해서 우리가 고대근동 지역의 신화론을 살펴보면서 다루었던 여러 주제들을 고려할 필요가 있다. 하느님의 풍산의 역할과 예수의 성과 성적 표현, 그리고 그리스도 사건이 성적 평등에 끼친 영향과 같은 것들이 우리가 지금까지 다루어 온 주요 논점들이다.

하느님의 풍산의 역할

신약성경에서 세상의 창조주요 풍산을 가져다 주는 분으로서 하느님을 거의 언급하지 않는다. 초대 교회에서 이런 언급이 드문 이유는 아마도 창조와 자연 안에서 하느님의 역할을 선포하는 것은 구약성경을 사용하는 것으로 충분했기 때문일 것이다. 예수께서 자연의 표상을 사용해서 가르치셨다는 약간의 구절을 제외하면, 신약성경 기자들은 주로 그리스도가 창조적 행위 안에서 수행하신 역할을 증명하려고 할 때만 창조에 대해 관심을 갖는 것 같다(특히 1코린 8,6과 콜로 1,15-20을 보라).

그럼에도 고대에서부터 이어 내려온 인간의 출산에서 하느님이 행하시는 특별한 역할은 비록 다른 방법을 통해서이지만 줄곧 지속된다. 독자들은 메소포타미아에서 인간들이 다양한 형태의 주술을 거행함으로써 불모를 극복했음을 기억할 것이다. 가나안에서는 전설적 본문들이 인간 임금이 자녀들을, 특히 왕좌를 이을 남성 상속자를 얻기 위해서 신들에게 기원하고 희생제를 바친 것을 묘사한다. 게다가 우리는 혼인 적령기에 이른 가나안의 젊은 여성들이 미래에 남편이 될 남성에게 후손을 보장해 주기 위해 어떤 식으로 입문의례에 참여하는지를 살펴보았다. 가나안과 메소포타미아 두 지역 모두에서 특정한 신들의 성행위와 그들의 운명은 인간들이 거행하는 의례의 활동과 상응했고, 이 상응점들과 풍산의 역할은 연관됐다. 이집트에서도 어느 정도 이와 유사한 현상이 나타났다.

히브리 성경 기자들은 이런 주술적이고 신화적인 상응성과는 대조적인 모습을 보이면서 야훼의 혼인을 오로지 야훼와 이스라엘 백성 사이의 관계를 묘사하는 강한 유비로 사용했을 따름이다. 천상에서 성적 상대를 지니지 않은채, 인간적인 불모를 풍산으로 변화시키는 야훼의 역할은 꾸준한 기도에 대한 은혜로운 응답으로써만 완성됐다.

루카 복음서의 유년기 이야기에서 하느님은 인간들의 출산을 책임지신다. 아브라함과 사라에 관한 옛 이야기에서 하느님이 하신 역할과 비슷하게, 하느님은 노령의 즈카르야와 엘리사벳 부부에게 요한을 낳을 수 있게 해주셨다. 이 불가능하게 보이는 사건이 이루어질 것이라는 소식은 즈카르야의 기도에 대한 응답으로 그에게 전달됐다(루카 1,13). 그러나 즈카르야가 당황해하는 모습은 그가 오래전에 이미 희망을 포기했음을 의미하는 것 같다(18절). 만일 이런 해석이 옳다면 하느님은 단지 예전에 한나의 경우에서 볼 수 있듯이 꾸준한 기도에 응답해 주실 뿐만 아니라(1사무 1장), 실제로 오래된 꿈을 되살려내는 데 주도권을 행사하시는 분이시다. 물론 이런 주도적인 행위는 가브리엘이 예수의 탄생을 마리아에게 알려주는 것에서 더 선명하게 드러난다. 하느님은 기도에 대한 응답을 해주시기는커녕 결혼을 하지 않은 여자를 임신하게 함으로써 그녀를 위태로운 상황에 빠뜨리셨다. 하느님이 행하신 이런 역할은 우리가 검토해 온 어떤 이야기와도 퍽 다르다. 더구나 마리아가 잉태하는 수단은 어떤 신화적인 사고와도 지극히 거리가 멀다. 성행위가 없는 임신은 다른 종교 체계에서 볼 수 있던 요소가 아니었다.

예수의 성과 성적 표현

우리는 앞에서 호루스 신의 육화요 레의 아들인 이집트의 임금 파라오에 대해 논했다. 이제 우리는 하느님의 아들이시자 '육화한 말씀'인 예수님과 파라오를 비교하고 대조해 볼 차례다. 이 둘 사이에는 어떤 개념과 전문용어의 관계가 분명히 나타나지만, 더욱 두드러지게 나타나는 것은 이집트 왕조의 왕권 계승을 뛰어넘는 예수의 독창성이다. 본질적으로 그 차이점은 이집트 신화론의 많은 부분을 차지했던 것으로 스스로를 출산하는 체계에 있다. 곧 파라오는 자신의 어머니를 대표하는 한 여성과 성교하여 신(그의 후계자)을 잉태하게 했다. 그러나 이것과 대조적으로 예수는 절대 성교를 통해서가 아니라 한 동정녀에게 작용한 성령을 통하여 하느님의 아들로서 잉태되셨다. 그러므로 하느님의 아들로서 예수의 기원은 이집트 파라오의 그것과는 전혀 다르게 묘사된다. 더욱이 신약성경은 예수의 성행위에 대해서 완전히 침묵하기에, 그분은 그분 자신이나 그분과 같은 존재를 영원히 재생산한다고는 절대 생각될 수 없었다. 우리가 이미 주장했던 것처럼 신약성경의 이런 침묵은 고대하던 종말론적인 "메시아"

가 다윗의 왕위를 계승하여 왕조를 지속시킬 분이 아니라, 마지막 분이라는 관념과 연관된 것 같다. 그러므로 예수의 신부는 어떤 풍산을 이룰 여성이 아니라 교회라고 부르는 신앙인들의 공동체다. 그것은 마치 히브리 성경에서 야훼의 신부가 계약 공동체인 이스라엘인 것과 같다.

이집트 종교에서 파라오는 정적인 불멸성을 얻고자 죽음과 불모를 거부하는 중요한 방법이 스스로를 영원히 보존하는 것이었다. 이와 달리 예수님에 대한 신약성경의 묘사는 죄의 결과로 인간의 죽음을 긍정하지만 죽은 이들이 부활하는 역동적인 승리를 선포하는 것이다.

그리스도 사건이 성적 평등에 끼친 영향

메소포타미아와 이집트에서 (그리고 필경 가나안에서도) 여성의 지위는 절대 남성의 그것과 평등하지 않았다. 메소포타미아에는 권력을 행사한 여성 인물이 있었고, 이집트에는 아마르나 시대의 예술과 애정의 대상으로서 예외적인 여성이 존재했지만, 그래도 고대근동은 분명 남성의 세계였다.

창세 2-3장의 야휘스트 기자는 문화적인 성적 불평등을 신학적인 주제로 다루었다. 그는 자신이 살던 시대, 곧 기원전 10세기의 상황을 에덴 동산에서의 체험에서 비롯된 것으로 설명했다. 하느님은 서로를 위한 짝으로서 남자와 여자를 창조하셨지만, 과일나무에서의 불순종 때문에 이 관계와 다른 관계들이 왜곡되고 추락했다. 죄의 결과로 남성이 아내를 지배하게 됐다.

남성과 여성을 동등하게 취급하는 것이 특히 루카가 전하는 예수님 직무의 특징이다. 그분의 가르침뿐만 아니라 그분이 돌보는 일에서도 남성과 여성은 똑같은 대우와 관심을 받았다. 더욱이 남성이든 여성이든 상관없이 만인은 예수님의 화해의 직무가 미치는 영향을 체험한다.

분명히 문화적 불평등의 일부 흔적이 신약성경, 특히 1티모 2장과 1코린 11장에서 분명하게 보인다. 이 본문들에서 창세 2장에서 남성과 여성이 창조된 순서가 남성의 우선권에 대한 결정적인 근거로 해석된다. 하지만 우리는 창세 2장을 연구하며 이런 순서가 동등성을 확립하는 "그의 협력자로서 돕다"라는 표현만큼 중요하지 않다고 주장한다. 남성의 우선권을 당연한 것으로 여기는 위의 본문들과 다른 여러 구절이 있음에도 불구하고, 바오로의 편지들은 또한 당대의 문화를 거스르는(anti-cultural) 입장도 강하게 주장한다. 곧, 그리스도 안에서 창조 때에 하느님이 의도하신 평등이 회복됐다는 것이다.

풍산과 부활

신약성경에는 풍산과 성적 표상이 거의 없다. 하지만 예수의 죽음과 부활이라는 강력하고도 독창적인 역사적 사건의 결과를 자연적이고 순환적인 유비로 묘사한다. 요한 복음서에는 예수님 자신이 죽어야 한다고 말씀하시는 곳에서 씨와 씨뿌림의 형상이 사용됐다. 이는 공관복음서에도 자주 등장하는 것이다. "… 밀알이 땅에 떨어져 죽지 않으면 한 알 그대로 남고, 죽으면 많은 열매를 맺는다"(요한 12,24). 이와 마찬가지로 바오로는 죽은 이들이 어떻게 일으켜지는지 (수사학적인?) 물음에 대해 답하기 위해 똑같은 종류의 유비적인 표현을 사용한다. 그는 자연의 예를 들어 부활한 육신의 본성에 대해 설명한다. "그대가 뿌리는 씨는 죽지 않고서는 살아나지 못합니다"(1코린 15,36). 그러므로 예수님 자신의 부활(요한)과 죽은 이들의 일반적인 부활(바오로)은 모두 한분과 모든 이를 위한 종말론적 사건이며 척박함과 풍산이라는 순환적인 양식으로 묘사된다.

분명히 여기서 그리스도의 부활이라는 새로운 신학적 실재가 신화론적 양식을 변형시킨다. 혹자는 요한과 바오로의 이런 형상이 헬레니즘 세계의 풍산 종교에서 도출한 것이라는 가능성을 거론할 수도 있겠지만, 그럼에도 요한과 바오로의 순환적 양식과 고대근동의 그것들 사이의 유사성이야말로 우리의 논의에 꼭 필요한 유비를 이룬다.

1코린 15장에서 부활에 대해 논하고, 결론을 내리기 위해 구약성경을—이미 신화적인 모티프가 변형된 것을—인용한 것 또한 꼭 필요한 것이다. 우리는 가나안의 바알 이야기를 논하면서 바알이 얌을 패배시킨 뒤에 모투는 저승으로 바알을 초대했고, 이 "죽음"의 신인 모투가 땅의 식물을 삼키듯 바알을 삼켜 버렸음을 이미 살펴보았다. 바알이 저승으로 내려가는 이야기는 중동의 뜨거운 여름마다 닥치는 연례적인 가뭄, 그리고 곡식의 죽음에 상응하는 것이었다. 이사야서의 묵시론적인 부분에는 야훼께서 먹는 자와 먹히는 대상의 역할을 역전시키리라는 종말론적 희망이 표현되어 있다. "그분께서는 영원히 죽음(=모트)을 없애 버리리라”(이사 25,8). 이미 이사야서의 이 구절에서 모트/모투의 패배는 풍산과 불모의 연례적 순환뿐 아니라 죽음과 삶이라는 인간의 순환도 없애 버릴 것이다. 바오로는 종말론적 희망을 품고 그리스어 구약성경에서 위 구절을 인용했다. 그는 “승리가 죽음을 삼켜버렸다”(1코린 15,54)고 말하며 죽은 이들에게 도래할 부활을 말한다.

마지막으로 묵시록을 쓴 요한은 우리가 여기서 논의해 온 여러 표상들과 모티프들을 한데 결합시켜 놓았다. 그는 마지막 날에 대한 마지막 환시에서 이렇게 전한다.

> 나는 또 새 하늘과 새 땅을 보았습니다. 첫 번째 하늘과 첫 번째 땅은 사라지고 바다도 더 이상 없었습니다. 그리고 거룩한 도성 새 예루살렘이 신랑을 위하여 단장한 신부처럼 차리고 하늘로부터 하느님에게서 내려오는 것을 보았습니다. 그때에 나는 어좌에서 울려오는 큰 목소리를 들었습니다.
>
> “보라, 이제 하느님의 거처는 사람들 가운데에 있다.
> 하느님께서 사람들과 함께 거처하시고
> 그들은 하느님의 백성이 될 것이다.
> 하느님 친히 그들의 하느님으로서 그들과 함께 계시고
> 그들의 눈에서 모든 눈물을 닦아 주실 것이다.
> 다시는 죽음이 없고
> 다시는 슬픔도 울부짖음도 괴로움도 없을 것이다.
> 이전 것들이 사라져 버렸기 때문이다”(묵시 21,1-4).

제3부

거룩한 산(山)

제7장
절대적 거룩함을 지닌 산

신화론에서 거룩한 산을 이해하는 데 핵심적인 것은 우리의 양적인 관점과는 확연히 다른 관점에서 공간이 실현되는 것이다. 우리 세계에서 공간은 넓이와 위치의 관점에서 평가된다. 그러나 신화론적 사고에서 공간은 양보다는 질의 문제다. 말하자면 공간의 가치는 상대적이 아니라 절대적으로 정해진다. 한 장소에서 개인 또는 공동체가 체험한 것은 그 장소의 가치를 결정한다. 공간의 체험은 즐겁거나 불안하거나 경외감이 들거나 신비한 것일 수도 있다. 그러나 어떤 방법으로든 그곳에서 신과의 만남이 있었다면, 그 장소는 거룩함의 특성을 얻게 된다.

이런 사고방식이 우리의 이해 범위를 완전히 벗어나는 것은 아니다. 사실 우리도 이러저런 방법으로 공간을 체험하기 때문이다. 등산가는 산비탈을 단순히 높이나 모양만으로 느끼지 않는다. 그는 자신이 정복하려는 대상이 자신에게 저항하고 있음을 느끼면서 산비탈을 체험한다. 마찬가지로 많은 사람들이 타인과의 "거리"를 지키는 것은 단순히 타인과 물리적으로 멀리 있으려는 것이 아니다. 그것은 친한 사이라도 느낌, 생각, 그리고 감정 같은 사생활이 보장되어야 함을 의미한다.

이 장은 여러 종교들의 신화와 신학에서 다양한 산들에 대한 이런 공간적 특성의 본질을 탐구하려고 한다. 여기서 우리의 기초적 질문은 거룩한 산의 특징이나 기능과 관련되어 있다. 그것은 무엇보다도 이런 다양한 산들이 어떻게 거룩하게 체험됐는가를 묻는 것이다.

그러나 특정한 산을 검토하기에 앞서 성지(聖地)에 대한 더 일반적인 경향을 관찰하는게 중요하다. 신화론적으로 말한다면 세계의 중심에 거룩한 산이 있다. 이 산은 양적인 하나의 산이 아니라 종교공동체들이 저마다 성스러운 존재와 대면하는 질적인 산이다. 이 산은 천상과 지상과 저승을 잇는 "세상의 축"(*axis mundi*)을 형성하는 지점이다.[1] 이런 공간에는 특별한 권능이 있기 때문에 다양한 신전을 세운다. 그곳에서 지상의 인간 공동체는 천상의 성스러운 신들의 의회와 통교하고 그럼으로써 양육될 수 있었다. 인간 공동체에 꼭 필요한 양육이 여기에서 이루어졌기 때문에, 이런 공간은 어머니가 태아를 기르는 탯줄이 있는 자리로 생각되어 "세상의 배꼽"으로 일컬어졌다. 그리고 신화론에서 신들의 행동은 지상에서 나타나는 현상에 상응하므로, 이런 성스러운 산에 세워진 신전은 천상에 있는 신들이

1. 다음의 논의를 보라. Mircea Eliade, *Cosmos and History: The Myth of the Eternal Return* (New York: Harper & Brothers, 1959), pp. 12-17.

사는 집의 모델과 상응한다.

이집트: 태초의 창조의 산

이집트는 고대부터 창조 신화가 여러 개 존재했는데, 대개 만물의 창조 이전 상태를 물의 혼돈으로 묘사한다. 태초의 상태는 나일강의 범람으로 매년 발생하며 시간과 상응한다. 더구나 나일강의 물의 양이 줄면 작은 산 또는 섬이 강 한가운데에 나타나는데, 이처럼 창조 때 이루어진 산은 태초의 심연으로부터 떠오른 땅으로 묘사된다. "태초에" 창조신 아툼(*Atum*)이 있었다. 만물이 그 안에 있었으므로 그는 창조될 필요가 없었고 오히려 모든 것을 창조했다. 그러므로 창조의 시기에 떠올라 창조신이 서 있었던 산은 창조의 권능과 접촉할 수 있는 성지였다. 그런 성지에 공동체는 신전을 세워 신과 친교를 이루었다. 그러므로 신전을 세운 헬리오폴리스, 헤르몬티스(*Hermonthis*), 멤피스(*Memphis*), 테베, 람세스는 신전의 도시였다. 신전의 사제들은 저마다 자신의 신전이야말로 태초의 산이 떠오른 지점이라고 주장했다.

아툼신은 특히 현대의 카이로 근처인 헬리오폴리스에서 섬김을 받던 신이었다. 나일강의 상류에 위치한 테베에는 아문-레의 유명한 신전이 있었다.

> 테베는 (다른) 모든 도시들을 넘어서는 "규범적인" 도시다. 맨 처음부

터 그곳엔 물과 땅이 있었다. (그리고) 모래가 밀려와서 들의 '한계를 정하고,' 작은 언덕에 그 도시의 땅을 창조했다. (그러므로) 땅이 생겨났다.[2]

강의 훨씬 더 위쪽으로 올라가면, 나일강 복판에서 엘레판틴 섬이 떠오른다. 나일강의 고대 잠수부들이 그 바닥을 찾지 못할 정도로 깊어서, 그들은 당연히 강이 용솟음쳐 나오는 심연의 동굴이 있는 곳이라고 믿었다. 이 섬의 남쪽 끝에는 고대의 창조신인 크눔(*Khnum*)의 신전이 있었는데, 이 신전은 기원전 13세기의 람세스 2세부터 기원전 2세기의 클레오파트라까지 이집트 역사를 거쳐 중요한 인물이 찾았던 곳이다. 창조신과 접촉함으로써 이집트의 통치자들은 그 자신의 권력과 영향력을 분명히 증진시킬 수 있었다.

태초의 산에 건설된 신전은 신의 집으로 생각됐다. 그러나 신들은 공기, 태양, 지평선, 폭풍 등의 우주적 본성을 지녔기에, 신전이라는 집은 세상의 축소판으로 묘사됐다. 성스러운 영내로 들어가기 위해 거쳐야 될 탑문(塔門)은 천상으로 뻗어 있다고 믿었다. 때때로 신전의 천장을 푸른 색으로 칠하고 점점이 별을 박았다. 지금도 카르낙이나 덴데라(*Denderah*)의 신전에서 볼 수 있는 '성스러운 호수'는 아마도 태초의 심연의 구실을 했을 것이다. 마루는 흔히 땅으로 묘사되는데, 로터스 나무와 파피루스가 기둥으로서 그곳에서 자란다. 그리고 신상을 모신 가장 내부의 지성소를 태초의 산이라고 생각했다.

---

2. ANET, p. 8.

이집트인들은 신의 주거가 제한받는다고 느끼지는 않았지만 신전에 특정한 상징을 지닌 신상을 만들어 모셨다. 이런 신상을 교묘하게 조작하여 신의 명령을 얻어냈고, 결과적으로 어떤 건물의 짓거나 전쟁을 일으키거나 죄의 유무를 재판하는 등의 문제를 해결했다. 다시 말해 신은 그 성지에서 구체적인 방법으로 현존했고, 사람들은 공동체적 삶과 관련된 다양한 질문을 신에게 물었고, 신은 답을 주었다.

많은 신전이 태초의 산에 건설됐다고 주장함에 따라 양적인 문제가 제기된다. 우리 현대인 논리에 따르면, 어떻게 여러 장소들이 창조의 시기에 떠오른 바로 '그' 산을 대표할 수 있는가가 궁금하다. 물론 한 사제 집단이 신전들 가운데 가장 우월한 신전을 두고 다른 집단과 경쟁하고 논쟁했다는 설명이 가능하다. 그러나 이런 내부의 투쟁은 이집트 종교의 역사에 전혀 알려져 있지 않다. 예를 들어 기원전 14세기 파라오인 아케나톤은 태양 모양의 원판인 아톤 숭배를 장려하기 위해서 아문신과 관련된 모든 것을 신전에서 없애 버렸다. 그 자신의 이름을 아멘호텝 4세(*Amenhotep IV*)에서 아케나톤(*Akhenaton*)으로 바꾼 것이 이 변혁의 증거다. 하지만 그가 죽자 곧바로 그의 후계자에 의해 이 운동은 끝났다. 그 후계자는 처음에는 투탄카톤(*Tutankaton*)이었지만 후에 투탄카문(*Tutankhamun*)으로 이름을 바꾸었고, 나라의 모든 신전에서 원래 관습을 따르게 됐다. 그러나 어떻게 태초의 산의 지위를 주장하는 여러 장소를 인정할 수 있을까하는 우리의 생각 같은 논쟁이 있지는 않았다. 그 예배하는 공동체가 창조의 권능을 그 신전에서 경험한다면, 그 신은 아툼신의 권능에 참여한 것이므로 그 공동체는 그곳이 '어떤' 태초의 산이 아니라 바로 '그' 태초의 산이라고 고유하게 주장할 수 있었다.

생명을 주는 태초의 권능이 산에서 유래했기에 새 생명도 태초의 산에서 일어날 것이라고 믿었다. 당연히 태초의 산에 세워진 몇몇 신전에서는 그 신전의 땅 밑에 오시리스의 무덤이 있다는 전승이 존재했다. 그러나 이 신전-산은 단순히 오시리스가 묻힌 장소만이 아니라 또한 오시리스가 죽음에서 일어나 임금으로 등극하는 장소였다. 이 전승에 기초해서 초기 피라밋이 태초의 산을 대표하기 위해 건설됐다고 이해할 수 있다. 기원전 24세기의 메르-네-레(*Mer-ne-Re*)와 페피 2세의 왕족 피라밋 헌정 의례에서는 우주 창조를 회상하며 아툼에게 성스러운 산을 나타내는 피라밋을 축복하도록 기원했다.[3]

비록 창조 시기의 태초의 산과 이른바 "그 위에 하늘이 놓여 있는 바쿠(*Bakhu*)의 산"의 정확한 관계를 파악하는 것은 어렵지만, 최소한 "그 산봉우리 위에 큰 뱀 …"이 있고 "그가 뒤엎을 산 위에 있는 자"라는 이름을 지녔다는 점을[4] 주목해야 한다. 이 뱀은 태양이 저승을 통과하는 밤의 여행 동안 태양신을 삼키려는 아포피스와 동일한 것 같다. 그렇다면 위 본문은 천상과 저승이 태초의 산으로 합류됨을 가리킨다.

이집트 신화론에서는 창조 시기의 산의 역할 때문에 산이 성화(聖化)됐다. 이 태초의 사건에 산이 참여함으로써 각각의 예배 장소는

3. ANET, p. 3을 보라.
4. ANET, p. 12.

우주적으로 성화됐다. 이런 질적 특성은 같은 장소에 신전이 바뀌어도 오래 지속되어, 옛 파라오식 지배를 모방한 프톨레마이오스와 로마 시대까지 이어졌다. 그러므로 고대 이집트에서 특정한 자리의 신성은 절대적인 것이었다.

메소포타미아: 신들의 문(門)

이집트나 메소포타미아나 산은 그리 많지 않았고, 사람들의 삶에서 중요한 역할도 하지 않았다. 그러나 신전 그 자체 또는 신전 지역의 어느 한 구역은 땅의 세계와 천상의 세계를 잇는 우주적 산을 대표했다. 신화론적으로 이런 산-신전의 기원은 『에누마 엘리쉬』 신화에서 가장 잘 묘사된다.

마르둑이 티아맛을 정복하고 그녀를 두 동강내서 그 절반으로 하늘을 만들고 난 다음, 승리한 새 임금은 신전 자리를 찾으려 하늘을 둘러보았다. 그는 압수 위에 세워진 에아의 거처 바로 위에서 자리를 발견하고, 자신의 탄생한 그의 아버지의 궁전과 똑같은 궁전을 만들었고 그곳을 에샤라로 불렀다. 하늘의 빛들을 조직하고 천상의 신들이 지상에 지는 의무를 정하고 나서, 마르둑은 "그의 거처에서 쉬기 위해 왕위를" 내놓는다. 그것은 "'지극히 높은' 바빌론의 왕위"가 됐다. 사실 마르둑을 위해 세워진 신전은 "당신의 집이 있는 곳"인 바빌론에 위치해 있었고, "지극히 높은 머리의 집"인 에사길라라고 불리던 땅의 신전은 마르둑이 천상에 건설한 에샤라와 상응한다.

그러므로 "세상의 축"에 천상과 지상과 저승의 신전이 건설됐다.

신전이 건설되자마자 신들은 잔치를 열었다.

> 위대한 신들이 각자 자리를 잡으셨네
>
> 축제의 술잔을 들고 연회(=잔치)에 앉았다"[5]

이것은 예전에 신들이 아누의 신전에 모여 마르둑을 신들의 대표로 임명하여 전투에 내보낼 때와 매우 비슷하다. 따라서 그가 승리하여 우주의 현재 질서를 잡은 사건에 기초하여 에샬라에 있는 마르둑의 집과 바빌론에 있는 땅의 대응물은 신들이 모이는 새로운 장소가 된 것이다.

게다가 지상의 새 궁전은 마르둑이 왕위에 오르는 곳일 뿐 아니라 신들이 압수의 궁전과 천상의 궁전을 여행할 때 밤에 쉬어 가는 장소이기도 했다. 도시의 신전을 이렇게 이해했기 때문에 그 도시를 "신들의 문"을 뜻하는 '밥-일리'(*Bab-ilī*) 또는 '밥-일라니'(*Bab-ilānī*)로 불렀고, 여기서 바빌론이라는 이름이 나왔다.

기원전 2천 년대에 이렇게 신들의 의회가 소집되는 장소이자 지상과 천상이 만나는 곳으로서 신전을 보는 이야기가 새롭게 마르둑과 바빌론에 적용됐지만, 사실 메소포타미아에서는 그 이전부터 존재했다. 태초의 투쟁에 대한 앞의 논의에서 이미 살펴보았듯이, 현존하는 『에누마 엘리쉬』 본문은 그 지역의 오래된 개념과 이야기가 마

---

5. ANET-K, p. 101; ANET, p. 69.

르둑화 또는 바빌론화된 것이다. 바빌론에 마르둑의 신전이 세워지기 전에 신들의 의회는 닙푸르시의 신전에서 소집됐다. 수메르의 정치 구조에 따라 신들은 "산(山)의 집"으로 번역될 수 있는 에쿠르(*Ekur*) 앞마당의 한켠에 모였다. 신전 지역 전체는 "하늘과 땅의 결합"이라는 뜻인 두르-안-키(Dur-an-ki)라고 불렸다. 그러므로 신들의 의회는 산이 아니라 오히려 평평한 땅인 정원에서 일어났다. 그럼에도 이런 지역을 "높은 하늘"(*šāmēm rômîm*)로 부른 페니키아의 항구 시돈에서 알 수 있듯이, 신전 구역은 우주적 산의 대응물로 사고됐다. 따라서 비록 평평한 땅이지만 신전이나 그것의 한 부분은 성스러운 세계와 인간 세계가 연결되는 우주의 높은 곳을 대표한다.

신들이 닙푸르에 모여 하는 일은 훗날 마르둑에게 했던 것과 다르지 않다. 그러나 마르둑이 통치하던 정치적 체제와는 매우 다르게, 신들의 결정은 그때마다 즉석에서 결정됐다. 기본적으로 신들의 결정은 다음의 두 범주 가운데 하나다. 임금을 포함한 인간적 지도자와 신적 지도자를 선출하고 임명하는 일과 법정에서 인간과 신의 악행을 심판하고 선고하는 것이었다. 마르둑이 바빌론을 통치하고 영원한 왕조를 세우자 의회의 첫째 기능은 변했고, 두 번째 기능은 천상과 지상을 다스리도록 임명된 신들의 관할이 됐다. 그런데 어느 경우가 됐든 신들이 모였을 때 핵심적 구성 요소는 먹는 것이었다. 곧, 신전은 신들이 잔치를 여는 장소였다.

신전의 거룩한 권능과 그 신전의 신은 뗄 수 없이 서로 엮여 있어서 관습적으로 몇몇 신들은 "산"이라는 별칭으로 불렸다. 엔릴은 "큰 산"으로 불렸는데 지리적으로는 지류가 흘러나오는 동쪽 산들을 가리키는 것 같다. 후대에 아시리아의 국가신 아슈르(*Ashur*)는 거듭해서 "큰 산"(*šadû rabû*)으로 불렸고 아슈르의 신전은 '에-후르삭-갈'(*E.hursag.gal*), 곧 "큰 산의 집"으로 불렸다.

이집트처럼 메소포타미아의 신전은 신의 집이었다. 신전 건물이 완공되면 신의 신상을 신전 안으로 옮기는 행진이 축제의 분위기에서 행해졌다. 바빌로니아의 신전에서 신은 작은 방에서 전시됐고, 커다란 문의 반대편에서 신과 약간 떨어져 섬기는 사람들을 무섭게 쏘아보았다. 반면 아시리아의 신전에서는 예배자들이 신과 매우 친밀한 관계 안에서 신과 같은 방으로 들어갔다. 어쨌든 신이 있는 신전의 구조는 왕의 거처, 즉 궁전의 도면과 건축학적으로 매우 비슷했다. 더구나 신의 하루 활동 시간도 왕의 그것과 비슷했다. 그러므로 비록 영원한 거처는 천상에 있지만, 신전은 신이 통치하는 궁전이었다.

신은 신전의 가장 높은 탑의 꼭대기에 머무를 수 있었다. 바빌로니아인들이 지쿠라트(*ziqqurrat*, "산봉우리")라고 부른 이 탑은 천상에 이르기에 신이 하늘에서 하강하거나 압수에서 승천할 때에 앉는 자리였다. 『에누마 엘리쉬』에서 마르둑의 에사길라를 묘사한 것처럼, 아마 이곳은 신이 쉬는 자리였던 것 같다. 불행하게도 신전탑의 꼭대기의 성스러운 장소에 대해 더 알 수 있는 문학적 또는 고고학적 자료를 얻을 수 없다. 그러나 꼭대기에 이르는 계단이 있었고, 맨 꼭대기에 파란색 벽돌이 있었다는 암시는 존재한다. 계단은 사제(들)가 의례에서 탑을 오르내리기 위해 꼭 필요했을 것이지만, 신화론적으로는 신들 자신이 이 계단을 오르내리는 것도 가능하다. 꼭대기에는 푸른

칠을 해서 (이집트 신전 같이) 하늘을 나타내어, 그 꼭대기가 신들이 사는 천상에 이르렀다는 것을 암시하려고 한 것 같다.

따라서 지형학적으로 메소포타미아의 자연에서 "세상의 배꼽"을 볼 수는 없지만, 신전들과 신전에 딸린 신전탑은 저승(=압수)에서 지상을 거쳐 천상에 이르는 우주적 산을 대표하고, 이 세 세계를 잇는 성스러운 공간으로 기능한다. 신들은 식사하고 결정하기 위해 이곳에 모이고 천상과 지상의 삶에 영향을 끼치는 칙령을 반포하며 임금들을 세우거나 도시들을 파괴하거나 판결을 내리거나 징벌을 집행한다. 또한 그곳에서 신들은 왕궁에 온 손님을 맞듯 예배자들을 맞이하기도 했다.

신전은 다양했지만 그런 장소가 성화되는 방법은 이집트의 모티프와 다르지 않았다. 메소포타미아의 모든 신전의 정확한 기원에 대한 증언을 얻을 수 없기 때문에, 우리는 약간의 증거로 일반적인 대답을 제공할 수밖에 없다. 『에누마 엘리쉬』에 따르면 바빌론에 있는 마르둑 신전의 기원은 혼돈의 도전을 물리치자마자 우주의 현질서를 창조하고 조직한 "태초의 때"로 거슬러 올라간다. 그러므로 그 공간은 우주 발생의 행위에 참여함으로써 절대적 의미로 거룩하게 만들어진 것이다.

닙푸르에 있는 인안나의 신전 또한 창조에 근거하여 성화됐다. "곡괭이의 창조"(The Creation of the Pickaxe)라고 하는 수메르 신화는[6] 그

---

6. Samuel Noah Kramer, *Sumerian Mythology* (Philadelphia: The American Philosophical Society, 1944), pp. 51-53.

신전이 "육이 싹터 나오는 장소", 즉 인류가 발생한 장소라고 이야기한다. 닙푸르 신전의 영역은 태초의 시기에 설립됐다. 그 신전은 닙푸르를 고대 수메르인의 삶에서 중요한, 곧 지도적 역할을 하는 곳이 되게 하는 신성의 특성을 소유했다.

가나안: 두 산의 설화

우가릿 본문에는 분명히 신들의 집으로 생각되는 여러 산들이 있다. 특히 만신전의 우두머리 엘은 랄라(Lala) 산(이렇게 읽는 데는 의문이 있다. 아마 "엘 산"을 잘못 읽었을 것이다)에 집이 있었다. 혼돈을 꺾고 이긴 바알도 그의 승리를 통해서 차폰 산에 건설된 궁전에 대한 권리를 얻었다. 이 각각의 거룩한 산은 특별한 주의를 요구한다. 왜냐하면 산에서 수행된 기능은 기본적으로 저마다 달랐기 때문이다.

엘의 집

산에 있는 엘의 거처는 얌(=얌무)의 전령이 신들의 의회에 도착했을 때 처음 언급된다. 전령들은 바알에게 항복하여 종이 되라는 얌(=얌무)의 명령을 전달했다. 전령들의 여행은 다음과 같이 묘사된다.

> 종들은 나아갔다, 두 종은 앉지 않았다.

그리하여 이제 그 둘은 얼굴을 돌렸다.[7]

랄라산 한 가운데로

(신들의) 총회를 향해.[8]

정확하게 룰라로 읽든 랄라로 읽든 우리는 이 짧은 언급에서 엘이 주재하는 신들의 의회가 산에서 이루어졌음을 알 수 있다.

본문은 엘이 생활하는 산의 위치에 대해 더 풍부하게 묘사한다. 여러 신들이 집을 떠나 엘의 집에 도착한다. 하지만 아세라 여신의 방문이야말로 전형적 양식을 나타내기에 충분하다.

그리하여 이제 그녀는 얼굴을 돌렸다.

두 강의 원천의 엘을 향해.

두 지하수의 바닥 한가운데로.[9]

"우가릿 본문의 엘"이라는 연구에서 포프는 이런 물에 대한 묘사에 기초해 볼 때, 엘은 천상에서 내던져져 저승에 산다고 결론 내렸다.[10] 포프는 자신의 주장을 뒷받침하기 위해서 흥미있는 논점을 몇 가지 제시했지만, 우리는 천상과 저승 그리고 하늘과 땅의 묘사는 서

7. 역주: '얼굴을 돌리다'는 방향 전환을 의미하는데, 여기서는 방향을 잡고 나아간다는 뜻이다.
8. KTU[3] 1.2:I:19-21; ANET-K, p. 240; ANET, p. 130.
9. KTU[3] 1.4:IV:20-22; ANET-K, pp. 266-7.
10. Pope, *El in the Ugarit Texts*, pp. 61-81.

로 상응하는 경향이 있고 특히 신들의 집에 대해서는 더욱 그렇다는 점을 기억해야 한다. 마르둑은 압수에 있는 에아의 집과 전적으로 상응하는 방식으로 천상에 그의 신전을 지었고, 바빌론에 있는 마르둑의 땅의 집은 천상에 있는 에샤라를 따라서 건축됐다. 엘의 집이 물에 둘러싸여 있다고 해서 그의 집이 반드시 땅 밑에 있었음을 의미하지는 않는다. 결국 엘의 집에 대한 묘사는 일관되게 두 가지 형태, 즉 "두 강"/"두 심연"을 포함하므로, 그의 거처는 천상과 심연의 세계로 들어갈 수 있는 "세상의 축"으로서 우주적 산에 위치해 있다고 결론 내릴 수 있다. 고대의 우주관에 따르면 대양 또는 심연은 땅 밑뿐 아니라 창공에도 존재했다. 하늘의 창문을 통해 비가 오고 땅 밑의 샘에서 물이 솟아나와, 이 두 곳 모두에서 물이 땅에 뿌려지거나 범람할 수 있었다(창세 7,11; 8,2를 보라). 그러므로 이 강/심연의 원천 또는 샘은 저승에 뿌리를 두고 천상에 꼭대기를 둔 우주의 중심, 즉 거룩한 산이었다.

포프는 그 산이 지상에 접촉하는 지점을 아파카(*Aphaca*), 즉 현대의 키르벳 아프카(*Khirbet Afqa*)로 제시한다. 그곳에는 고대에 아스타르테(*Astarte*), 아프로디테(*Aphrodite*), 그리고 비너스(*Venus*)의 신전이 있었다. 시리아의 베이루트 동북쪽에 있는 키르벳 아프카에는 고대의 아도니스(*Adonis*)강, 즉 현대의 나르 이브라힘(Nahr Ibrahim)강의 원천이 있다. 요르단강의 원천이자 로마의 풍산신 판(*Pan*)의 신전이 있던 반야스(*Banyas*)처럼, 키르벳 아프카에서는 먹고 마시는 의례가 열리기도 했다. 그곳의 자연을 보면 그곳은 엘의 집인 것 같다. 그 강은 동굴에서 흘러나와 골짜기로 굽이치지만 그 강의 동굴 위에는 1천 피트(300

미터—편주)가 넘는 절벽이 솟아 있다.[11] 우가릿 본문의 묘사와 키르벳 아프카가 위치한 곳의 관계는 "강바닥"이라고 번역되는 *apq*에 근거한다(히브리어에서도 אפיק는 때때로 "강바닥"으로 번역된다.). "두 심연"과 *apq*는 시편 18,16의 "바다(=얌)의 '밑바닥'이 보이고 땅의 기초가 드러났네"에도 쓰였다(=2사무 22,16). 어쨌든 엘의 천상 거처에 대한 지상의 대응물은 지리적으로 키르벳 아프카의 산이었을 것이다. 만약 그렇지 않다면 예배자들이 세상의 축에서 그 신에 접근할 수 있는, 즉 엘의 현존의 장소로서 기능하는 다른 비슷한 장소가 필요했을 것이다. 지리적으로 어느 곳이 정확한 자리이든 엘의 집에 대한 묘사는 그의 집이 땅의 풍산을 일으키는 강의 원천에 있다는 것을 암시한다.

신들의 의회가 엘의 거처에서 이루어지기에 이 공간은 결정을 내리고 칙령을 반포하는 중요한 기능을 지녔다. 바알-아나투 순환에서는 신전 건축 허가를 두고 중요한 결정이 이루어지는 것 같다. 엘은 그 의회에서 분명히 말했다. 첫째, 얌을 위한 궁전을 짓는 것을 허가했고, 나중에 얌을 물리치고 난 다음에야 아세라의 간청으로 바알을 위한 집을 짓도록 허락했다. 이와 같은 결정을 내리고 엘은 신들의 의회를 대표하여 바알에게 종이 되라고 한 얌(=얌무)의 요구도 허락했다. 우리는 이런 모든 것의 배경에 대해 이런 질문을 할 수 있다. 누가 지상과 다른 신들을 다스리는가? 신들의 의회가 반포하는 칙령은 세상의 지배자를 결정하고, 그 결정은 지상에 사는 사람들의 삶에 상응한다. 그리하여 결국 질서 또는 혼돈이 온 우주를 뒤덮을 것이

---

11. Pope, *El in the Ugarit Texts*, pp. 75-81.

다. 이렇게 세상의 중심에 위치한 거룩한 산에서 이루어진 결정은 전적으로 질적인 방법을 통해 전체 우주에 영향을 끼친다.

더구나 메소포타미아처럼 가나안의 신들은 성지에 모여 잔치를 연다. 아마도 이렇게 서로 먹고 마시는 가운데 친밀한 방법으로 신들은 자신들의 우호와 서로에 대한 의무를 재확인했을 것이다. 성경에도 인간들 사이에서 식사를 통해 이렇게 친목을 쌓는 것은 자주 볼 수 있다(여호 9,11-15; 창세 26,28-31). 식사의 실제 목적이 무엇이든, 엘의 거룩한 산은 신들이 잔치를 열고 결정을 내리거나 칙령을 반포하는 장소였다.

바알의 집

우가릿 본문에서 또 하나의 중요한 산은 바알 신의 산, 즉 차폰 산이다. 이 산은 바알의 궁전을 짓기 이전에도 바알의 집이었다. 바알은 나중에 그곳에 궁전을 지어도 좋다는 엘의 건축 허가도 이 산에서 들었고 그 이전에도 여러 소식을 이미 이 산에서 들었다.

차폰 산의 묘사는 특별히 많은 도움이 된다. 얌을 꺾고 엘의 건축 허가를 받고 난 다음, 바알은 최고의 장인신(匠人神) 코싸루와하시수에게 건축을 시작하라고 명한다.

> 서둘러라, 집을 지어라.
> 서둘러라, 신전(=궁전)을 세워라.
> 차폰 산 정상 한가운데에.
> 그 집은 천 리를 에워싼다.

그 신전은 만 길을."[12]

"차폰 산 정상"이라는 언급에서 분명히 차폰은 산이라는 것을 알 수 있다.

급히 오라! 그러면 내가 그것을 드러내주리니.
천상의 내 산 차폰의 한가운데서
성소에서, 내 상속지인 산에서
승리의 언덕 위 사랑스러움 안에서.[13]

차폰의 궁전 건축이 완료되자 바알은 성전 봉헌식에 신들을 초대하여 잔치를 열었다.

그는 자기 형제들을 집으로 불렀다.
자기 친척들을 그의 신전(=궁전) 한 가운데로.
그는 아세라의 아들들 일흔 명을 불렀다.
그는 숫양들의 신들에게 포도주를 바쳤다.
그는 암양들의 여신들에게 포도주를 바쳤다.
…
오랫동안 신들은 먹고 마셨다.[14]

---

12. KTU[3] 1.4:V:54-56; ANET-K, p. 271.
13. KTU[3] 1.3:III:27-31; ANET-K, p. 252.
14. KTU[3] 1.4:VI:44-55; ANET-K, p. 274.

마치 마르둑이 바빌론에 있는 그의 궁전을 완공하고나서 잔치를 열었듯, 바알도 차폰의 새 궁전에서 남신과 여신들을 초대해서 잔치를 열었다. 여기서는 아무런 결정도, 아무런 칙령도 없었다. 그 잔치는 단지 70명의 신들이 모인, 새 궁전을 봉헌하는 잔치였을 뿐이다.

바알의 누이 아나투는 바알의 적을 끝까지 용맹하게 추적하겠다고 장담한다. 그녀의 연설에서 볼 수 있듯, 어떤 혼돈의 세력들은 주기적으로 바알을 새 성지에서 끌어내려 시도했다. 그녀는 누구라도 꺾을 것이라고 선언했다.

> 누가 차폰 산 꼭대기에서 바알님을 내쫓았는가?
> 누가 그의 둥지에서 새처럼 쫓아버렸는가?
> 누가 그의 왕국의 왕좌에서 내쫓아버렸는가?
> 그의 평안에서, 그가 지배하는 권좌에서?[15]

그러므로 바알의 최고 주권은 도전자들의 위협에 언제나 개방된 것 같고, 아나투는 바알의 통치를 보장하려고 거룩한 산을 지킨다. 혼돈에 대한 승리에 기초해서, 그리고 그 산을 "승리의 산"(*ǵr tliyt*)이라고 부르는 최소한 두 개의 구절에 비추어서 볼 때, 그 산은 바알에게 거룩한 산으로 남아있는 것 같다.

그 거룩한 산에 바알이 현존하기에 그의 적들을 공포에 떤다. 차

15. KTU[3] 1.3:IV:1-4; ANET-K, p. 254.

폰은 그가 위엄 있게 현현하는 장소다. 바알은 궁전에 창문을 만들 것인지를 신중하게 유보했지만, 그 장인신은 바알의 두려움을 가라앉혀서 바알은 새 모습의 장치를 시도했다(그것은 구름의 틈으로 묘사된다).

그가 그 집들에서 창을 열었다.
궁전 안의 창문을.
바알은 구름의 틈을 열었다.
바알은 그의 거룩한 음성을 울렸다.
그의 입시울을 열어 되풀이 했다.
그의 거룩한 음성은 땅을 떨게 했다.
그가 입시울을 열자 산들이 물러났다.
… 뚫었다(?).
동쪽과 서쪽 땅의 높은 곳들이 떨었다.
바알의 적들은 숲을 차지했다.
하드의 적들은 깊은 산속을 (차지했다).[16]

바알이 현현하는 모습은 풍우신의 특징을 가장 적절하게 보여준다. 이를테면 그의 음성은 산꼭대기의 구름을 뒤흔드는 천둥으로 표현된다.

그 산이 땅에 대응물을 가지고 있음은 독자들도 예상할 것이다. 하늘의 차폰은 아마도 시리아 북쪽의 아크라 산(*Jebel el Aqra*)과 동일시

16. KTU^3 1.4:VII:25-37; ANET-K, p. 276; ANET, p. 135.

될 것이다. 약 1.6km 정도 산을 타면 구름과 폭풍을 만날 수 있다. 산꼭대기가 구름에 둘러싸이고 천둥이 계곡 아래를 뒤흔들 때, 예배자들은 그 한가운데에 서 있는 바알의 현존을 믿었다. 차폰은 우가릿의 정북쪽에 있으므로, 고대에서는 특정한 지역을 가리키는 데 이 말을 썼다. 다시 말해서 마치 네겝(*Negeb*)을 "남쪽"으로, 얌(지중해)을 "서쪽"으로 사용했듯이, 가나안인들은 하늘의 차폰을 아크라 산으로 경험했기에 이 지역을 "북쪽"으로 알았고, "차폰"은 일반적으로 "북쪽"으로 사용됐다. 우가릿이라는 도시에서 발견된 바알 신전은 차폰 산을 향해 있었다. 그러므로 천상의 행위는 지상의 우가릿에서 사람들과 매우 친근하게 체험된다. 그러므로 지상의 신전에서 사람들이 좋아하는 신들에게 희생 봉헌물로 바친 술과 음식을 먹고 마시면, 거룩한 산에서 벌어지는 신들의 잔치를 체험했었다고 추측할 수도 있다.

두 신과 그들의 산

엘과 바알은 저마다 거룩한 산에 궁전이 있었고, 지상에는 그 대응물이 있어 예배자들이 체험할 수 있었다. 각 산에서 벌어지는 일은 공동체의 삶에 결정적이었고 결국 두 산은 우주적으로 거룩하다. 엘의 거처에서는 지상과 천상을 통치하는 결정이 내려지고 칙령이 반포된다. 바알의 산에서는 혼돈의 힘을 꺾는 전투가 벌어지고 그의 왕권이 유지되며 생명을 주는 비바람이 신의 현존을 묘사한다.

이 산들이 거룩하게 된 방법은 엘의 집보다 바알의 집에서 더 잘 볼 수 있다. 우가릿 본문은 차폰 산에서 바알이 신전을 건설하는 배경을 명백히 보여 준다. 즉 바알이 얌을 꺾고 승리한 다음에서야 신전에서 다스릴 권리를 얻게 됐다. 앞에서 그 우주적 전투의 배경에 대해 논의하면서 우리는 성난 '바다'가 통치되고 늦가을과 겨울의 생명을 주는 비가 흠뻑 내릴때 그 "사건"이 일어난다고 결론 내렸다. 그러므로 바알의 왕위와 그가 등극할 장소에 대한 권리는 자연의 순환에 근거하고 있다. 곧, 바알이 계절에 따라 승리하기 때문에 차폰산은 성화된다.

다른 한편 우가릿에서 발견된 본문은 신들의 의회에서 엘의 지도력과 두 강/심연의 샘에 있는 엘의 산이 지니는 신성을 그저 당연한 것으로 받아들인다. 혹시 엘도 더 오래된 전승에서 "세상의 축"을 쟁취할 (연례적인 또는 그렇지 않은) 전투에서 승리한 적이 있었지 않았을까? 밀러(P. Miller)는 몇몇 증거를 발전시켜 이 가능성을 확인했다. 밀러는 자신의 논문에서 다음과 같이 지적했다.[17] (1) 엘이라는 이름은 원래 "힘"이라는 의미에서 이끌어 낸 것이다. (2) "황소"라는 그의 별칭은 성적 힘뿐만 아니라 전투력도 말한다. (3) 산쿠니아톤은[18] 전쟁에 종사하고 약탈자 우라노스(*Uranos*)를 쫓아버린 크로노스(*Kronos*)와 엘을 동일시한다. (4) 다른 우가릿 본문은 엘을 힘세고 전능한 신으로 그린다. (5) 우가릿의 '키르타 이야기'에서 전쟁을 나간 임금을 인도하는 자는 엘이다. 밀러는 우가릿 본문에서 엘을 늙고 약한 모습으로 묘사한 것은 가나안 전체적으로 볼 때 고유한 것은 아니라고 주장한

---

17. Patrick Miller, "El the Warrior", *Havard Theological Review* 60 (1967), pp. 411-31.

18. 역주: 산쿠니아톤(Sanchuniathon)은 바빌론의 필로(Philo)로부터 언급되는 트로이 전쟁 때의 베리투스(Berytus) 사람이다.

다. 더구나 엘을 전사로 묘사하는 여러 특징들은 기원전 14세기보다 더 오래된 우가릿의 전통을 반영한다. 이런 모든 논점이 어느 정도 타당성이 있지만, 사실 현재로서는 엘의 산이 왜 거룩하게 됐는지 알 수 있는 근거는 없는 실정이다.

아마도 우리가 살펴본 이야기에서 바알과 엘 사이에 긴장이 있다는 점을 주목하는 것이 합당할 것이다. 바알-아나투 순환에서 얌(=얌무)은 자주 "엘의 사랑을 받는 자"로 불렸는데, 엘이 얌(=얌무)의 궁전을 짓도록 편애했고 바알을 얌(=얌무)의 종으로 넘겨 주었다는 점에 근거하면 이 명칭은 매우 적절한 것 같다. 바알의 편에서 보면, 그는 한 번도 엘에 맞서 전투를 벌이지 않았고, 단지 그의 누이 아나투가 좀 더 충격적인 표현으로 그 의회의 지도자를 위협했을 뿐이다. 나아가 비록 바알이 때때로 엘의 아들로 불리고 그 자신이 "그의 아버지, 황소 엘"이라고 언급했지만, 그는 "다간(곡물)의 아들"로 불리는 때가 더 잦았고, 더구나 엘이 바알을 얌(=얌무)의 노예로 넘겨 줄 때 엘도 바알을 그렇게 불렀다. 그러므로 신들의 의회에서 엘과 바알 사이에 투쟁이 있음이 명백하다. 아마도 그 점이 "다른 신들처럼" 집을 갖는데 왜 바알이 어려움을 겪었는지를 설명해 줄 수 있을 것이다. 결국 이 투쟁은 가나안의 종교에서, 더 자세히 말하자면 기원전 14세기경에 가나안 북부의 종교에서 엘의 영향이 감소했음을 보여 준다.

제8장 야훼의 산의 상대성

여러 성전의 "배꼽" 형상에 대한 고찰

고대근동 지방의 문화에서 거룩한 산이 어떤 것인지 보여 주는 고전적인 구절은 창세 11,1-9의 바벨탑 이야기다. 창세 3장에서 시작한 인류 보편의 역사를 마무리하는 이 이야기는 신아르 벌판에 살던 인간들이 어떻게 그들끼리 도시를 짓고 "꼭대기가 하늘까지 닿는 탑을"(4절) 세우기로 결정했는가를 말해 준다. 이 이야기에는 최초의 보편적인 언어라는 모티프가 결합되어 있긴 하지만, 여기서 우리는 히브리 기자(기원전 10세기의 야휘스트)가 바빌론의 지쿠라트의 중요성을 지각한 것만 살펴볼 것이다. 지쿠라트는 꼭대기가 천상에 닿아서 신과 인간 세계를 연결할 수 있는 곳이다. 이 이야기에서 역설적인 왜곡이 보이는데, 그것은 천상에서 내려와 인간의 열망을 흔들어 놓고, 사람들에게 심판을 내려 인간의 목표를 꺾고 사람들을 흩어버린 자는 바빌론의 신이 아니라 야훼였다는 것이다. 이 모티프를 보편적인 언어의 모티프와 결합시킴으로써, 기자는 "바벨"(신들의 문)이란 말의 의미를 재해석한다. 곧 그곳은 하느님께서 이 땅의 모든 언어를 "뒤섞어"(בלל, '발랄') 놓으신 장소가 된다.

바빌론을 암시하는 이 이야기와 함께 "베텔"(בית-אל)에서 야곱의 꿈에 나타난 밤의 환상(창세 28,10-17)도 가나안 의례의 비슷한 관념을 반영한다. 아버지와 형제들로부터 달아난 야곱은 이름 없는 성소("어떤 곳")에서 밤을 보냈다. 그곳에서 야곱은 "층계"의 꿈을 꾸는데 "그 꼭대기는 하늘에 닿아" 있었다(12절). 게다가 즉시 그곳은 신적 세계와 접촉할 수 있는 곳임이 설명된다. "하느님의 천사들이 그 층계를 오르내리고 있었다." 더구나 야곱은 잠에서 깨어 이렇게 외쳤다. "이 얼마나 두려운 곳인가! 이곳은 다름아닌 하느님의 집이다. 여기가 바로 하늘의 문이로구나"(17절). 이런 환상에는 전형적으로 그 환상을 묘사하는 대부분의 동사들이 분사형으로 쓰이는데, 히브리어에서 지속적인 행위를 나타내는 것이다. 그 인간은 영원을 엿보는 즐거움을 누렸다. 곧 그는 태고적부터 지상, 천상, 저승을 잇는 우주적 산을 보았다. 그러므로 천사들이 마치 우주의 영역을 넘나들듯이 그 산을 오르락내리락했다. 여기서 히브리어 "술람"(סלם)을 "층계"로 번역하는 것은 지쿠라트의 계단으로 이해하는 것인데, 이 단어는 "큰 길" 또는 "공성용(攻城用) 언덕"을 의미하는 단어와 관련된 것으로서, 가장 좋은 번역은 "흙언덕"(mound of earth)이다. 베텔을 "하늘의 문"이라고 한 것이 바빌로니아의 신전탑과 유사하다는 점에 비추어 이 구절을 메소포타미아의 전통에 비추어 이해할 수도 있을 것이다. 그러나 이 이야기를 해석하는 우리는 이 성소가 가나안에 위치해 있었고 기본적으로 엘의 신전이란 점을 명심해야 한다. 야곱이 명성을 얻은 이곳의 이름은 "베텔, 곧 "엘(אל)의 집(בית)"이라는 뜻이기 때문이다. 그러므로 이 구절은 가나안과 메소포타미아 사이에 거룩한 산이라는 표상의 유사성이 있음을 보여 준다. 더욱이 그 장소에서 야곱의 체험을 통해 이야기는 야훼화됐고, 야곱은 그곳이 그가 꿈에 보았던 하느님의 집을 대표하는 돌기둥(=기념 기둥)을 세웠다(22절). 인간의 손으로 옮길 수 있는 이 돌이 천상에 있는 하느님의 집의 땅의 대응물이라는 것은 이 돌이 단순한 바위가 아니라 거룩한 공간의 특징을 지녔다는 점을 말해 준다.

판관 9장은 아비멜렉과 그의 군대가 스켐을 정복한 이야기를 전한다.[1] 가알은 아비멜렉의 종이 되기를 거부하고 스켐 성읍 안에 있다가 해가 떠오를 때 성문어귀에 나와 섰다. 그는 군대가 매복해있다가 움직이는 것을 보고 그 성읍의 지배자이자 사령관인 즈불에게 물었다. "보시오, 여러 산꼭대기에서 군대가 내려오고 있소." 즈불이 대수롭지 않게 대답하자 가알은 다시 물었다. "보시오, '세상 배꼽'(טבור הארץ)에서 군대가 내려오고 있소. 부대 하나는 '점쟁이 참나무' 쪽에서 오고 있소."(37절). 나아가 판관 9장의 이야기의 문맥은 이런

1. 역주: 저자는 영어 번역에 대해서 여기서 이렇게 적었다. "거의 모든 영어 성경에서는 마치 지리적 위치를 나타내듯 '땅의 중심'(the center of the land)으로 번역되어 있다. 오직 『예루살렘 성경』(The Jerusalem Bible)만 문자적이고 신화적 표현인 '땅의 배꼽'(Navel of the Land)이라는 번역을 유지한다. 히브리어로는 טבור הארץ인데, 70인역은 "ὀμφαλοῦ τῆς γῆς"으로 번역했다."

해석을 뒷받침해 준다. 스켐성 문 앞에 선 가알은 그리짐 산을 보고 이 말을 한 것인데, 이 산은 가나안의 중요한 성소였으나 나중에 히브리화됐고 결국 사마리아 예배의 중심지가 되어 오늘날까지 지속되는 곳이다.

한편 이런 맥락에서 혹자는 갈릴래아의 타보르 산이 앞의 "땅의 배꼽"(=세상 배꼽)라는 이름에서 유래한 것이라고 말할지 모른다. 그러나 히브리 성경(예레 46,18; 호세 5,1; 시편 89,13)의 철자법이 퍽 다르다는 점이 인정되어야 한다. 타보르(תבור) 산의 이름은 "테트"(ט)가 아니라 "타우"(ת)이고 "베트"(ב)에도 다게쉬가 없다.

히브리 성경에서 매우 신화적인 구절에 바알의 집 차폰 산이 나온다. 이 구절의 정확한 배경은 규정하기 힘들다.

> "어찌하다 하늘에서 떨어졌느냐?
> 빛나는 별(=헬렐, הילל), 여명(=샤하르, שחר)의 아들인 네가!
> 민족들을 쳐부수던 네가
> 땅으로 내동댕이쳐지다니.
> 너는 네 마음속으로 생각했었지.
> '나는 하늘로 오르리라.
> 하느님(=엘)의 별들 위로 나의 왕좌를 세우고
> 북녘(=차폰) 끝 신들의 모임이 있는 산 위에 좌정하리라.
> 나는 구름 꼭대기로 올라가서
> 지극히 높으신 분(=엘욘)과 같아져야지.'
> 그런데 너는 저승으로,

구렁의 맨 밑바닥으로 떨어졌구나(이사 14,12-15).

이 조롱의 직접적인 대상은 역사적인 인물, 즉 바빌론의 임금이다. 하지만 "엘", "엘욘", "차폰" 등의 언급을 볼 때 그 배경은 가나안 문화와 신화임이 분명하다. 더구나 "차폰 … 산 위에 좌정하리라"는 웅장한 포부를 지닌 신화론적인 인물이 "구렁의 맨 밑바닥으로" 떨어진 것은 분명 가나안적인 특징이다. 그의 이름인 "헬렐"(הילל)은 "샛별"이고, 그는 "샤하르"(שחר)의 아들"이다. "샤하르"는 새벽의 "동터오기 바로 직전의 짧은 순간"을 의미한다. 우가릿 문헌의 여러 병행구에서 젊은 신(또는 임금)이 지배하는 늙은 신(임금)의 왕위를 계승하려는 시도를 찾을 수 있지만, 헬렐과 엘욘의 우주적 전투를 증언하는 것은 아직 발견되지 않았다. 어쨌든 차폰 산(흥미롭게도 바알의 산)에서 왕위를 둘러싸고 일어난 투쟁을 전하는 어떤 자연의 신화가 그 배경을 이룬다. 그리고 전체적인 이야기는 변형되어 바빌론의 역사적인 임금은 헛된 환영이라고 주장된다.

시나이 산

여기서 우리는 시나이 산의 위치, 또는 시나이 산과 호렙 산의 관계, 또는 하느님의 산 등을 자세히 밝히려는 연구를 하려는 것이 아니다. 여러 학자들이 이 산의 위치에 대해 다양한 관점에서 심혈을 쏟아 연구했지만 일치된 견해를 낳지는 못했다. 그들은 시나이 반도의 남부라는 전승적인 위치가 아닌, 시나이 산의 정확한 위치를 찾아내기 위한 논점에 비중을 두었다. 어떤 학자들은 아카바 만의 동쪽 지역이라는 근거를 제시했지만, 다른 학자들은 카데쉬 지역이라고 했다. 더구나 (정확한 이름은 말하지 않은) 하느님의 산은 카데쉬에 있는 어떤 산이고 시나이 산은 그와 다른 산인데, 두 전승이 합쳐져 전해 내려온다고 주장하는 사람들도 있다. 호렙 산은 이 산 중 하나이거나 또는 다른 산일 가능성이 있는데, 이 문제는 단순히 사경(四經)과 신명기의 상이한 원천에 기초해서는 설명되지 않는 것으로 남아 있다. 이런 다양한 산의 의례 지도자들을 판단하는 것은 더욱 어려워서, 특히 모세와 아론을 동시에 여러 장소에 등장하는, 신출귀몰한 인물로 만들어 버렸다. 많은 연구에서 이 문제를 다루는 것은 이 문제와 관계된 전승과 본문의 혼합을 이해하는 데 중요하다. 더구나 이런 전승에 대한 어떤 의견 일치가 이루어진다면, 이 산들의 분리와 각 산의 특성을 연구하는 데 가치있는 정보를 제공할 수 있을 것이다. 그러나 오늘날 우리가 보듯이 우리는 너무나도 많은 추측을 요구받고 있다. 따라서 아마 우리는 산들이 서로 혼합됐거나 또는 최소한 하나가 다른 하나와 동일시되어 버린 현재의 전승에 만족해야만 할 것이다.

땅의 배꼽으로서 시나이

사경(四經)에 포함된 시나이 전승(탈출 19-민수 10) 또는 시나이 산에 대한 시에서 "땅의 배꼽"(=세상 배꼽)을 언급하는 곳은 없다. 다만 시나이 산이 하늘과 땅이 만나는 곳이라고 표현한 곳은 한 구절이 있다.

> 주님(=야훼)께서 모세에게 말씀하셨다.
>
> "너는 아론과 나답과 아비후와 이스라엘의 원로 일흔 명을 데리고

> 주님(=야훼)에게 올라와, 멀찍이 서서 경배하여라. 너 모세만 주님(=야훼)에게 가까이 오고 다른 이들은 가까이 와서는 안 된다. 백성은 아예 산으로 올라와서는 안 된다."
>
> …
>
> 모세는 아론과 나답과 아비후와 이스라엘의 원로 일흔 명과 함께 올라갔다. 그들은 그곳에서 이스라엘의 하느님을 뵈었다. 그분의 발 밑에는 청옥으로 된 바닥 같은 것이 있었는데, 맑기가 꼭 하늘 같았다. 주님(=야훼)께서는 이스라엘 자손들의 수령들에게 손을 대지 않으셨으므로, 그들은 하느님을 뵙고서 먹고 마셨다(탈출 24,1-2. 9-11).

하느님의 초대를 묘사하는 이 단락은 모세 혼자만 산 꼭대기까지 올라가고, 다른 사람들은 꼭대기까지 올라가지 않았다고 편집됐다. 12-18절에서 모세 홀로 올라가 돌판 2개를 받고 가르침을 체험했다고 나오기에 이런 편집이 필요했다. 하지만 그곳에서 그 무리가 체험한 것은 그들이 원래 산 꼭대기까지 올라갔음을 알려 준다. "그들은 … 하느님을 뵈었다." 그들은 최소한 청옥(*lapis lazuli*/사피르, ספיר)으로 된 판을 딛고 계시는 하느님의 영을 본 것이다. 후대에 하늘의 법정을 본 에제키엘의 환상에서도 창공은 빛나는 수정으로, 그리고 하느님이 앉아 계시는 옥좌는 "청옥"(=사피르)으로 묘사된다(에제 1,22-26을 보라). 아마도 그것은 옥좌에 앉으신 하느님께서 발을 놓는 앞발판이었을 것이다. 어쨌든 높은 산에 올라간 이스라엘의 인간 지도자들이 하느님이 현존하시는 바로 그 장소인 창공 아래 서있음을 알았고, 결국 그곳은 하느님의 왕좌와 그의 궁전이 위치한 장소였다.

이 산의 초대에 포함된 인간 지도자의 숫자가 이 구절을 해석하는 데 중요하다. 모세 이야기의 전승사 연구에서 노트(M. Noth)는 이 구절은 원래 70명의 인물이 등장하는 본문인데, 모세와 다른 3명이 후대에 첨가된 것이라고 결론 내렸다.[2] 그가 이런 결론의 근거로 제시한 것에 대해서는 논쟁이 여지가 있다. 하지만 이 이야기에서 굳이 70명이 선택될 이유가 없다는 것이 중요하다. 탈출 18장에서 모세는 하느님을 두려워하는 사람들을 뽑아서 그를 돕도록 하고, 그들이 백성을 위해 정의를 판결하도록 하지만 70명이란 언급은 없었다. 후대의 이야기인 민수 11,5-30(야휘스트)에서는 모세의 짐을 덜기 위해서 70명의 원로를 임명한다(탈출 18,22; 엘로히스트 참고).

우리가 다루는 탈출 24장에서 왜 70명이 뽑혔는가를 설명해주는 것은 성경의 문맥이 아니라 거룩한 산의 신화적 배경인 것 같다. 바알의 궁전을 다 짓자 이 풍산의 신은 잔치를 베풀기 위해 아세라의 자식인 남신과 여신 70명을 새 집에 초대했다. 그리고 그들은 "먹고 마셨다". 마르둑은 그의 궁전을 다 짓고나서 잔치를 베풀어 바빌로니아의 신들 50명을 초대했다. 따라서 이 이야기를 전달해주는 히브리인은 이 신화론의 가나안 본문을 계승해서 인간적 영역으로 이 이야기를 변형시킨 것이다. 즉 하느님의 천상 잔치에 초대받은 이 구원받은 백성은 이제 70명 신들이 아니라 70명의 인간 지도자들이다. 그러므로 신화론은 역사화된다. 70명의 손님을 위한 천상 잔치는 지

2. Martin Noth, *A History of Pentateuchal Traditions, trans. Bernhard W. Anderson* (Englewood Cliffs, N. J.: Prentice-Hall, 1972), pp. 179, 186ff.

상으로 내려왔다. 더구나 이 단락의 현재 맥락에서 먹고 마신 것은 산 아래에서 피로 맺어진 야훼와 이스라엘 사이의 계약을 확증하는 것이다(3-8절).

신현(神顯)과 임명의 장소로서 시나이

시나이 산은 하늘과 땅을 잇는 곳으로서 잔치가 열리는 장소다. 동시에 두려운 신현이 일어나는 곳이기에 거룩한 산이라는 특징도 지닌다. 시나이 전승의 맨 처음인 탈출 19장에서 사건의 진행은 다음과 같다. 백성들이 산 아래에 다다르자(1-2절), 야훼께서는 첫 번째 계약 의식이 나타나는 산 위로 모세를 초대하신다(3-8절; 남아 있는 사람들은 24,3-8에 나타난다). 그리고 야훼께서는 구름 속에 나타나셔서 백성들이 모세와 야훼의 대화를 들을 수 있을 것이라고 약속하신다. 그러자 모세는 그로부터 사흘 후에 일어날 신현을 위해—본질적으로 완벽히 제의적인—준비를 한다. 16-20절에서 묘사되는 신현은 두 개의 상이한 원천, 즉 야휘스트와 엘로히스트의 원천으로 짜여졌다.

야휘스트	엘로히스트
그때 시나이 산은 온통 연기가 자욱했다. 주님(=야훼)께서 불 속에서 그 위로 내려오셨기 때문이다. 마치 가마에서 나오는 것처럼 연기가 솟아오르며 산 전체가 심하게 뒤흔들렸다. … 주님(=야훼)께서는 시나이 산 위로, 그 산봉우리로 내려오셨다. 그런 다음 주님(=야훼)께서 모세를 그 산봉우리로 부르시니, 모세가 올라갔다.	셋째 날 아침, 우렛소리와 함께 번개가 치고 짙은 구름이 산을 덮은 가운데 뿔나팔 소리가 크게 울려 퍼지자, 진영에 있던 백성이 모두 떨었다. 하느님을 만날 수 있도록 모세가 백성을 진영에서 데리고 나오자 그들은 산기슭에 섰다. … 뿔 나팔 소리가 점점 크게 울려 퍼지는 가운데 모세가 말씀을 아뢰자, 하느님께서 우렛소리로 대답하셨다.

이런 식의 구분은 어느 정도 추론에 의존한 것이긴 하지만, 분명히 신의 이름, 곧 야훼(=주님)와 엘로힘(=하느님)을 사용한 구절들은 저마다 신현의 묘사도 다르다. 야휘스트는 신현을 화산 폭발처럼 묘사하는 반면 엘로히스트는 폭풍처럼 묘사한다. 물론 시나이 산을 기원전 2천 년경의 활화산 지역으로 기대해서는 안된다. 왜냐하면 이것은 야휘스트 이야기의 전형적인 양식이기 때문이다. 그것은 엘로히스트도 마찬가지이다. 각각의 전승은 저마다 강조점이 다르고 아마 특별한 의미를 전달하려고 의도했을 것이다. 엘로히스트는 기원전 9세기경에 이스라엘의 북왕조를 중심으로 활동한 사람들일 것이다. 동시대의 엘리야처럼 그들이 당면한 가장 중요한 문제는 야훼와 바알을 동일시하는 것이었다. 볼프(H. W. Wolff)에 따르면,[3] 바알을 예배하자는 가나안인들의 주장에 둘러싸인 엘로히스트의 선포 정식은 "하느님을 두려워하라"는 것과 그분에게 복종하라는 것이다. 엘로히스트가 이 구절에서 하느님을 묘사한 것은 바알이 자신의 궁전 창문을 열고 천둥 같은 거룩한 목소리로 땅을 뒤흔들었을 때의 그 풍우신 바알과 매우 비슷하다(위 255쪽을 보라). 비바람의 현상을 부르는 대결에서 엘리야가 야훼로 하여금 바알의 예언자들을 물리치게 했듯이(1열왕 18,20-40), 엘로히스트는 유사한 용어로 성스러운 산에서 야훼의 나타나심을 묘사했다. 이 현상의 결과에 대해서는 논쟁의 여지가 있지만 동시에 하느님의 집이라는 특징은 분명하다. 이런 폭풍 현상은

3. Hans Walter Wolff and Walter Brueggemann, *The Vitality of Old Testament Traditions* (Atlanta: John Knox, 1975), pp. 67-82.

하느님의 처소에서 일어난다.

야훼를 화산처럼 묘사하는 야휘스트의 표현은 불꽃으로 밝게 빛나는 산을 전제한다. 그러나 신화적으로 더욱 흥미있는 연결은 바로 야훼께서는 땅의 거처이자 천상의 대응물인 산을 비추기 위해서 하늘에서 "내려와야" 했다는 점이다. 앞장의 '바빌론의 탑' 이야기에서 보았듯이 바빌론의 지쿠라트가 특히 이런 목적에 사용됐다. 야휘스트는 창세 11장의 이야기를 보존해 주었는데, 그들은 바빌론의 거룩한 산의 중요성을 잘 알고 있었던 것이다.

화산 폭발이건 폭풍이건 간에 이 신현 양식은 각 지역 성전의 제의에서 재현됐을 것이다. 야휘스트의 연기와 불은 불타는 향으로 완성된다. 반면 천둥이 재현되는 단서는 엘로히스트의 고유한 본문에서 발견된다. 바로 뿔나팔 소리이다. 그러므로 어떤 공동체가 시나이 산에서 얼마나 떨어져 있든지, 어느 성소에서나 하느님의 집이라면 시나이 산에서 하느님의 현존을 체험한 것을 공유할 수 있었다. 그리고 의례에서 시나이 산 체험의 특징이 실현되는 한, 시나이 산에서의 물리적 거리—그 산이 어디에 위치하든지 간에—는 아무런 문제도 되지 않았다.

탈출 24장의 복잡한 시나이 이야기 자료에서 사제계 기자는 산에서의 신현을 묘사한다. 그것은 19장에 있는 두개의 설화를 결합한 것으로 보인다(이미 사제계 시대에 야휘스트와 엘로히스트의 원천은 결합됐다). 앞에서 논의한 잔치가 끝나고 신현이 묘사된다. 모세와 여호수아는 원로들을 남겨두고 율법과 계명의 돌판 2개를 받으러 산 꼭대기로 올라간다. 그러자 신현이 일어났다.

> 모세가 산에 오르자 구름이 산을 덮었다. 주님(=야훼)의 영광(=카보드)이 시나이 산에 자리 잡고, 구름이 엿새 동안 산을 덮었다. 이렛날 주님(=야훼)께서 구름 가운데에서 모세를 부르셨다. 주님(=야훼)의 영광(=카보드)이 나타나는 모습은 이스라엘 자손들이 보기에 산봉우리에서 타오르는 불과 같았다. 모세는 구름을 뚫고 산에 올라갔다. 모세는 밤낮으로 사십 일을 그 산에서 지냈다(탈출 24,15-18).

여기서 사제계 기자는 구름과 불, 즉 화산과 폭풍의 형상을 모두 포함하는 신현을 묘사한다. 그러나 그의 묘사가 다른 점은 "영광"(=카보드, כבד)이라는 키워드와 관련된 것이다. 주님의 영광이 가시적으로 드러나므로 꼭대기보다 훨씬 아래에 있는 이스라엘 백성들이 하느님의 산에서 그분이 현존하신 것을 알 수 있었을 것이다. 기자는 서부 셈족의 특징적인 문학적 장치를 사용하여 모세가 "엿새 동안" 산에서 기다렸고 주님께서 "이렛날" 구름으로 들어오라고 모세를 부르셨다고 전한다. 이것은 성전의 대사제가 지성소로 들어가는 것과 매우 유사하다.

한편 신명 33,2-3; 판관 5,4-5; 시편 68,8-11에는 하느님께서 위의 설화적 신현 묘사와는 매우 다르게, 당신의 산에서 두렵게 나타나신다. 야훼와 그분의 거처인 시나이 산의 관계는 너무도 밀접해서 위에서 인용한 시 가운데 두 구절은 야훼를 특별히 "시나이의 그분"(סיני

זה; 판관 5,5; 시편 68,9)으로 부른다.[4]

중요한 신현 구절을 끝내기 전에 고찰할 것이 하나 더 있다. 그것은 바로 탈출 3,1-15의 불타는 가시덤불로서[5] 성경 독자들이 맨 처음으로 시나이/호렙 산과의 만남을 체험하는 곳이다. 모세가 미디안의 르우엘/이트로 사제의 집안에 장가들자 그 미디안 집안의 목초지 안에서 신현이 일어난다. 장인의 가축을 돌보고있는 동안 모세는 "하느님의 산 호렙"(1절)에서 놀라운 광경에 이끌렸다. 불타는 가시덤불 한가운데서 하느님의 천사가 모세에게 불꽃 속에 나타났으나 나무는 불에 타지 않았다. 이 이야기에서 분명히 드러나듯이, 우리가 탈출 19장에서 본 하느님의 나타나심과 연관된 불이라는 신현 양식은 단순히 주의를 끄는 장치일 뿐이다. 그것은 관찰자를 거룩한 곳으로 이끌 뿐이다: "네가 서 있는 곳은 거룩한 땅이다"(5절). 거룩함은 그 자체로 흙이 있을 수 없다. 그러므로 그곳은 거룩한 흙이 아니라 거룩한 곳이다. 모세가 서 있던 공간이 거룩한 특성을 지닌 것이다. 야훼께서 가시적인 불의 형상을 취하여 그곳에 계셨고 사자, 즉 "천사"(מלאך)를 통해서 말씀하시는 곳이다.

모세는 신현에 이끌렸다. 이 만남의 전체적인 목적은 다음과 같이 이중의 방법으로 나타난다. 첫째, 하느님은 모세에게 "네 아버지

4. 역주: 저자는 여기서 성경의 영어 번역에 대해 다시 지적했다. "여기서 RSV의 you Sinai란 번역은 문법적으로 불가능하고, 셈족의 비문에서 주어진 공간의 신을 지칭하는 지시 대명사의 용법과도 모순된다."
5. 역주: 흔히 "떨기나무"로 알려져 있는 나무를 "가시덤불"로 쓰는 것은 다음을 보라. 주원준, 『구약성경과 신들』, pp. 183-202.

의 하느님, 곧 아브라함의 하느님, 이사악의 하느님, 야곱의 하느님"(6절)으로서 신원을 드러내셨다(6절). 이렇게 하느님 스스로 자신을 소개하기에 독자는 창세기의 조상 전승과 본문의 내용을 연결시키게 된다. 둘째, 그 다음에는 이스라엘 백성을 이집트 노예 상태에서 구해 내실 하느님의 목적이 나오므로 결국 조상들에게 약속하신 땅의 선물이 실현되리라는 내용이다(7-10절). 더구나 하느님은 백성을 스스로 구해 내시거나(7-8절) 또는 모세를 보내 구해 내실 것인데(9-10), 그 이유는 당신이 백성이 울부짖는 소리를 들었고 괴로움/압제를 보았으며 고통을 아시기 때문이다. 여기서 두 개의 원천(야휘스트와 엘로히스트)이 개입되어 불필요하게 반복됐기 때문에, 야훼/하느님과 모세 각자의 역할이 전체적으로 일관성이 없다. 야휘스트(7-8, 16-17절)에 따르면 야훼께서 구원하실 것이고, 모세는 백성 앞에서 야훼의 대변자으로서 봉사할 것이다. 엘로히스트(9-10절)에 따르면 하느님께서 백성을 구하러 모세를 보내신다. 그러나 이런 반복과 불일치에도 불구하고 이 구절은 전체적으로 다루어야 한다.

이렇게 모세에게 구원의 역할을 임명하시는 맥락에서 엘로히스트는 야훼라는 이름의 기원을 설명한다(13-15절). 성경 기자는 창세 15장에서부터 이곳까지 신에 대해서 엘로힘, 즉 "하느님"이라는 이름을 써 왔다. 이제 하느님이 의지와 목적을 드러내시면서 야훼라는 이름을 모세에게 주신다. 그래서 이스라엘 백성은 제의에 이 이름을 사용할 수 있게 됐다. 이름은 인격을 친밀히 드러내므로 이런 자기 계시는 비범하고도 심오한 의미를 지닌다. 곧 하느님은 이제 그 '이름'을 아는 자가 하느님을 지나치게 허물없이 대하거나 심지어 조작할 위험을 안게 되셨다. 그러나 그분은 그런 위험을 무릅쓰신다. 왜냐하면 백성의 구원과 땅을 주시려는 신의 계획이 위태로워졌기 때문이다. 엘로히스트 전승에서는 이렇게 이름을 주는 것과 거룩한 산 사이에 강한 관련성이 있다. 반면 이미 창세 4,26 이후부터 하느님을 야훼라고 부르는 야휘스트의 작품 속에서는 이런 관련성이 명백하지 않다. 더구나 이름을 주시는 행위를 이집트 땅에서 일어난 일로 묘사한 후대의 사제계에 의해 이 거룩한 산과의 연관성은 상실됐다(탈출 6,1-3. 6-7).

탈출 3장에서 신현이 모세의 주의를 끄는 장치로 사용됐고 이어서 야훼의 '이름'과 의지를 계시하는 데로 발전했다. 이런 발전은 후대에 백성들이 보는 가운데 산에서 일어난 신현의 기능을 되묻게 한다. 탈출 19장과 24장의 신현 다음에 나오는 내용은 이 전승의 발전 과정에서 심오하고도 중요한 역할을 한다.

토라를 받은 장소로서 시나이

탈출 19-34장에서 배열된 자료를 보면 분명히 복잡한 편집 과정의 산물임을 알 수 있다. 19장의 신현이 있고 나서 즉시 모세는 백성에게 산을 오르지 말라고 경고할 것을 명령 받는다. 19장은 모세가 산을 내려가 백성들과 대화한 것으로 끝난다. 그리고 20장은 "그때 하느님께서 이 모든 말씀을 하셨다"로 시작하여 전통적인 십계명이 나온다. 그런데 여기서 모세는 이미 산을 떠났기 때문에 하느님께서 십계명을 말씀하신 대상, 곧 청자는 누구인지 물어야 한다. 그 답은 20,18-21에 산에서 일어난 것을 보고 들은 백성들이 두려워 떨었다는 말에 있다. 다시 말해 청중은 하느님의 말씀을 들은 전체 백성이다(모든 상황은 신명 5장보다 더 분명하게 설명된다.). 그러자 백성들은 하느님의 말씀을 한 번 들은 것으로 충분하니 모세에게 홀로 나아가 가르침을 더 받아와서 말로 전달해 줄 것을 요구했다(신명 5,28-29에서 야훼께서는 이렇게 중재자를 청한 백성들의 지혜를 칭찬하신다.). 모세는 하느님이 계신 곳으로 돌아가서 계약의 책을 받아오는데(20,22-23,22), 그는 이 법령을 산 아래에서 계약 의식 때 읽었다(24,3-8). 그리고 곧바로 산 꼭대기에서 먹고 마신다(24,9-11). 그 다음 여호수아를 데리고 모세는 산으로 (더?) 들어가고(12-14절), 사제계 기자는 그 뒤에 주님의 영광스러운 신현을 묘사한다. 그리고 그 뒤에 일곱 장에 걸쳐 백성들이 시나이를 떠나 가나안으로 이주하는 과정과 야훼께서 함께 하실 방법과 관련된 가르침이 나온다. 그것은 야훼와 백성을 중재할 사제 계급뿐만 아니라 성궤와 성막에 관한 규정들이다(25-31장).

그러므로 하느님이 탈출 19장의 신현 다음에 즉시 "토라"(תורה)를 주시는 것이 놀랍다. 하느님은 이럼으로써 구원받은 백성들이 전체적으로 살아가는 방향, 즉 하느님 자신에 대해서, 거룩한 영역에 대해서, 가족 구성원에 대해서, 공동체의 구성원에 대해서, 타인의 소유에 대해서 살아가는 방향을 정해 주신다(탈출 20,1-17). 더구나 십계명이 나오고 나서 바로 뒤에 야훼께서 특별히 주시는 법과 형벌들을 수록한 짧은 계약의 책(20,22-23,33)이 나온다. 그 내용은 농경사회에 적합한, 즉 가나안에 적합한 것들이다.

나아가 탈출 24장의 신현 뒤에는 시나이를 떠난 뒤에 야훼께서 백성과 맺을 관계에 대한 가르침이 나온다. 결국 이것은 야훼께서 시나이를 떠난 이후의 관계에 대해서 말하고 있다고 보는 것이 적절할 것이다. 왜냐하면 결국 탈출기는 야훼와 그분이 이동 중에 거하시는 성막의 영광과 기능을 묘사하는 것으로 끝맺기 때문이다. "그때에 구름이 만남의 천막을 덮고 주님(=야훼)의 영광이 성막에 가득 찼다. 모세는 만남의 천막 안으로 들어갈 수 없었다. 구름이 그 천막 위에 자리 잡고 주님(=야훼)의 영광이 성막에 가득 차 있었기 때문이다. 이스라엘 자손들은 그 모든 여정 중에, 구름이 성막에서 올라갈 때마다 길을 떠났다. 그러나 구름이 올라가지 않으면, 그 구름이 올라가는 날까지 떠나지 않았다. 그 모든 여정 중에 이스라엘의 온 집안이 보는 앞에서, 낮에는 주님(=야훼)의 구름이 성막 위에 있고, 밤에는 불이 그 구름 가운데에 자리를 잡았다"(탈출 40,34-38).

다시 말해 산에서 일어난 각 신현 뒤에는 다른 장소에서의 삶을 위한 야훼의 가르침(바로 '토라'의 의미)이 따라 나온다. 이 자료에 포함된 몇 가지 법의 기원이나 이 자료들이 시나이 설화와 엮여진 연대를 정확히 알기는 불가능하지만, 현재의 배열된 자료의 결과는 놀라울 정도다. 신화론적인 용어로 공간의 거룩함을 증거하는 다양한 구절 가운데서 야훼를 시나이 산과 분리시키려는 경향이 있는 것은 역설적이다. 일련의 법 조문들도 그렇고 야훼의 고유한 계획과 규정도 그렇다. 하느님께서 백성들과 함께 유랑하기 위해 당신의 궁전 거처를 포기하신 것은 고대세계에서—유일하지는 않다 해도—참으로 드문 신학적 실재를 표현한다.

시온 산

갈대 바다에서 약속의 땅으로. 모세의 노래, 또는 "바다의 노래"(탈출 15,1-18)는 두 부분으로 구성되어 있다. 첫째 연은 갈대 바다에서 이룬 이집트인에 대한 야훼의 승리를 묘사하고, 둘째 연은 가나안 정복 전승을 찬양한다. 둘째 부분의 일차적 관심은 야훼의 "거처"다.

> 당신께서 구원하신 백성을 자애로 인도하시고
> 당신 힘으로 그들을 당신의 거룩한 처소로 이끄셨습니다.
> …
> 당신께서 그들을 데려다 당신 소유의 산에 심으셨습니다.
> 주님(=야훼), 그 산은 당신께서 살려고 만드신 곳
> 주님(=야훼), 당신 손수 세우신 성소입니다(탈출 15,13. 17).

야훼의 거처를 묘사하는 단어는 우가릿 본문에서 차폰 산의 바알의 집을 가리키던 것과 놀랍도록 비슷하다(앞의 252-56쪽을 보라). 어떤 학자는 이런 용어뿐만 아니라 정철법의 근거를 들어 이 시 자체가 아마도 기원전 11세기경의 고대에 쓰여졌을 것이라고 주장한다. 이 용어가 바알의 집을 가리키기는 하지만, 이것이 가나안의 야훼의 처소로서 반드시 아크라 산을 가리키지는 않는다. 시간이 지나 아마도 예루살렘 성전이 건설될 때, 이 용어는 시온 산의 제의에 차용됐을 것이다.

논쟁이 심한 시편 78편은 한 단계 나아간 발전을 보여준다. 가나안 땅 자체를 최초로 "산"으로 언급하며 실로 성소를 거부하신 야훼

께서는 새 성전으로 유다/시온 산을 선택하신다.

> 그들을 당신의 거룩한 영토로,
> 당신 오른팔이 마련하신 이 산으로 데려오셨다.
> 그들 앞에서 민족들을 쫓아내시어
> 그 땅을 제비 뽑아 상속 재산으로 나누어 주시고
> 이스라엘의 지파들을 그 천막에 살게 하셨다(시편 78,54-55).

바로 이어서 이스라엘 백성들(북 왕국)이 "지극히 높으신" 분을 거역하여 그분이 분노하셨다. 그래서 그분은 "실로의 거처를, 사람들 사이에 치셨던 그 장막을 내버리셨다"(60절). 이렇게 에프라임 지파가 하느님을 거부하자 하느님은 새 지파와 새 성소를 선택하셨다.

> 오히려 유다 지파를,
> 당신께서 사랑하시는 시온 산을 뽑으셨다.
> 당신 성전을 드높은(רמים) 하늘처럼,
> 영원히 굳게 세우신 땅처럼 지으셨다(시편 78,68-69).

인용된 마지막 구절을 통해 시온 산의 성전이 하느님의 천상 거처를 본따 건설됐음을 알 수 있다. 그것은 우리가 메소포타미아와 가나안에서 이미 살펴본 특징이다.

시나이 산에서 시온 산으로. 시편 68편은 옛 거룩한 산에서 새 거룩한 산으로 행진하는 과정을 더 잘 보여준다. 물론 이 시편도 신전의 편에서 기술된 것이다. 야훼께서 당신의 거룩한 산(시나이)을 떠나실 때, 그 출발의 특징은 비바람의 신현이다(8-11절). 이런 묘사 뒤에 일반적인 성전(聖戰)의 설명이 뒤따르고(12-15절), 야훼께서는 사마리아의 산들을 거부하신다(16-17절). 이어 일련의 용어로 새로운 거룩한 산을 묘사한다. 시온 산은 "하느님께서 기꺼이 거처하시기로 하신 그 산 …정녕 주님(=야훼)께서 거기에 영원히 머무시리라."(17절). 당신의 군대에 둘러싸여서 "하느님의 수레는 수만 수천. 주님(=야훼)께서 오신다, 시나이에서 성소로(18절). 더구나 야훼께서는 "높은(רמים) 데로"(19절)에 오르시고, 그곳에서는 이스라엘인들(26-28절)과 땅의 왕국들(32-33절)이 모여 행진하며 야훼께 찬양 노래를 불러 바친다.

이 시편에서 야훼를 묘사한 것은 놀랍다. 한편으로 야훼께서는 전형적인 바알 신의 용어로 묘사된다. 시나이 산에서 출발할 때 일어난 신현의 결과 비와 양분의 공급, 즉 풍산신의 은총이 내렸다. 이 시편의 말미에서 야훼께서는 이렇게 묘사된다. "하늘을, 태초의 하늘을 타고 달리시는 분께. 보라, 그분께서 소리를 높이시니 우렁찬 소리(=천둥)라네"(34절). 우가릿 본문에서 바알은 시종일관 풍우신을 지칭하는 적절한 용어인 "구름을 타는 이"로 불렸다.

다른 한편으로 하느님을 표현하는 일반적인 용어는 히브리어 "엘"(אל)이었다.

주님(=야훼)께서는 나날이 찬미받으소서.

우리 위하여 짐을 지시는

하느님(=엘)은 우리의 구원이시다.

하느님(=엘)은 우리에게 구원을 베푸시는 하느님(=엘)(시편 68,20-21).

마지막 구절은 분명히 하느님의 이름과 백성의 이름을 연결시킨다. "하느님께서는 당신 성소(!)에서 경외로우시다. 이스라엘의 하느님(=엘)께서 백성에게 권능과 힘을 주시네.…"(36절). 이렇게 시나이에서 예루살렘/시온 산으로 하느님의 처소가 이동함을 묘사한 이 시편에서 야훼께서는 바알 신의 특징적인 용어와 표상으로 묘사됐고 동시에 가나안 신들의 의회의 최고신과도 동일시됐다. 이제 거룩한 시온 산과 관련되어 이런 특징이 다른 곳에서 나타나는지, 나타난다면 어떻게 나타나는지를 살펴보는 일이 남았다.

방어의 산, 차폰 산으로서 시온 산. 특히 놀라운 것은 시온 산의 위치가 "북녘 끝"이라는 점이다. 시편 48편이야말로 그 산의 지리적 위치를 정확히 묘사한다.

주님(=야훼)은 위대하시고

드높이 찬양받으실 분이시다,

우리 하느님의 도성

당신의 거룩한 산에서.

아름답게 솟아오른 그 산은

온 누리의 기쁨이요.

북녘(=차폰)의 맨 끝 시온 산은
대왕님의 도읍이라네(시편 48,2-3).

여기서 차폰 산은 다른 장소와 구별된 상대적인 한 지점이 아니다. 오히려 절대적인 특성을 지닌 장소, 즉 하느님의 집이 분명하다. 이렇게 차폰 산에서 휴식을 취하는 것은 바알에서 야훼로 이전됐고, 따라서 이제 천상의 집에 대한 대응물도 아크라 산이 있는 시리아 북부가 아니라 시온 산이 있는 예루살렘이 됐다. 나아가 시편은 산의 신화적인—전형적인 성전(聖戰) 용어로 묘사된—방어를 기술하게 됐다. 따라서 바알과 아나투가 혼돈의 공격에 맞서 차폰 산을 반복적으로 방어하던 전승을 떠올리게 한다.

차폰이란 말을 쓰지 않더라도, 여러 시온 시편(시편 46; 76편)은 익명의 적들이 산을 공격하고 이를 방어하는 전쟁을 이야기한다. 이사야 예언자는 기원전 701년 아시리아 군대가 예루살렘을 포위하자 희망을 선포하기 위해서 이 전승을 역사화시켰다.

"… 만군의 주님(=야훼 츠바오트)이
시온 산과 그 언덕에 내려와 싸워 주리라.
둥지 위를 맴도는 새들처럼
만군의 주님(=야훼 츠바오트)이 예루살렘을 지켜 주리라.
지키고 건져 주며
감싸고 구원해 주리라."(이사 31,4ㄴ-5).

나아가 예루살렘 점령을 전하는 자료인 이사 36-39장(2열왕 18,13-20,19과 거의 일치한다)의 이야기는 야훼께서 침략자 아시리아의 진영을 밤에 공격하셔서 오만한 아시리아 임금을 꺾으셨다고 전한다(이사 37,36-38). 그리고 유다의 히즈키야가 병이 들어 야훼께 도움을 청했을 때, 야훼께서는 임금을 병에서 구해 주시고 도성을 아시리아에서 지켜 주시겠다는 징표를 약속하셨다(38,4-7). 그 징표란 해시계 바늘이 뒤로 돌아간 것인데, 즉 해 자체가 후퇴한 것이다(38,8). 어쨌든 이 전승은 아주 옛날 다윗의 예루살렘 점령 때에 증언된 것이기도 했다. 과거에 다윗이 동맹을 맺은 필리스티아인들이 예루살렘 남쪽의 르파임 골짜기에서 다윗을 잡으러 올라온 일이 두 번 있었다. 첫째 공격은 다윗이 물리쳤다. 그러나 두 번째 공격은 야훼께서 필리스티아 군대를 쳐부수셨다(2사무 5,17-22). 이것이 야훼께서 최초로 예루살렘을 방어하신 전투다.

신현과 파견의 장소로서 시온 산. 야훼의 신적 거처로서 시온 산은 신현이 일어나 야훼의 현존이 재현되기를 기대할 수 있는 곳이었다. 결국 사제들이 시온 산에 있는 솔로몬의 훌륭한 새 성전의 지성소로—바로 봉헌날에—계약의 궤를 옮기자 신현이 일어났다.

> 사제들이 성소에서 나올 때에 구름이 주님(=야훼)의 집을 가득 채웠다. 사제들은 그 구름 때문에 서서 일을 할 수가 없었다. 주님(=야훼)의 영광이 주님의 집에 가득 찼던 것이다(1열왕 8,10-11).

그러므로 주님의 영광이 시나이를 떠나서 줄곧 백성과 함께 유랑하시다가 드디어 거룩한 새 산에 새 집을 짓고 야훼를 모시는 일이 완성된 것이다.

솔로몬 시대부터 시온 산의 하느님은 다양한 목적을 지니고 특유의 양식으로 현현하셨다. 여러 시편들이 하느님의 현존을 지속적으로 묘사한다. 어떤 것은 구름, 불, 번개라는 용어를 사용하여 시온의 적을 물리치신다는 것을 묘사하고(시편 97,1-9), 어떤 것은 불과 비바람의 용어를 사용하여 하느님을 억눌린 자들을 구원하시고 사악한 자들을 꾸짖고 심판하시는 분으로 묘사한다(시편 50,21). 이사야는 아시리아의 공격에서 예루살렘/시온 산을 방어했던 역사와 연결시켜서 야훼를 "시온에 불을 가지고 계시고 예루살렘에 화덕을 가지고 계신"(이사 31,9) 분으로 묘사하는 데, 여기서 사용된 용어는 시나이 산에서 야훼의 현존을 기술하는 데 사용했던 것이다.

또한 시나이 산에서 모세를 불러 구원의 임무를 주실 때 야훼께서 불타는 신현 안에 나타나신 것과 같이, 야훼께서 이사야를 심판의 예언자가 되라고 부르실 때도 그분은 시온 산 성전에서 불타는 신현으로 나타나셨다. "그 외치는 소리에 문지방 바닥이 뒤흔들리고 성전은 연기로 가득 찼다"(이사 6,4). 시나이에서의 신현은 시온 성전 의례에서 제단의 향을 태움으로써 재현된다(6절을 보라). 모세와 이사야의 경우 모두 신현은 야훼께서 당신의 의지를 드러내시어 그 의지를 실현하도록 파견되는 사람의 주의를 끄는 기능을 한다.

신들의 의회의 장소로서 시온 산. 이사야를 부르신 이야기에서 야훼의 처소가 지닌 다른 특징도 볼 수 있다. 그곳은 신들의 의회를 다스리실 하느님이 왕좌에 등극하시는 장소다.

> 우찌야 임금이 죽던 해에, 나는 높이 솟아오른 어좌에 앉아 계시는 주님을 뵈었는데, 그분의 옷자락이 성전을 가득 채우고 있었다. 그분 위로는 사랍들(=세라핌)이 있는데, 저마다 날개를 여섯씩 가지고서, 둘로는 얼굴을 가리고 둘로는 발을 가리고 둘로는 날아다녔다(이사 6,1-2).

야훼의 대관식에 참석한 이 피조물들(=세라핌)은 그분의 영광을 노래한다.

> "거룩하시다, 거룩하시다, 거룩하시다, 만군의 주님(=야훼 츠바오트)! 온 땅에 그분의 영광이 가득하다"(이사 6,3ㄴ).

야곱의 베텔 성소 환상(vision)처럼, 이사야의 환상도 분사로 묘사된다. 이제 예언자가 될 사람은 야훼의 지상 거처인 예루살렘 성전에서 예배함으로써 영원의 상태를 엿보게 된다. 이렇게 천상의 실재에 대한 환상은 야훼를 거룩한 피조물 의회의 임금으로서 계약궤에 등극하시는 분으로 묘사한다. 이런 묘사는 가나안 본문에서 엘을, 그리고 『에누마 엘리쉬』에서 마르둑을 묘사한 것과 매우 비슷하다. 나아가 이 두 신이 속한 신들의 의회에서 정기적으로 칙령을 반포하는 것과 같이 야훼도 이런 칙령을 반포하신다. 그 내용은 야훼께서 그의 백성들에게 내리시는, 피할 수 없는 심판이다. 여기서 혹자는 이 결정과 닙푸르에 있는 수메르 신들의 의회가 우르 성을 파괴하기로 한 결정, 즉 역사적으로는 엘람(Elamites)과 순(Sun) 백성이 일으킨 사건이자 우주적으로는 엔릴의 고유한 파괴적 권능이 일으킨 사건을 비교할 수도 있을 것이다.

신들의 의회를 지배하는 임금을 본 이사야의 환상은 이믈라의 아들 미카야의 환상과 매우 비슷하다. 그는—역시 분사로 표현된 행동이다—"하늘의 온 군대" 가운데 등극하시는 야훼를 보았다(1열왕 22,19). 더구나 이 경우에도 의회에서 칙령이 반포된다. 그것은 아합왕에게 내린 심판이다. 여기서 의회의 의지를 완성하기 위해 (이사야처럼) 자원한 대리자는 "어떤 영"이었다(21절). 그것은 "아합의 모든 예언자들의 입에서 거짓말하는 영"이고(22절), 아합을 몰락시킨다. 이 구절과 이사야를 부른 장면을 함께 생각해 보면 놀라운 점이 발견된다. 바로 두 경우 모두 천상 의회의 임금은 그 칙령을 수행할 특정한 대리인을 찾는다는 것이다. 이는 『에누마 엘리쉬』에서 마르둑에게 부여한 역할과 매우 유사하고, 고대 수메르 만신전에서 풍우신 엔릴에게 맡겨진 것에 꼭 들어 맞는다(앞의 43-44쪽을 보라). 미카야가 본 환상에서는 신적 존재가 의회를 대리했지만, 이사야의 환상에서 대리인은 인간 예언자 자기 자신이었다. 역시 친숙한 모티프가 변형된 것이다.

신들의 의회를 다스리는 임금으로 묘사된 야훼께서는 여러 시편에서도 증언된다. 시편 29편을 예로 들어 보자. 이 시편의 가나안적 배경은 오랫동안 인정되어 왔다. 서두는 다음과 같다.

하느님(=엘)의 아들들아, 주님(=야훼)께 드려라.

영광과 권능을 주님(=야훼)께 드려라(시편 29,1).

이 시는 나아가 풍우신의 신현을 언급하고 임금으로 등극하는 데서 절정을 이룬다.

주님(=야훼)께서 큰 물 위에 좌정하셨네.

주님(=야훼)께서 영원하신 임금님으로 좌정하셨네(10절).

이 시편은 아마도 예루살렘 외부의 전승에서 기원했을 것이다. 하지만 후대에 완전히 정례화되어 예루살렘의 의례에서 행해졌을 것이다. 왜냐하면 야훼께서는 지성소의 계약의 궤에서 등극하시기 때문이다.

대관식의 장소로서 시온 산. 솔로몬은 시온 산 밑에서, 즉 기혼 언덕에서 스스로 기름 붓고 임금으로 선포했지만, 그의 후계자들인 다윗 왕조의 임금들은 산의 꼭대기에서 대관식 의례를 누렸던 것 같다. 대관식 예식을 자세히 복원하기는 어렵지만, 대부분의 학자들은 시편 2편과 110편에 그 예식의 요소가 포함되어 있다는 것에 동의한다. 시편 2편은 새 임금들이 왕위에 오를 때의 상황을 전한다. 주변 나라들이 경험이 없는 통치자를 뒤집으려고 악한 음모를 꾸미지만(2,1-3), 야훼와 그의 기름 부음 받은 이(=메시아)를 꺾으려는 이런 음모는 야훼께는 가소로운 일이다. 야훼께서 그들을 쫓아버리기로 하셨으므로 그의 기름 부음 받은 이는 그들을 부수어버린다. 그분의 노여움이 일으킨 공포는(5절) 차폰 산에서 천둥칠 때 바알이 일으켰던 공포를 상기시킨다(255쪽). 이렇게 시온 산을 방어하는 모티프를 암시하는 가운데 야훼께서는 다음과 같이 (사제를 통해서?) 선포하신다. "나의 거룩한 산 시온 위에 내가 나의 임금을 세웠노라!"(6절). 더욱이 대관식 바로 그 날에 야훼께서는 전통적인 입양 정식을 선언하심으로써 임금을 그분의 아들로 삼으신다. "너는 내 아들, 내가 오늘 너를 낳았노라"(7절). 이 장엄한 입양은 거룩한 산에서 다윗 왕조의 후계자들에게 일어났다.

다른 대관식 찬미 시편인 시편 110편은 본문상의 문제가 너무 복잡하여 정확한 판단을 내리기가 거의 불가능할 정도다. 시온은 왕위를 받는 장소로서 언급되고(2절), 그 병행구에서는 "거룩한 산(들)"이라고 볼 수 있는 언급이 있다(3절). 더구나 시편 2편에서 분명했던 부자 관계가 여기서는 매우 신화적으로 표현된 것 같다. 어려운 히브리어 본문의 3ㄴ절을 70인역은 다음과 같이 표현한다. "새벽(=샤하르)의 자궁에서 내가 너를 낳았노라." 이사 14,12 이하의 매우 신화적인 이야기에서(262쪽) 바빌로니아의 임금은 '여명(=샤하르)의 아들 샛별(=헬렐)'로 조롱당했다. 그는 감히 북쪽(차폰)의 자리를 탐내었기 때문에 저승의 자리로 떨어진 것이다. 더욱이 『우아한 신들의 탄생』이라는 우가릿 본문에서 엘에서 난 두 자식은 샤하르(*Shahar*, שחר)와 살렘(*Salem*)으로 이름지어졌는데, 이들은 때때로 "새벽과 황혼"이라고 번역된다. 만일 70인역이 정확하다면, 다윗 왕조의 임금이 야훼의 아들이

된 것은 법적 입양의 용어가 아니라 신화론적 탄생의 용어로 묘사됐다고 할 수 있다.

왕권이란 이스라엘에게 새로운 제도였기 때문에 반드시 기존의 양식과 표상을 사용해야만 했다는 것을 깨달는다면, 이런 이스라엘 외부의 관념이 대관식/왕권의 형상에 영향을 미쳤다는 사실을 충분히 이해할 수 있을 것이다. 사실 바로 이어서 나오는 다음의 구절을 본다면 이런 과정은 부정할 수 없다. "너는 멜키체덱과 같이 영원한 사제다"(4절). 이스라엘인들이 정착하기 전에 예루살렘에 있던 가나안의 왕-사제 개념이 다윗 왕조의 임금을 보장해주는 원형으로써 기능했다는 것은 시온 산의 신성에 대한 우리의 논의와 직접적으로 연관된다.

야훼, 엘, 그리고 바알: 그들의 집에 관한 전승들. 시편 110,4의 언급을 빼면 히브리 성경에서 멜키체덱의 이름이 나오는 곳은 창세 14,18뿐이다. 돌아온 승리자 아브라함은 "살렘의 사제"요 "지극히 높으신 하느님(엘 엘욘)의 사제"인 멜키체덱에게 빵과 포도주를 대접받는다. 놀랍게도 이 사람은 "하늘과 땅을 지으신 분, 지극히 높으신 하느님(=엘 엘욘)"의 이름으로 아브라함을 축복하며, 적을 아브라함의 손에 넘겨주신 하느님을 찬미한다(19-20절). 나아가 아브라함은 축복과 승리의 선물을 받고 놀랍게도 임금(또는 신)에게 십일조를 바쳤다. 그리고 아브라함은 "지극히 높으신 하느님(=엘 엘욘)이신 주님(=야훼)"에게 전리품에 대해 맹세한다(22-23절).

시편 76편에는 신이 도시를 방어하는 내용이 잘 드러난다. 그런데 3절에는 살렘과 시온이 한 절에서 병행하며 하느님의 거처를 가리키는 동의어로 나온다(3절). 그러므로 살렘은 예루-살렘과 같다. 그 도시는 다윗이 정복하기 전에는 여부스족의 수중에 있었고 멜키체덱은 그곳의 임금들 중에 한 명이었을 것이다(아마도 최초의 임금이었을 것이다).

엘 엘욘(=지극히 높으신 하느님)의 임금은 사제였다. 그러나 필자는 여기서 지면의 제약 때문에 아주 단순한 것들만 열거할 것이다. 엘(אל) 신은 우가릿 본문과 가나안 종교의 원천에는 잘 알려져 있다. 더구나 성경의 자료에 의하면 엘은 분명히 창세기 선조들이 섬기던 신이었다. 그는 카데스와 베렛 사이 샘터에서는 "엘 로이"(אל ראי), 즉 "돌보시는 하느님"(창세 16,13)이었다. 브에르 세바에서는 "엘 올람"(אל עולם), 즉 "영원하신 하느님"(창세 21,33)이었고, 예루살렘에서는 우리가 보았듯이 "엘 엘욘", 곧 "지극히 높으신 하느님"(창세 14,18-22)이었다. 사제계 기자가 야훼께서 모세에게 이름을 알려주시는 장면(탈출 6,2)을 묘사하기 전까지는(273쪽을 보라) 어떤 특정한 장소를 불문하고 선조 시대 전체적으로 "엘 샤따이"(אל שדי), 즉 "산의 엘"(또는 산 사람)이 그 신의 이름이었다.

"엘욘"이라는 호칭은 세피레(*Sefire*)에서 나온 조약문에서[6] 엘과 함께 나오는 페니키아 신의 이름이다. 하지만 히브리 성경에서 "엘욘"은 조금 다르게 쓰이는데 엘이나 야훼와 결합되는 별칭이다. 우리가

6. 역주: 북(北)시리아에서 나온 고대의 아람어 비문. 아르팟(*Arpad*)의 임금과 그의 대영주인 카쉬케안(*Kashkean*)의 왕 사이에 체결된 조약을 담고 있다. *Encyclopedia Judaica*, Vol. 14, p. 1009; Vol. 16, p. 666.

앞에서 살펴본 여러 시온 시편에서 "엘욘"은 예루살렘성 그리고 시온 산과 밀접한 관련이 있는 것으로 나타난다. 결국 예루살렘은 "엘욘"이 사는 도시로서 그분이 성화(聖化)했고(시편 46,5) 그분이 세우신 것이다(시편 87,5). "엘욘"은 몇몇 경우에 엘로힘(시편 46,5), 야훼(시편 91,9; 92,2), 그리고 샤따이(시편 91,1)와 동의 병행법 안에서 나타난다. 나아가 시편 47,3에서는 "야훼 엘욘"(יהוה עליון)의 형태로 결합하고, 더 완벽한 결합인 "야훼 엘 엘욘"(יהוה אל עליון)은 창세 14,22의 멜키체덱 이야기에서 나온다(그러나 70인역에는 "야훼"가 빠져 있다.).

이런 명칭에 대해 현대의 해석가들은 다음과 같이 결론 내린다. 다윗과 그의 백성이 예루살렘에 정착하여 여부스인들과 나란히 살게 됐을 때 "엘욘"으로 불리는 가나안의 최고신 엘과 야훼께서 합쳐졌다. 결국 아브라함과 멜키체덱의 이야기는 양측이 평화적으로 공존하는 것은 이미 양측의 존경하는 조상들에 의해 예정된 것이다. 이런 주장을 양측에 증명하기 위해서 후대에 말해진 이야기라는 것이다. 더구나 이스라엘의 조상들이 엘을 섬겼다는 것은 창세기에 보존된 전승에도 잘 드러난다. 그러므로 시온 산은 본디 엘의 거룩한 산이었고 엘은 신들의 의회를 다스리는 권위를 지녔으며 그 의회에 야훼께서는 일개 회원으로 참석했다. 이 점은 신명 32,8-9이 증언한다.

> 지극히 높으신 분(=엘욘)께서 민족들에게 상속 재산을 나누어 주실 때
> 사람들을 갈라놓으실 때
> 이스라엘 자손들의 수에 따라 민족들의 경계를 정하셨다.
> 그러나 주님(=야훼)의 몫은 당신의 백성

그분의 소유는 야곱이었다.

하지만 야훼께서 엘과 동일시될 때("주님[=야훼]은 위대하신 하느님[=엘]", 시편 95,3) 시온은 야훼께서 임금으로서 등극하는 산이 됐다(시편 48,3; 95,3; 99,1-4. 9; 97,1. 8-9 그 외 다수). 그러므로 야훼께서는 엘의 산의 특징인 신들의 의회의 우두머리가 되셨고 땅을 다스릴 칙령을 반포하는 분이 되셨다.

동시에 시온에 있는 야훼의 거룩한 산은 바알의 산이 지닌 많은 특징들, 즉 혼돈 세력의 공격을 방어함, 신현 양식, 차폰이라는 이름 등을 지녔다. 그리고 바알에 대한 다양한 묘사(풍우신, 구름을 타는 이 등) 뿐만 아니라 그 산의 특징도 야훼께 이전됐다. 그러나 몇몇 이스라엘인들이 그 두 신을 떨어진 것으로 보지 않았음에도 불구하고(1열왕 18,20 이하의 엘리야의 임무와 불평을 보라) 야훼와 바알은 합쳐지지 않았다.

종말론적 완성의 장소로서 시온 산. 기원전 8세기에 예언자 이사야의 설교에서 거룩한 산을 방어하는 신화가 역사적 형태를 얻은 것처럼, 이 신화는 "야훼의 날"을 위한 희망이 됐다. 바빌로니아 임금 네부카드네자르가 예루살렘/시온 산을 함락한 사건은(기원전 586년) 산에서 적들을 꺾는 전통적 모티프를 미래로 밀어내었다. 제2즈카르야의 "야훼의 날"에 대한 설교에서 야훼께서는 마치 기원전 8세기에 그들을 물리치기 위해 아시리아 군대를 보내신 것처럼(이사 29장을 보라) 민족들을 새로 모아 예루살렘과 그 주민들을 치고 약탈할 것이라고 약속하신다. 어떤 예루살렘인들은 유배의 길을 떠날 것이고, 어떤 사람들은 성에 남을 것이다. 야훼께서는 거룩한 산 맞은 편의 올리브 산을 반으로 가르실 것이다. 백성들을 도망가고(성전[聖戰]의 특징이다) 그분은 당신의 거룩한 사람들(곧 그의 군대)과 함께 오실 것이다. 그 결과 예루살렘에 생명과 기쁨이 올 것이고, 그 성읍과 맞서 전쟁을 치른 모든 이들에게 역병이 내릴 것이다(즈카 14장).

즈카르야서의 서두에 예언자가 즈카르야가 자신을 소개하는 곳에서(1-9장) 구원과 거룩한 산에서의 "샬롬"(שלום)이 더욱 풍부히 표현된다. 8장에서 야훼께서는 유배에서 시온 산으로 돌아올 것을 약속하신다. 그분이 그 도시에 계시기 때문에 "예루살렘은 '진실한 도성'이라고, 만군의 주님(=야훼 츠바오트)의 산은 '거룩한 산'이라고 불리리라."(즈카 8,3)이제 노인들과 어린이들도 예루살렘에서 기쁨과 평화를 누릴 것이다.

예언자 요엘이 기록한 끔찍한 야훼의 날을 보자. "그때에 주님(=야훼)의 이름을 받들어 부르는 이는 모두 구원을 받으리라. 주님(=야훼)께서 말씀하신 대로 시온 산과 예루살렘에는 살아남은 이들이 있고 생존자들 가운데에는 주님(=야훼)께서 부르시는 이들도 있으리라"(요엘 3,5). 다시 말해 야훼의 이름을 부르는 사람들을 위한 희망이 실현될 것이다. 이렇게 야훼께서 부르시는 것은 메소포타미아와 가나안의 성스러운 산에서 그리고 히브리 성경의 여러 곳(특히 시나이 산)에서 초대하는 것을 연상시킨다.

이사야 예언자와 동시대인으로서 가난하고 궁핍한 자에 대한 특유의 관심을 지닌 예루살렘의 예언자 미카는 야훼의 날에 구원될 남은 자들이란 절름발이들과 소외된 이들이고, 그때부터 영원히 야훼께서는 시온 산에서 다스리실 것이라고 그날을 내다보았다(미카 4,7). 이 구절은 기원전 586/587년 예루살렘 패망 이전에도 시온 산에 대한 종말론적 희망이 존재했음을 말해 준다.

이런 구절들이 미래에 시온 산에서 내릴 이스라엘(또는 이스라엘의 남은 이들)을 위한 은총을 말한다. 반면에 다른 구절들은 훨씬 넓은 시각으로, 곧 모든 백성들이 야훼를 보러 와서 즐기는 공간으로 산을 묘사한다. 시나이 산에서 70명의 원로들이 먹고 마실 때 이미 역사화됐던 신의 잔치라는 오래된 우주적 관념(탈출 24,9-11)은 시온 산에서 모든 인류를 위한 종말론적 잔치로 옮겨진다.

> 만군의 주님(=야훼 츠바오트)께서는 이 산 위에서
> 모든 민족들을 위하여
> 살진 음식과 잘 익은 술로 잔치를,
> 살지고 기름진 음식과 잘 익고 잘 거른 술로 잔치를 베푸시리라.
> 그분께서는 이 산 위에서
> 모든 겨레들에게 씌워진 너울과
> 모든 민족들에게 덮인 덮개를 없애시리라.
> 그분께서는 죽음(=마웨트)을 영원히 없애 버리시리라(이사 25,6-8ㄱ).

이 구절을 바알이 저승으로 내려오는 우가릿 본문의 중요한 모티프와 비교하면 중요한 점을 알 수 있다. 차폰 산에 왕궁을 건설하고 나서 바알은 불모의 신 모투(=죽음)를 통제하려는 것처럼 보인다. 그러나 상황은 뒤집혀 모투가 자신의 영역으로 내려오라고 바알에게 명령하고 바알은 갇혀 버린다. 한편으로 이 하강은 바알이 모투의 입으로 들어간다고 묘사된다. 그래서 바알은 씹히고 삼켜진다. 다른 한편으로 모투 또는 그의 사자는 바알에게 저승로 내려오라고 한 것은 전술적 의미도 있었다. 바알이 저승으로 오려면 산을 들어서 저승로 통하는 구멍을 막고 내려와야 한다. 다른 말로 해서 (칸카니야[*Kankaniya*]라고 불리는) 산은 풍요의 신을 삼키려고 기다리는 죽음(=모투)의 집 바로 위에 놓여 있다. 그런데 이사 25,6-8ㄱ에 따르면 야훼께서는 마지막 날에 이 과정을 뒤집으실 것이다. 산꼭대기의 잔치를 통해 술과 풍산의 선물을 준 야훼께서는 "죽음"(מות, 마웨트)을 삼키실 것이다. 야훼께서 죽음을 먹는 것은 "영원히" 실행되므로, 이 역전은 계절의 순환도 끝내 버릴 것이다.

더구나 시나이 산의 신현 이후에 하느님의 "토라"(תורה)를 받았고(탈출 19장, 24장), 하느님은 시온 산에서 당신의 의지를 드러내 보이셨다(이사 6장). 이렇듯 "마지막 날", 곧 야훼의 날에 모든 민족은 야훼의 "토라"(תורה)를 배울 열망을 지니고 올 것이다. 그들은 시온 산이 "가장 높은 곳"이 되어 갑자기 그리고 장엄하게 높여 올려지는 것에 응답할 것이다.

> 수많은 백성들이 모여 오면서 말하리라.
> "자, 주님(=야훼)의 산으로 올라가자.
> 야곱의 하느님 집으로!
> 그러면 그분께서 당신의 길을 우리에게 가르치시어
> 우리가 그분의 길을 걷게 되리라."

> 이는 시온에서 가르침(=토라)이 나오고
> 예루살렘에서 주님(=야훼)의 말씀이 나오기 때문이다(이사 2,3 = 미카 4,2).

이 다음에 이어지는 내용처럼, "거룩한 산의" 자연은 그 자체로 조화롭고 평화롭게 살아간다(이사 11,9). 이렇듯 이 산은 야훼께서 모든 백성들로 하여금 평화(=샬롬)를 위해서 전쟁을 포기하도록 하시는 곳이다.

히브리 성경 안에서 성화(聖化)와 탈성화(脫聖化)

시나이 산과 시온 산이 본디 어떤 방법으로 성화됐는지를 알기란 쉽지 않다. 하지만 두 산 모두 야훼와 관련되기 이전에도 거룩한 산으로 생각됐던 것 같다. 상당 부분 추측에 의존한 것이지만, 우리는 모세가 그곳에서 야훼의 현존을 체험할 때 시나이는 미디안인들의 거룩한 산이었다고 주장할 수 있다. 확실히 이런 주장을 뒷받침하는 본문상의 몇몇 증거들이 있지만, 이런 증거의 해석에 대해서는 논쟁중이다. 시온 산에 대한 증거들은 더 분명하긴 하다. 그래도 위에서 말한 엘에서 야훼로 발전한 과정을 재구성한 것이 결코 유일한 해답일 수는 없다.

그러나 우리의 관심은 영감받은 성경 기자들을 따라, 최소한 히브리 성경에 풍부한 증언을 따라 무엇 때문에 이 산이 이스라엘의 거룩한 곳이 됐는지를 묻는 것이다. 결국 이런 문학적 증거들이야말로 우리가 이집트, 메소포타미아, 가나안의 상황을 이해하는 데 유일하게 의존하는 것이다. 몇몇 시편이 (엘/엘욘으로서) 야훼께서는 세상 창조에 바탕해서 (시온에서) 임금이 되셨다고 주장하지만(특히 시편 95; 96편을 보라), 이스라엘이 산과 최초로 접한 것은 창조 사건이 아니라 백성의 삶에서 발생한 역사적 사건이었다. 다시 말해서 많은 민족이 거룩한 산의 개념을 공유했고, 히브리 성경 안에서 거룩한 산의 특징 대부분이 다른 곳에서, 특히 가나안 종교에서 빌려온 것이라 해도, 성화되는 기초는 달랐다. 우리는 이집트와 메소포타미아에서 창조 사건과 창조의 권능에 기초하여 한 장소가 성화됨을 보았다. 가나안에서 바알의 산은 땅/대지에 혼돈을 가져오는 자연의 힘에 대한 승리 때문에 거룩하게 됐다. 그러나 이스라엘에서는 태초부터 또는 자연의 영구적인 순환 때문에 산이 이런 절대적 특성을 갖지 않았다. 히브리 성경에서 산은 이스라엘과 함께 하시는 야훼의 역사에서 어떤 기능을 하기 때문에 거룩하게 됐다.

야훼께서는 시나이 산에서 당신의 계획, 곧 이집트에서 백성을 구해내어 가나안 땅을 주실 것이라는 말씀을 최초로 모세에게 드러내셨다. 더구나 동시에 그곳은 모세에게 그분의 이름, 즉 "주님(=야훼), 아버지의 하느님"을 계시한 곳이기도 하다. 그리고 백성을 구해내고 나서 야훼께서는 구원된 공동체에게 은총으로 "토라"(תורה)를 주시고 백성과 함께 그 산을 떠나셨다. 다시 말해 시나이 산에서 야훼의 역사적 목적이 완성되자 그분은 이동하셨다. 그 결과 시나이 산에서 하느님의 현존이라는 거룩한 장소로서의 특성은 찾아볼 수 없게 되어, 엘리야가 성소로 도망갔을 때 그는 야훼께서 일상적인 신현 양식으로 현존하지 않고 있음을 발견했다. 그곳에서 야훼께서는 음성으로 현존하셨다. 마치 엘리야는 그분께서 음성으로 현존하신다는 것을 알고 있는 것 같았다(1열왕 19,9 이하).

시온 산은 여부스인들에 의해 "엘 엘욘(=지극히 높으신 하느님)"의 집으로 성화됐지만, 역사의 한 시기에 히브리인의 거룩한 장소가 됐다. 그것은 기원전 1,000년경, 즉 다윗이 임금이 되고 난 "후에" 일어났다. 다윗 임금은 여러 해 동안 "산"에 모셔둔, 즉 키르얏 여아림의 아비나답에 맡겨둔 전통적인 계약의 궤를 이 도시에 모셔 왔다(1사무 7,1). 그는 이스라엘 사람들을 위해 예루살렘에 거룩한 기초를 마련하려고 한 것이다. 그는 그 궤를 찬양 행진과 함께 예루살렘으로 모셨다. 궤는 야훼께서 시나이 산을 떠날 때부터 거처하시어 익숙하시던 장막 안에 놓여졌다.

야훼의 은총 덕분에 자신의 통치가 가능했고 야훼의 은총으로 왕권이 보장된다고 생각한 다윗은 예언자 나탄에게 임금도 아름다운 향백나무 궁에서 사는 데 야훼께서 천막에 계시는 것은 적당하지 않은 것 같다고 말했다. 야훼를 위해 성전을 지으려는 다윗의 욕망은 얼핏 선한 것처럼 보였다. 그러나 그 밤에 야훼께서는 나탄 예언자에게 그동안 천막에서 지낸 것에 완전히 만족하므로 집으로 (즉 성전으로) 이사하고 싶지 않다고 말씀하셨다. 오히려 야훼께서는 다윗을 위한 영원한 본성의 집을 (즉 왕조를) 지으실 것이며 그의 아들과 후계자가 야훼를 위해 성전을 지을 것이라고 약속하셨다.

그 후 몇 해 동안 다윗은 인간적 체험의 "극단적인 희노애락"을 체험한다. 그는 강한 왕국을 세웠지만 아들이 반란하여 불신과 비탄을 감내했다. 그의 빛나는 재위기간이 저물 즈음 그는 인구 조사를 하는 죄—실제로 이스라엘을 심판하시기 위해 야훼께서 충동하신 것—를 저지른다. 다윗은 세 개의 벌 가운데 한 개를 선택할 수 있었다. 그는 야훼의 천사가 남쪽의 단에서부터 북쪽의 브에르 세바까지 전염병을 퍼뜨리는 것을 선택한다. 천사가 언덕 위에서, 즉 여부스 사람 아라우나의 타작마당에 있던 바위에서 예루살렘을 치려고 하자, 야훼께서 막으셨다. 예언자 가드가 일러준 대로 다윗은 그 산을 오르고 아라우나의 타작마당을 사서 그곳에다 번제와 친교제를 올릴 야훼의 제단을 쌓는다. 그러자 야훼께서 그의 간청을 들어주시어 "이스라엘에 내리던 재난이 그쳤다"(2사무 24,15-25).

제단을 쌓고 희생 제사를 바친 것은 그곳이 이스라엘에서 매우 높은 곳이었음을 가리킨다. 결국 한 세기 후에 에제키엘은 뿔이 네 개 솟아있는(에제 43,15) 화덕의 제단을 히브리어로 "하르엘"(הראל)이라 불렀는데 그 말은 "엘의 산(=하르)"이라는 뜻이다. 이렇게 네 개의 뿔이 솟아 있는 꼭대기는 바빌론의 신전탑인 지쿠라트(산봉우리)의 특징이기도 하다. 그러므로 다윗이 시온 산의 타작마당에 세운 야훼의 제단은 천상과 지상을 잇는 공간으로 기능한다. 에제키엘이 다른 곳에서 예루살렘을 "땅의 배꼽"(=세상 배꼽)이라고 부른 것도 놀랍지 않다. 더구나 제단과 성전이 온 세상의 임금으로 즉위하는 곳(시편 47,3), 즉 "야훼의 집"이라고 불리는 것도 완전히 이해할 수 있다.

성전을 완공하고 그 산에 신화론적 의미가 첨가됐지만 그 땅에 있는 야훼의 다른 성소도 계속 유지됐다. 그중의 하나는 아랏과 매우 가까이에 있었다. 이와 히즈키야와 요시야가 예루살렘 제의로 집중화를 강조하며 개혁을 벌인 것을 이해할 수 있다. 이런 맥락에서 시온 산이 우주적인 천상 거처를 따라 만든 대응물이라기보다는 오히려 야훼를 가두는 장소로 생각하는 사람도 있다.

이렇게 야훼를 거룩한 장소에 가두었다는 생각이 공식적 집단에 의해 의도됐는지 또는 집중화에 대한 대중적 해석인지는 구분하기 어렵다. 어쨌든 예레미야는 이런 왜곡을 반드시 바로잡기 위해 설교해야 한다고 생각했고(특히 7장과 26장을 보라), 이런 관념에 대한 신학적 대안을 제공하는 것은 신명기적 신명기 학파(Deuteronomic-Deuteronomistic school)에게 꼭 필요한 일이었다. 만일 이 학파의 초기에 이런 대안을 제시할 준비가 되어 있지 않았다 해도, 기원전 586년의 성전 파괴 이후에는 이런 대안이 절대적으로 필요했을 것이다. 만일 야훼께서 시온 성전의 지역에 국한되고 궤에서만 등극하신다면, 이스라엘의 하느님은 죽은 것과 같고 이제 사람들은 다른 신을 찾아야 할 것이다. 결국 어떤 사람들은 특히 바빌론의 신을 섬겼다.

신명기계 신학자들은 여러 양식으로 이에 대한 대안을 선포했다. 야훼께서는 시온 성전에 그분의 이름을 두셨고(신명 12,5. 7 그리고 자주 나온다) 그곳을 거하시는 곳으로 삼으셨지만(천막을 치신 것), 이 학파에게 계약의 궤는 율법의 석판을 모시는 곳이지 야훼의 권좌가 있는 곳은 아니었다(신명 10,1-5; 1열왕 8,9).

결국 신명기계 신학자는 솔로몬의 기도를 편집하면서 봉헌식날에 시온 성전을 실질적으로 탈성화(脫聖化)시켰다.[7] "그러나 어찌 하느

7. 역주: 역자는 불트만(Rudolf Bultmann)의 탈신화(脫神話, *Entmytho-*

님께서 땅 위에 계시겠습니까? 저 하늘, 하늘 위의 하늘도 당신을 모시지 못할 터인데, 제가 지은 이 집이야 오죽하겠습니까?"(1열왕 8,27). 솔로몬은 그 기도에서 8번이나 "하늘에" 계신 야훼께 그 간절한 기도를 들어달라고 호소한다(30. 32. 34. 36 39. 43. 45. 49절). 그러므로 하늘에 자리잡으신 야훼께서는—유배 중에도—예언자들이 선포한 말씀으로 중재되어 사람들 사이에서 체험되신다(예를 들어 신명 18,15-22를 보라). 시온 성전은 수 세기 동안 이스라엘 사람들이 야훼의 현존과 은총을 체험하는 곳이었다. 그러나 야훼께서는 갇혀있을 수 없는 분이므로 이제 그분은 거룩하지 않은 산에도 머무르신다. 백성들이 그분을 뵈러 산으로 오지 않아도 바빌론의 평지에서 사람들에게 현존하실 수 있다. 이스라엘과 모든 백성들에게 "샬롬"(שלום)을 가져다 주는 장소로서 시온 산이 복귀되는 것은 그분이 결정적으로 그리고 분명하게 온 세상을 다스리시는 야훼의 날까지 기다려야 할 것이다.

---

logisierung)를 영어로 번역한 'demythologization'을 '비신화'(非神話)로 옮기는 것이 오역임을 지적한 바 있다. 저자는 desacralization을 병행하는 의미로 사용하기에 '비성화'(非聖話)가 아니라 '탈성화'(脫聖話)로 옮겼다. 다음을 참조하라. 주원준, 『구약성경과 신들』 (경기: 한님성서연구소, 2018), pp. 18-23. 특히 각주 6을 보라. 또한 이 책의 서론 각주 4를 보라.

제9장
하느님의 산과 그분의 아들

히브리 성경에서 거룩한 산들은 야훼와 그분의 백성과의 관계 안에서 여러가지 기능을 했다. 특히 시나이 산과 시온 산은 야훼의 처소를 대표한다. 야훼께서는 하늘에서 산으로 내려오신다. "세상의 축"으로 내려오심은 야훼께서 모세에게 그분의 인격적인 이름과 신원을 드러내시고, 토라와 심판으로써 그분의 뜻이나 구원을 선포하시며, 그분의 목표를 성취할 지도자와 임금을 임명하시는 수단이었다.

신약성경 기자들은 거룩한 산에 대한 이런 이해를 지속시켰지만, 예수의 신원에 주된 관심을 두며 그 용도와 기능을 변형시켰다. 하느님의 아들로서 그분의 정체성에 대한 특별한 선포가 산에서 일어났을 뿐 아니라, 예수가 "산에서" 수행하신 기능들은 히브리 성경의 거룩한 산에서 야훼께서 하신 일과 같은 것이었다.

그리스어 신약성경의 어떤 번역본은 독자들이 "산"의 의미를 오해하게 만들었다. 왜냐하면 그리스어 “산”(τό ὄρος)을 단지 “언덕”, “언덕 마을” 또는 단순히 평범한 “산” 또는 “언덕”으로 옮겨 일반화시켰기 때문이다. 그러나 예수가 “산”(τό ὄρος)에서 행하셨던 행위들 때문에, 그 표현은 어떤 산을 언급하는 것이 아니라 우주적 산을 말하는 것이 된다.

“산”에서 드러난 예수의 기능은 뒤에서 다루기로 하고, 먼저 신약성경은 처음부터 우주적 산을 자각하고 있었음을 주목하는 것이 유익할 것이다. 아마 가장 좋은 예는 마태오의 유혹 이야기에 문자 그대로 “매우 높은 산”이 분명히 나온다는 것이다. 광야와 “거룩한 도시”의 ‘성전’ 꼭대기에서 악마가 하느님의 아들이신 예수의 신원에 도전하고 나서 “악마는 다시 그분을 ‘매우 높은 산’으로 데리고 가서 세상의 모든 나라와 그 영광을 보여 주었다”(마태 4,8). 산을 묘사하는 그리스어 “매우 높은 산”(ὄρος ὑψηλὸν λίαν)은 70인역에서 ‘오직’ 거룩한 산을 언급하는 데만 사용되는 단어다. “높은 산”(ὄρος ὑψηλὸν)이라는 두 단어의 결합은 가나안의 “높은 산”(신명 12,2; 이사 57,7; 예레 3,6), 차폰에 있는 신들의 집(이사 14,13), 기쁜 소식을 선포하는 예루살렘의 높은 산(이사 40,9), 작은 새순이 큰 나무가 되는 시온 산(에제 17,22), 그리고 에제키엘이 ‘성전’의 환상을 본 장소(에제 40,2)를 묘사한다. 시편 104,18에서는 예외적으로 “높은 산”의 복수형(ὄρη τὰ ὑψηλὰ)이 나타나는데, 그곳을 우주적 산으로 섬기는 신앙 공동체에게 중요한 의미를 지닌다.

흥미롭게도 루카는 유혹 이야기에서 산에 대한 언급을 생략했다. “그러자 악마는 예수님을 높은 곳으로 데리고 가서 …”(루카 4,5). 여기서 산을 빠뜨린 이유는 앞으로 루카 복음서에서 "산"의 특별한 기능을 살펴볼 때 분명하게 드러날 것이다. 어쨌든 마태오가 예수께서 세상의 모든 나라를 볼 수 있는 "매우 높은 산"을 언급한 것은 지형학적인 산이 아니라 우주론적인 산을 말하는 것으로 보인다.

예수의 고독과 승리의 장소로서 산

공관복음서에는 "산"의 역할에 대한 몇몇 변형이 존재한다. 비록 세 복음서는 예수의 생애에서 일어난 특정한 사건들과 그분의 가르침을 서로 다르게 해석했지만, 모두 예수께서 "산"(τό ὄρος)을 찾아 홀로 계셨다고 증언한다.

마르코와 마태오는 예수가 5천 명을 먹이시고 나서 바로 제자들에게 배를 타고 호수 건너편으로 건너가라고 하시고 당신은 군중을 헤쳐 보내기 위해서 남아계셨다고 전한다. 예수가 말씀하신대로 되자 그분은 "기도하려고 산에 가셨다"(마르 6,46). 마태오는 이 장면에서 "그리고 저녁때가 됐는데도 혼자 거기에 계셨다"(마태 14,23)는 말을 덧붙임으로써 고독을 강조했다.

예수가 따로 "산"에 올라가셨다는 말은 얼핏 보기에 그분을 시나이 산에서 야훼와 대화했던 단 두 사람, 즉 모세와 엘리야와 연관 짓는 것처럼 보인다. 그러나 예수가 올라가셨다는 이야기의 문맥은 예수를 옛 영웅들보다는 야훼와 동일시하고 있다. 마르코와 마태오(요한 6,15이하도 보라)에서 예수는 제자들을 위협하는 바다를 잠잠케 하기 위해서 산을 내려오신다. 성난 물을 밟음으로써 예수는 이 혼돈의 대표자를 당신의 통치 아래 두신다(앞의 128-29쪽을 보라). 바알과 아나투가 혼돈의 물의 공격을 물리친 곳이 바로 차폰 산이고, 야훼께서 예루살렘을 공격하는 함대(!)를 물리치시고(시편 48편) 성난 물같이 행동하는 적들을 몰아낸(이사 17,12-14) 곳이 바로 (차폰에 위치한) 시온 산이었다. 그러므로 예수가 오르내리시는 문맥에서 산에 대한 우주적 중요성을 읽을 수 있다. 그리고 결국 예수는 야훼와 동일시된다.

어쨌든 이 사건이 히브리 성경의 야훼처럼 예수만이 "산"에서 홀로 계실 권리를 지니고 있고 다른 사람들은 초대되어야만 참석할 수 있음을 알려주는 것이라면, 군대 귀신을 물리친 이야기를 이 논의에 포함시켜야 한다(앞의 279-81쪽을 보라). 마르코는 귀신에 사로잡힌 남자가 "호수(=바다)"의 동쪽 물가의 무덤에서 살고 있었다고 전한다(마르 5,1). 더러운 영이 예수님께 그 지방 밖으로 쫓아내지 말고 '산 위의 돼지들에게' 들어가게 해달라고 간청하자 예수는 그 말을 들어주셨다. 돼지떼는 비탈을 내리달려 "호수(=바다)"에 빠져 죽었다. 이 이야기의 우주론적인 의미는 루카 복음서에서 더 잘 나타난다. 더러운 영의 간청은 더 이상 다른 지방으로 쫓아내지 말아 달라는 것이 아니라 이제 "지하로(=심연으로)" 내쫓지 말아달라는 것이었다(루카 8,31). 루카 복음서도 돼지떼가 물에 빠져 죽는 것으로 끝난다. 이것은 더러운 영이 "산" 위에 있을 권리가 없기에, 세상의 축의 꼭대기로부터 심연의 바닥으로 내쫓긴다는 것을 가리킨다(이사 14,12 참고).

루카는 오병이어의 기적 다음에 산-바다의 과정을 보도하지는 않지만, 그래도 시종일관 "산"을 예수의 고독의 자리, 특별히 기도하기 위한 자리로 보여준다. 더구나 예수께서는 밤에 산에서 고독을 체험하시고, 낮에—이곳과 다른 곳에서—다른 사람들과 관계를 맺으신다. 루카 6,12-13에 따르면 예수께서 산에서 제자들을 부르시고 초대하신 것도 낮 시간의 사회적 활동에 포함된다. 루카 21,37-38에서 기자는 예수가 예루살렘성 안에 계셨을 때 낮 시간을 성전에서 보내셨으나 밤에는—분명히 홀로—"올리브 산이라 불리는 곳"에서 묵으셨다고 전한다. 이런 언급은 예수께서 찾으신 고독의 장소가 성전이 있는 시온 산이 아니었음을 가리킨다. 오히려 이런 목적에 부합하는 산은 올리브 산이었다. 실제로 루카에게 이 산은 지상과 천상이 접촉하는 지점으로서 기능하는 것으로 보인다. 부활하신 예수가 구름을 타고 하늘로 올라가시는 곳은 바로 올리브 산이다(사도 1,9-10. 12).

그러므로 공관복음서마다 조금씩 다르긴 하지만, 공관복음서는 공통적으로 "산"이 오직 예수님께만 속한 공간이라고 전한다. 산은 예수께서 고독하게 기도하시는 장소라는 특징이 있다. 동시에 그곳은 혼돈의 존재를 방어하는 장소이며 그 혼돈이 복종하는 장소다. 이 점에서 육화로 말미암아 전통적인 형상을 변화될 필요가 생긴다. 히브리 성경에서 야훼께서는 다양한 목적을 성취하기 위해서(창세 11,5. 7; 탈출 3,8; 19,20), 심지어 적의 공격으로부터 시온 산을 방어하고 구하기 위해서(이사 31,4-5) 거룩한 산 위로 "내려오신다." 야훼께서는 천상에 살고 계시기 때문에, 그분은 당신의 뜻을 성취하기 위해서 천상의 거처와 대응하는 지상의 장소로 내려오셔야만 한다. 그러나 신약성경 안에서 하느님의 아들은 이미 지상의 존재이므로, 곧 육화했으므로, 예수는 하느님의 뜻을 수행하거나 혼돈을 정복하기 위해서 "산"

그 자체를 내려가신다.

그러나 공관복음서 기자들은 산에 대한 예수의 배타적인 권리를 보호하는 동시에 산에서 예수님과 함께하는 타인들의 존재를 기술한다. 그러나 마르코와 루카에 따르면 그럴 가능성은 전적으로 예수의 초대에 달린 것이다.

초대와 파견의 장소로서 산

마르 3,13-17에 따르면 예수는 산에 올라 12명을 사도로 파견하신다. 이때 예수는 산에 홀로 남아 계시지 않았고 오히려 함께 할 사람들을 초대하셨다. 예수가 12명을 선택하신 마르코의 이야기에서 초대된 사람이 12명보다 더 많았는지를 판단하기는 힘들다. 어쨌든 이곳과 히브리 성경의 거룩한 산의 병행구는 분명하다. 하느님은 불타는 가시덤불로 모세의 주의를 끌어 호렙 산으로 초대하셨고, 그 다음에 4명의 지도자와 70명의 원로들을 시나이 산의 꼭대기로 “올라오라”고 부르셨다(탈출 3,1 이하; 24,1. 9-11). 두 경우 모두 일종의 파견이 관련되어 있는 것 같다(앞의 267-73쪽을 보라). 야훼께서 예루살렘의 성전 산 위로 초대하여 “갈 사람”을 찾자 이사야는 “저를 보내십시오”라고 말했다. 이런 의지에 기초해서 이사야는 파견됐다(이사 6,1-13). 마르코 복음서 기자도 “산”에 사람을 초대하여 초대받은 이들의 일부를(또는 전부를) 파견한다. 두 본문의 전승은 일맥상통한다.

마르 3장에서 12명이 될 때 그들의 기능은 예수의 직무를 연장하는 것이었다. 예수는 "그들을 파견하시어 복음을 선포하게 하시며 마귀들을 쫓아내는 권한을 가지게" 하셨다. 그들이 설교하는 내용은 예수의 선포와 같을 것이다. 즉 야훼의 날과 뒤따르는 나라가 임박했다는 것이다. 더욱이 구마의 권위는 예수님과 제자들의 직무 안에서 일어나는 묵시적 전투를 가리키는 것 같다(앞의 130-33쪽을 보라). 그러므로 "산"은 예수가 하느님 나라를 선포할 자를 파견하시는 곳이자 아마도 종말에 새 백성의 핵심을 형성하는 곳으로 기능하는 것 같다. 루카는 예수께서 산으로 가 밤새도록 기도하셨고 그 꼭대기에서 그분이 선택한 제자를 초대하셨다는 점을 강조한다(루카 6,12-13). 이것은 마르코에서는 다소 분명하지 않다. 그래서 예수는 히브리 성경의 어떤 인간보다는 오히려 하느님과 더 닮았다. 예수는 산"에서" 초대하시고, 꼭대기로 초대받은 사람들 가운데서 선택하신다.

마태오는 마르코 이야기의 두 가지 기능들과 상응하는 두 개의 독립된 파견을 기록한다. 첫째는 12명에게 더러운 영들을 쫓아내고 다양한 질병을 고치는 권능을 주신 것이다(마태 10,1). 그러나 이 파견은 산에서 일어나지 않았다. 모든 민족을 가르치고 세례를 베풀라는 두 번째 파견은 산 꼭대기의 모티프를 유지하고 있다. 그러나 이 체험은 마태오 복음서의 맨 끝으로 옮겨져 있다(마태 28,16-20). 부활절 아침에 천사가 막달라 마리아와 다른 마리아에게 알려준 대로, "열한 제자는 갈릴래아로 떠나 예수님께서 분부하신 산으로 갔다." 흥미롭게도 천사들은 갈릴래아의 산을 언급하지 않았다. 그러나 마르코와 루카 복음서에서 예수의 직무가 시작될 때 "산"으로 초대해서 일어난 파견에 상응하는 마태오 복음서의 본문은 바로 이 구절이다.

이렇게 마태오는 "예수께서 분부하신 산"과 파견을 언급하는 것이다. 예수가 이 산에서 하신 말씀은 그분에게 주어진 신적 권위, 즉 고대근동과 히브리 성경의 우주적 산들과 분명히 연관되어 있다. 이 권위에 기초해서 예수는 산에 사람을 초대하고 파견하는 신적 기능을 넘겨 받았다. 그리고 온 민족에게 보편적으로 영향을 끼치신다.

토라를 주시는 장소로서 산

마태오의 본문의 산상 설교는 산이라는 파견의 장소로서 상응할 뿐, 그 파견의 기능은 상응하지 않는다. 다시 말해 마태오에 따르면 백성들이 예수의 가르침과 치유 직무를 찬미한 다음, 마르코나 루카처럼 12명의 파견을 기록하지 않고 오히려 산상 설교를 기록했다. 그 이야기는 "산"에(5,1) 있는 예수님과 그의 제자들을 언급하며 시작한다. 그곳에서 가르치신 내용은 매우 다양하고 분명히 서로 다른 종류의 가르침/설교 자료들을 보여 준다. 처음에는 참행복 선언이 나오고 제자들은 세상의 소금과 빛이 되라는 가르침이 있다(5,1-11. 12-16). 5,17-48은 분명히 야훼께서 모세에게 주신 시나이 율법을 암시한다.

여기서 이 가르침은 예수의 사명이 율법과 예언서를 없애버리는 것이 아니라 오히려 율법과 예언서가 증거한 하느님의 뜻과 목적을 완성하는 것임을 보여 준다. 이어 뒤따라 나오는 여섯 가지 반명제(反命題)는 오직 마태오만이 보도하는 것이다. 이 반명제에서 예수는 하느님의 뜻에 대한 당신의 깊은 이해와 시나이 율법을 대조시킨다. 실제로 "…고 말씀하신 것을 너희는 들었다"(5,22. 27. 31. 33. 38. 43) 또는 이와 매우 유사한 정식이 6번 나타난다. 그리고 야훼께서 시나이 산에서 모세에게 주신 옛 법률을 언급하신다. 그리고 다음과 같은 예수님 자신의 권위 있는 주장이 뒤따른다. "그러나 나는 너희에게 말한다." 이처럼, "산에서" 예수는 하느님의 뜻을 해석하는 궁극적인 유다교 해석자로서 스스로를 확립하신다.

예수의 시대에는 "토라"에 대한 권위를 지닌 명성있는 랍비들이 많이 있었다. 그들은 밤낮으로 공부했고, 시편 1편의 '행복한 자'처럼 기쁜 마음으로 율법을 묵상했다. 그러나 산상 설교를 들은 사람들은 깜짝 놀랐다. 왜냐하면 예수는 단지 권위 있는 자가 아니라 전권을 지닌 분으로 가르치셨기 때문이다. 히브리 성경 안에서 산에서 말할 수 있는 권위를 지닌 분은 오직 야훼뿐이다. 그러나 지금 산에서의 신적 권위는 예수께로 이전됐다.

이 이야기는 이 산이 갈릴래아 호수의 가장자리에 있다고 하고, 그 전승에 따라 그 자리에 교회도 세워졌지만, 사실 복음서의 정보만으로 산의 정확한 위치를 알 수는 없다. 그러나 예수가 주신 새로운 "토라"의 빛에 따라, 그리고 시나이 율법을 거듭해서 언급했기 때문에, 갈릴래아의 이 산은 히브리 성경의 시나이 산과 같은 특성을 지니고 있다고 할 수 있다. 다시 말해서 시나이 산과 참행복 선언의 산은 같은 특성을 지닌 장소이고, 이런 의미에서 두 산은 동일시됐다. 또한 예수는 산에서 야훼의 권위를 지니고 말씀하시는 하느님의 아들로서 드러나신다.

중요한 점은 마태오 복음서 기자가 예수의 직무가 일어나는 장소로서의 산이 또한 초대의 장소라는 마르코와 루카의 관념을 완전히 뒤바꿔 놓았다는 것이다. 이 복음서에서 산은 "공개됐다." 마태 5,1-2의 산상 설교 도입부에서 예수의 가르침을 듣는 청중은 제자들로 제한된 것처럼 보이지만, 결론부에서 예수의 권위 있는 말씀을 들은 것은 "군중"이었다(7,28-29). 아마 산에 대한 마태오의 이런 재해석은 다른 시나이 전승을 따르려는 신중한 시도인 듯 하다. 곧 야훼께서 시나이 산에서 십계명을 말씀하셨을 때, 그분은 초대받은 소수에게 말씀하신 것이 아니라 이스라엘 백성 전체에게 말씀하신 것이다(탈출 20,18-21; 신명 5,3ㄱ. 22). 다른 한편 마태오는 완전히 다른 모티프도 염두에 두고 있었을 것이다. 산은 종말론적 공동체가 드러나는 장소라는 것이다(앞의 291-94쪽을 보라). 마태오의 설교 그 자체에서 이런 해석을 위한 실마리가 존재한다. 곧 "산 위에 자리잡은 고을은 감추어질 수 없다"(5,14)란 말씀이다. 분명 마태오는 교회가 종말의 공동체로서 드러날 것을 생각하고 있었다. 그 새로운 공동체는 배타적인 동아리가 아니라 모두를 위해 열려있는, 즉 초대받을 필요가 없는 곳이다.

마태오 복음서의 다른 곳에서 예수가 "산에" 오르셨을 때 군중은 치유받아야 하는 모든 종류의 백성들을 그분께 데려왔다. 군중들이 깜짝 놀라도록 예수는 실제로 모든 질병을 고쳐 주셨고 따라서 군중은 "이스라엘의 하느님을 찬양했다"(마태 15,29-31). "산에서" 군중들이 놀란 이 예화는 복음서들 가운데 오직 마태오에만 있다. 그러나 토라와 예언서의 "완성"과 관련되어 이 주제를 사용한 것(5,17), 산 위의 도시에 관한 언급(5,14), 그리고 병든 자들을 고쳐 주셨다는 언급(마태

15,29-31) 등, 이 모든 것이 산과 하느님 나라의 도래를 연관시킨다. 그러므로 히브리 성경의 종말론적인 기대는(앞의 291-94을 보라) 마태오의 "산"에서 목적을 달성한다.

초대하여 예수의 신원을 드러내는 장소로서 산

"산"(τό ὄρος)이라는 표현은 특별한 특성을 지닌 장소로서 신약성경에서 여러 번 등장하지만, "거룩한 산"이라는 표현은 단 한번 나온다. 2베드 1,18의 "거룩한 산에"(ἐν τῷ ἁγίῳ ὄρει)라는 말은 하늘에서 "이는 내 아들, 내가 사랑하는 이, 내 마음에 드는 이다"는 장엄한 음성이 들려 왔을 때, 베드로와 다른 제자들이 예수님과 함께 있었음을 묘사하는 곳에서 사용됐다. 그러므로 베드로 2서 기자에게 "거룩한 산"은 변모 산이다. 그 산이 공관복음서 이야기에서 과연 거룩한 것인지, 어떻게 거룩하게 됐는지, 그리고 그 설화에 기초해서 어떤 특성을 지니게 됐는지를 살펴보아야 할 것이다.

마르 9,2-9에 보도된 이야기는 (병행구는 마태 17,1-8과 루카 9,28-36) 다음과 같이 요약할 수 있다. "엿새 뒤에" 예수는 베드로와 제베데오의 아들들인 야고보와 요한 형제를 데리고 산으로 올라가셨다. 산꼭대기에 있을 때 예수의 모습이 눈부시는 흰색으로 변했다. 이 광채 속에서 예수가 엘리야와 모세와 이야기하시는 모습이 드러났다. 베드로는 3개의 천막을 짓겠다고 말씀드렸으나, 복음서 기자는 베드로가 두려워서 무슨 말을 해야 할지 몰랐다고 전한다. 그리고 구름이 제자들을 (그들 전체를?) 감쌌고 음성이 그 세 사람에게 예수의 신원을 알려 주었다. 음성이 끝나자 제자들은 예수님만을 볼 수 있었다.

앞에서 우리는 탈출 24장의 시나이 전승에서 두 개의 신현 이야기를 살펴보았다(앞의 264-71쪽). 하나는 산을 오르도록 초대받은 모세와 그의 측근 아론, 나답과 아비후 형제, 70명의 원로들을 묘사한다. 그들은 이스라엘의 하느님을 보았고 관습적으로 먹고 마셨다. 야훼의 영광이 드러나는 두 번째 신현이 일어날 때, 모세는 여호수아를 데리고 꼭대기로 올랐다(마치 다른 사람들은 꼭대기에 가 본 적이 없는 것처럼). 그리고 일어난 두 번째 신현에 따르면 구름이 "엿새 동안" 산을 덮었고, "이렛날" 구름에서 음성이 들려와 모세에게 들어오라고 하셨다. 이야기는 계속되어 모세는 성막과 성궤를 만들고 사제 계급을 만들라는 지시를 받았다. 이 모든 것은 야훼와 백성이 그 산을 떠나 가나안을 향해 나아갈 때 백성과 함께 현존하시는 수단이었다. 이 설화적 행동은 32장에서 반복되는데, 모세가 금송아지 때문에 화가 나서 야훼께서 주신 돌판을 깨뜨리자, 34장에서 야훼께서는 산에서 돌판 두 개를 새로 주셨다. 모세가 하느님을 체험하고 산에서 내려왔을 때 그의 얼굴이 변모하여 너무 밝게 빛나고 있었기 때문에, 그가 백성들이 있었던 곳으로 내려와 말할 때 그는 그의 얼굴을 너울로 가려야 했다.

마르코 복음서의 변모 이야기와 이 시나이 전승의 설화와 율법이 혼합된 이야기를 비교해 보면 다음의 공통점이 드러난다.

1. 두 경우 모두 사건은 산에서 일어났다.

2. 각 이야기에서 신현의 구름이 산을 가렸고 초대받은 사람(들)을 감쌌다.
3. 구름에서 신의 음성이 들렸다.
4. 변형된 영광이 산에 초대받은 중요한 사람에게 영향을 주었다.
5. 각 이야기의 시간 요소가 같다. 마르 9,2의 "엿새 뒤에"는 탈출 24,16의 "이렛날"과 같은 의미다(호세 6,2의 병행구 참고).
6. 각 경우에 산에는 예수라는 이름의 사람이 한 명씩 있다. 곧 마르 9장에는 다른 사람들을 초대한 분이 바로 예수다. 탈출 24장의 70인역은 "여호수아"(Ἰησοῦς, '예수스')가 모세와 함께 꼭대기에 올랐다고 보도한다.
7. 초대받은 다른 사람들도 이 환상을 체험했다. 이 집단은 끊임없이 문제를 일으키는 대변자(아론/베드로)와 한 쌍의 형제로 구성됐다.

학자들이나 입문서는 산의 정확한 정체에 대해 타보르 산인지, 헤르몬산인지 또는 다른 산인지 논쟁해 왔고, 지금도 계속 논쟁하고 있다. 그러나 산의 정체나 크기보다 더 중요한 것은 그 산의 특성이다. 위의 공통점은 그 산이 시나이 산과 같은 특성을 지니고 있음을 보여 준다. 이런 동일함은 그 산에서 엘리야와 모세가 존재했기에 더욱 분명해진다. 히브리 성경에서 이 두 사람은 야훼께서 시나이 산과 호렙 산에서 말씀을 건넸던 유일한 인간들이었고, 따라서 그들은 시나이에 다시 초대된 이 전승에서 나타난다.

변모 산이 거룩한 산과 동일시됨은 그 용어 자체에 의해서도 실증될 수 있다. 유혹 이야기를 논의하며 우리는 70인역에서 "높은 산”(ὄρος ὑψηλὸν)이라는 표현이 오직 거룩한 산들을 가리킬 때만 사용됐음을 보았다. 예수께서 세 제자를 초대하셨던 산을 묘사하는 마르 9,2에서 이 표현이 나온다. 베드로 2서 기자가 이 용어에 바탕해서 변모가 “거룩한 산에서” 발생했다고 말하는 것은 놀라운 일이 아니다.

변모 산과 시나이 산에 대한 이야기는 똑같은 시간을 표현하지만, 이 두 구절에서 “엿새 뒤에”와 “이렛날”의 기능이 서로 다르다는 점을 관찰하는 것은 특별히 중요하다. 이 표현은 선행하는 행동이 드디어 절정에 이르렀음을 표현하는 셈족 특유의 문학적 장치다.[1] 시나이 산에서 선행하는 행동은 구름의 신현이었으므로, 이야기의 절정은 모세가 토라를 받은 것이다. 이것은 우리가 본 시나이 신현들의 공통점이다. 변모 산에서도 구름의 신현 다음에 하느님이 계시하시어 예수의 신원이 드러난다. 그러나 시간을 나타내는 이 표현은 구름이 산꼭대기에 남아 있는 기간을 표현하기 위한 것이 아니라, 이야기 전체의 도입부로 사용됐다. 이렇게 시간을 나타내는 이 표현의 위치가 달라졌기 때문에, 변모 산 이야기에서 절정에 선행하는 행위는 그 앞의 이야기에서 찾아야 한다.

그 선행하는 행동은 그리스도론에 대한 논쟁이었다(마르 8,27-33). 카이사리아 필리피로 가는 길에서 예수는 자신의 신원에 대해 제자들에게 물으셨다. “사람들이 나를 누구라고 하느냐?” 그들은 군중들

---

1. Foster R. McCurley, Jr., “‘And after six days’(Mark 9:2): A Semitic Literary Device”, *Journal of Biblical Literature* 93 (1974): 67-81.

이 예수를 어떤 예언자로 생각하고 있다고 대답했다. 어떤 이들은 세례자 요한으로 생각하고 있었는데 그분의 구마와 치유 기적은 오직 죽음에서 일어난 세례자 요한의 힘으로만 가능하다고 여겼기 때문이다. 또 어떤 이들은 엘리야라고 했는데 분명히 그분의 일부 기적은 엘리야와 엘리사의 이야기와 퍽 비슷했기 때문이다(과부의 외아들을 살리신 것과 매우 적은 음식으로 많은 사람들을 먹이신 사건; 다음을 보라. 루카 7,11-17; 마르 6,30-44; 특히 요한 6,1-14). 또 다른 예언자 가운데 한 사람으로 본 사람도 있었는데 아마도 그분의 설교가 옛 예언자들과 닮았기 때문일 것이다.

그리고 예수는 관찰과 보고에서 질문의 초점을 고백으로 옮기신다. "그러면 너희를 나를 누구라고 하느냐?" 베드로가 대담하게 대답했다. "스승님은 그리스도/메시아이십니다." 베드로의 이런 고백은 예수가 하느님께서 정의와 의로움으로 다스리실 그의 왕국을 넘겨주실, 오랫동안 기다린 다윗 왕조의 통치자라는 뜻이었다. 사해 문서는 메시아를(실제로는 다윗 왕조과 아론 가문에서 두 명의 메시아를) 기다리던 예수님 생애 1세기 전의 상황을 충분히 증언한다. 아마도 당시의 메시아 기대에 밀착된 민족주의적이고 군사주의적인 관념 때문에 예수는 늘 이러한 명칭을 사용하는 데 모호한 태도를 취하셨다. 결국 마르 8,29-30에서 예수는 이 고백에 대해 긍정도 부정도 하지 않으신다. 그분은 단지 그 문제에 대해 침묵하라고만 하셨다. 이런 모호함은 마태오 복음서에서 예수가 베드로의 고백을 완전히 긍정하신 이야기와 대조된다.

그 고백이 있고 나서 예수는 이런 가상의 질문을 하셨을 것이다.

"나는 나를 누구라고 말할까?" 그분은 사람의 아들이 고난을 당하고 버림받으며 죽임을 당했다가 사흘 만에 다시 일어나야 된다고 말씀하셨다. 고난의 "필요"(δεῖ)와 관련된 이런 표상과 이름으로 하느님 나라가 주어진 마카베오 순교자들(다니 7,13-18을 보라)을 떠올릴 수 있다. 또한 하느님의 아들을 70번 이상 언급한 에제키엘 예언자를 떠올릴 수도 있다. 다른 어느 예언자들보다도 백성들의 죄를 대신하여 고난당한 예언자는 바로 이 에제키엘 예언자다(에제 4,1-5,17). 어떤 경우든 예수를 고난받는 사람의 아들로서 묘사한 것은 바로 앞에서 제자들이 한 고백과 베드로의 마음에는 맞지 않았다. 그래서—온당치 않게—베드로는 예수를 꾸짖었다. 그러나 결국 예수가—온당하게—그를 꾸짖으셨다(123-38쪽을 보라). 그리고 예수는 제자들이 고난당해야 할 것과 임박한 하느님 나라에 대해 말씀하셨다.

결국 앞의 그리스도론에 대한 논쟁은 "엿새 뒤에"/"이렛날에" 절정에 달한다. 변모 산의 절정은 다음과 같은 가상적인 질문에 답하는 것이다. 그렇다면 "하느님은 그분을 누구라고 말씀하시는가?" 산에 초대된 제자들의 대표자들에게 들려온 구름 속에서의 명확한 대답은 실로 엄청난 것이다.

> 이는 내가 사랑하는 아들이다(마르 9,7).
>
> οὗτός ἐστιν ὁ υἱός μου ὁ ἀγαπητός
>
> (후토스 에스틴 호 휘오스 무 호 아가페토스)

이제 이 단어들이 그리스어 구약성경과 친근했던 1세기의 독자들에게 미친 영향을 검토할 필요가 있다. “이는 내 아들이다”는 문장을 이끄는 단어들은 대관식 날 시온 산에서 다윗을 야훼의 아들로 삼는 입양 정식을 분명히 상기시킨다(시편 2,7). 그것을 예수께 적용함으로써(그것은 앞서 예수의 세례 때에 그리고 신약성경의 다른 곳에서 사용됐다) 예수를 “하느님의 아들”과, 그리고 히브리 성경에서 이 말과 동일한 의미를 지닌 그리스도/메시아와 동일시한다. 따라서 구름으로부터 들려온 이 선포는 8,29에 있는 베드로의 고백을 확증한다.

그러나 시편 2,7의 대관식 정식에는 “아들”과 “사랑하는”이라는 중요한 용어를 연결짓지 않는다. 실제로 70인역 전체에서 “사랑하는 아들”(υἱός ἀγαπητός)이 결합되어 사용된 곳은 오직 한 장면뿐이다. 바로 창세 22장에 나오는 이사악의 희생제 이야기에서만 세 번 등장한다(2절, 12절, 16절). 그곳에서 아브라함은 그의 사랑하는 외아들을 데리고 “모리야 땅으로 가거라. 그곳, 내가 너에게 일러 주는 산에서 그를 나에게 번제물로 바쳐라”는 야훼의 명령을 받았다. 사랑받는 아들 이사악은 오래 기다려 얻은, 하느님께서 약속하신 자녀였고 하느님께서 많은 후손을 약속하신 미래도 그에게 달려 있었다. 하느님께서 모리야 산에서 아들을 희생제물로 바치라고 아브라함에게 명령하신 것은 완전히 모순되게 보인다. 예수님과 관련해서 변모 산에서 “사랑하는 아들”(υἱός ἀγαπητός)이란 표현을 사용한 것은 이 모티프를 예수님께로 이전시키는 것 같다. 곧 오래 고대한 다음 오신 하느님의 아들이 죽는다는 것은 하느님 나라를 약속하신 하느님의 약속과 모순되게 보이지만, 포도원의 비유에서 볼 수 있듯이 “사랑하는 아들”(υἱός ἀγαπητός)이란 표현은 마르코 복음서의 다른 곳에서도 죽임을 당할 아들을 언급하는 데 사용된다(마르 12,1-11; 특히 6절).

그러므로 신적 음성이 들려준 그리스도론적 선포 전체는 예수가 메시아/그리스도라는 베드로의 고백을 확증한다. 동시에 고난받고 죽어야 한다는 예수의 자기 이해 또한 확증함으로써 메시아에 대한 일반적인 관점을 바로잡는다. 놀랍게도 이 선포의 두 측면은 시온 산과 관련되어 있다.

시편 2편에서 대관식 정식의 위치는 분명하다. "너는 내 아들이다"라는 문장은 " 나의 거룩한 산 시온 위에 내가 나의 임금을 세웠노라!"는 하느님의 말씀 직후에 나온다. 이 선포의 "사랑하는 아들"에 관해서 창세 22장은 그 사건이 "모리야 땅"의 '어떤 산'에서 일어났다고 전할 뿐이다. 누구도 그 땅이 어디에 있는지 모르기 때문에, 구약성경의 초기 본문들은 이 난해한 단어를 그와 발음이 유사한 "아모리 땅" 등으로 읽기도 했다. 70인역은 이 히브리 단어를 "높은 곳"(=라마, רמה)을 뜻하는 단어와 연관시켜서 모리야 산을 단순히 "높은 땅"(τὴν γῆν τὴν ὑψηλήν)으로 옮겼다. 그러나 모리야는 히브리 성경 본문에서 여기 말고도 다른 곳, 바로 2역대 3,1에서 나온다. 모리야 산은 솔로몬이 그의 성전을 건설한 산의 이름이다. 다시 말해서 기원전 약 4백 년경의 역대기 사가의 시대에 시온으로 알려졌던 예루살렘의 산은 모리야가 됐고, 그 용어는 오늘날 "바위의 돔"(Dome of the Rock)의 이름으로 전승된다. 그리스도인들이 후대에 구약성경의 전승에 관해 큰 관심을 두고 연구하다가 시온 산을 원래 위치에서 서쪽에 있는 산으로 보았기에, 1세기에 성전이 있던 산은 모리야 산이 됐다. 모든 가능성을 종합해 볼 때 돔 아래의 바위에 밀접하게 연결된 아브라함과 이사악의 전승은 이미 모리야라는 이름으로 인해 이 산과 연결된 것이었다. 구약성경에서, 그중에서도 특히 시편에서 자주 언급되는 이름인 시온과 모리야라는 이름이 한 쌍을 이루므로, 전승 안에서 분명히 시온과 모리야는 동일하고 같은 산이 됐다. 그러므로 구름에서 들려온 선포, 즉 "너는 내 사랑하는 아들이다"의 뿌리는 시온/모리야의 거룩한 산 전승에 있다.

앞에서 우리는 변모 '설화'가 시나이 산 전승에 기초한다는 것을 증명했다. 이제 우리는 예수의 신원과 관련된 하느님의 '선포'가 시온/모리야 산의 전승에 기초하고 있음을 보았다. 만약 히브리 성경의 두 거룩한 산이 변모 이야기 전체를 위한 암시를 제공한다면, 왜 그 산이 "높은 산"(ὄρος ὑψηλὸν)으로 불렸는지 이해할 수 있다. 결국 그 공간은 땅의 배꼽으로 기능한다. 왜냐하면 그곳이 예수의 신원에 대한 논쟁에 하느님의 답을 제공했기 때문이다(다음의 그림 3을 보라).

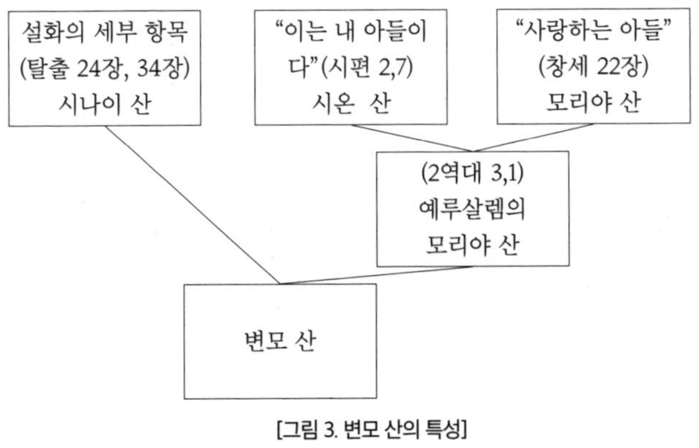

[그림 3. 변모 산의 특성]

마르코의 복음서 전체에서 변모 이야기는 핵심적 지위를 차지하고, 이는 마르코가 "하느님의 아들"이라는 명칭을 사용한데서도 볼 수 있다. 첫째, 그 명칭은 이 책의 제목, 즉 "하느님의 아들이신 예수 그리스도에 관한 복음의 시작"(1,1)에서 등장한다. 둘째, 그 명칭은 세례 때 홀로 예수께 주어진 선포의 일부이다. "너는 내가 사랑하는 아들, 내 마음에 드는 아들이다"(1,11). 이 신원 선포는 변모 때의 것과 같지만, 세례 때는 산이 개입되어 있지 않았다. 셋째, 예수가 호수(=바다)가에서 만난 더러운 영은 "당신은 하느님의 아드님이십니다."고 소리쳤다. 예수는 그것들에게 이 사실을 드러내지 말라고 명령하셨다. 그러므로 넷째, 인간들은 "산"에서의 변모 사건까지 예수의 참되고 충만한 신원을 알지 못했고 그 후에도 단지 선택되고 초대된 제자들만이 알았다. 마지막으로 이 명칭은 십자가 밑에 서 있던 로마의 백인대장의 입에서 나왔다. "참으로 이 사람은 하느님의 아드님이셨다"(15,39). 이 호칭이 이렇게 발전했기 때문에 마르코 복음서에 따르면 이방인들은 십사가에 못박히심을 보고아 예수의 신원을 알게 된다. 이런 틀 안에서 변모 산의 이해는 우리는 전승에서 살펴본 것과 일치한다. 그 산은 초대받은 사람들에게 신적 신원이 계시된 장소다(특히 탈출 3,1-15을 보라).

마태오의 변모 이야기는 마르코의 것과 아주 비슷하지만, 루카는 약간의 의미있는 변형을 가한 것이 관심을 끈다. 첫째, 아마 셈족의 문학적 장치의 효과를 이해하지 못했던 루카는 "엿새 뒤에"를 "이 말씀을 하시고 여드레쯤 됐을 때"로 바꾸었다(루카 9,28). 그러나 분명히 이 기자는 산의 체험을 앞의 논의와 연관시켰다. 둘째, 루카는 "높은 산"(ὄρος ὑψηλὸν)을 "산"으로 바꾸었는데, 그래도 변한 것은 없다. 그의 복음서를 통해서 제자들에게 비밀을 현시하신 장소로서 "산"의 중요성은 형용사 "높은"(ὑψηλὸν)을 필요로 하지 않는다. 셋째, 예수가 기도하기 위해 산에 오르시는 것은 루카의 고유한 특징이다. 그런데 바로 예수가 산에서 기도하실 때 그분의 모습 전체가 변화한다. 넷째, 예수님, 모세, 엘리야의 대화 내용이 보도됐다. 곧 그들은 예루살렘에서 성취될 예수의 '이집트 탈출', 곧 그분이 (세상을) 떠나실 것에 대해 이야기했다. 다섯째, 제자들은 잠에 빠져있었지만 간신히 깨어나 의도된 계시를 받았다. 여섯째, 구름에서 들리는 음성은 예수가 "사랑하는" 아들이 아니라 "내가 선택한 아들"이라고 선포한다. 이는 이사 42,1-4에서 정의를 세우고 이방인들에게 하느님의 토라를 가져다주는 인물인 종의 표상을 상기시킨다. 루카의 고유한 관심은 모리야 산의 암시를 대체했지만, 예수의 '이집트 탈출'을 언급함으로써 고난의 측면이 언급됐다. 마르코의 이야기가 이렇게 많이 변함으로써, 이 산은 올리브 산의 전조가 됐다. 그 산 역시 예수의 기도와 관련되어 있는데, 제자들은 잠에 빠졌고 예수는 깨어있으라고 요구하셨다(루카 22,39-46). 이런 맥락에서 루카에게 (게쎄마니가 아니라) 올리브 산은 체포의 장소일 뿐 아니라 기도와 승천의 장소라는 점이 의미가 있다. 고난의 모티프는 변모 산과 올리브 산, 두 산의 공통점이다.

산의 특성이 결핍된 골고타

전설에 따르면 골고타는 첫 번째 아담의 무덤 위에서 두 번째 아담이 죽은 거룩한 산이므로 "세상의 축"이다. 실제로 "해골"은 언덕의 모양을 말할 뿐만 아니라, 중세 미술에서는 십자가 밑에 실제로 아담의 해골을 그렸다. 그 전승은 예루살렘의 "주님 부활 기념 성당"(또는 "성묘교회"), 곧 십자가가 있던 자리 바로 아래에 제단을 만들어 "아담의 무덤"이라고 불리던 고대 무덤에서 증언된다.[2]

골고타를 하나의 언덕으로 이해하는 것은 그리스도교의 시와 찬양에서 상당한 역할을 하고, 박물관의 벽화나 현대의 영화에서도 마찬가지다. 예루살렘 순례자들이 그 산을 오르려는 종교적 열성이 너무 커서, 사실 골고타는 전통적인 위치가 아닌 다른 곳에 있게 됐다. 실제로 주님 부활 기념 성당이 있는 자리가 이전에 언덕이었다는 것을 설명하기는 어렵다. 그 지역 전체는 그 전에는 오히려 움푹한 땅이었을 것이다.

신약성경 안에서 골고타를 묘사하는 용어는 일반적인 전설과는 정반대다. 복음서의 이야기 또는 신약성경의 어디에서도 골고타가 언덕이나 산으로 불린 적은 없다. 오히려 예수가 십자가에 매달리신 것을 언급할 때면 언제나 단지 "그곳"(ὁ τόπος)으로만 부를 뿐이다.

"그곳"(ὁ τόπος)은 선택받은 예배자들이 초대되어 특별한 파견과

---

2. 역주: 유다인들 사이에 옛부터 아담의 묘가 예루살렘에 위치했다는 전설이 전해온다. 초대 교부들은 이를 전승하여 예루살렘에서 십자가에서 달리신 예수의 피가 바위 틈으로 스며들어 아담의 두개골을 흠뻑 적시게 됐고, 이 피로 인해 아담은 구원됐다는 해석을 했다. 이런 해석은 아담의 후손들인 전 인류의 구원이 골고타에서 이루어졌다는 사실을 말해주기 위한 것이기도 했다. 정양모, 이영헌 공저, 『이스라엘 성지: 어제와 오늘』 (서울: 생활성서, 1992) p. 34.

계시를 받은 장소인 "산"과 다르다. "그곳"은 예수가 고독을 구했으나 오히려 다른 사람들이 간청하고 귀찮게 구는 곳을 대표한다. 이런 소란은 예수가 공개적으로 가르치시고(루카 4,42; 6,17; 11,1) 군중을 먹이시는 등의 공개적인 기적을 행하시는 기회를 제공했다(루카 9,12과 병행구들). 또한 "그곳"에서 일어난 이런 소란 때문에 예수는 체포되셨다(루카 22,40). 다시 말해 "그곳"은 아무도 초대받지 않았지만 군중들이 그분을 찾아온 곳이다. 그러나 이런 소란은 예수의 공개적인 직무를 위해 좋은 기회를 만들어 주었다. 골고타는 산이 아니라 오히려 예수가 십자가에 매달리신 "그곳"이라는 것은 놀라울 것이 없다(루카 23,33과 병행구들). 심지어 죽음을 맞이하실 때도 예수는 조용히 떠나가시지 못했다. 그러나 그곳에서 예수는 궁극적인 그분의 공개적 직무를 성취하셨다. 바로 만인을 위해 죽으신 것이다.

십자가에 매달리심을 묘사하면서 루카는 이사악의 희생을 떠올려 특별한 의미를 전달하게 만들었다(마태오와 마르코는 그런 의도가 조금 적게 나타난다). 마치 아브라함과 이사악이 "그곳에 이르렀다"(ἦλθον ἐπὶ τὸν τόπον, 창세 22,9)고 한 것처럼, 예수님 역시 키레네의 시몬과 두 강도와 함께 "그곳에 이르렀다"(ἦλθον ἐπὶ τὸν τόπον, 루카 23,33). 더구나 이사악이 그의 아버지를 호격(呼格)인 '파테르'(πάτερ, 창세 22,7)로 부른 것처럼, 예수님도 "그곳"에서 당신의 아버지를 '파테르'(πάτερ, 루카 23,34.46)로 부르셨다. 필자는 루카가 일부러 마르코나 마태오보다 더 분명한 방식으로 70인역의 창세 22장을 인용했을 것이라 생각한다. 그렇게 함으로써 그는 예수의 죽음과 구원이 아브라함의 약속의 자녀인 이사악의 죽음과 구원과 병행되게 만들었다. 여기서 70인역을 특별히 사용한 것을 차치하고라도, 다른 두 공관복음서는 이미 변모 산 이야기에서 "사랑하는 아들"(υἱός ἀγαπητός)을 사용함으로써 창세 22장의 이야기를 떠올리게 했다. 그 대신 루카는 "그곳"을 강조함으로써 같은 목적을 달성했다.

산을 탈성화한 요한

요한 복음서 기자는 예수를 통해 하느님과 인격적 관계가 증진됨을 도드라지게 표현하려고 주의깊게 "산" 개념을 탈성화시킨 것 같다. 요한 복음서 기자는 공관복음서에 드러난 예수의 역할에 큰 관심을 보이면서도 이런 인격적 관계를 더 뚜렷이 드러내기 위해서 모든 버팀목을 제거하는 것 같다.

예수님과 나타나엘이 만난 이야기가 첫 번째 예다. 예수는 필립보를 불러 당신을 따르라고 말씀하신 다음 나타나엘을 보시고 이렇게 말씀하셨다. "보라, 저 사람이야 말로 참으로 이스라엘 사람이다. 저 사람은 거짓이 없다"(요한 1,47). 그러자 나타나엘은 예수의 신원에 대해 응답한다. "스승님(=랍비), 스승님께서는 하느님의 아들이십니다. 이스라엘의 임금님이십니다"(49절). 이 고백은 고대하던 메시아가 예수라고 하는 것 같다. 어쨌든 예수는 새 제자에게 미래의 더욱 큰 계시를 약속하셨다. "내가 진실로 진실로 너희에게 말한다. 너희는 하늘이 열리고 하느님의 천사들이 사람의 아들 위로 오르내리는 것을 보게 될 것이다"(51절).

이 이야기의 마무리는 베텔에서의 야곱의 꿈 이야기에서 의미를 찾을 수 있을 것 같다. 그곳에서 야곱은 한 언덕의 환상에서 하느님의 천사가 하늘까지 오르내리는 것을 보았다. 그 환상은 베텔을 거룩한 산, 하느님의 집, 그리고 하늘에 이르는 문으로 특징지었다(창세 28,10-17). 이런 형상은 그분의 신원이 드러나실 때 예수의 입으로 옮겨졌다. 이렇게 이 주제가 변형됨으로써, 거룩함은 한 장소가 아니라 예수 그리스도라는 한 인격에 머무르게 됐다. 그래서 요한에게 하느님이란 성소나 산꼭대기가 아니라 바로 예수님 안에서 현존하시어 백성과 함께하시는 분이 된다. 다시 말해 하느님의 말씀이 한 인간에게 육화됐기에, 육화된 인간은 산 성소가 지녔던 공간의 특성을 소유한다. 예수는 하느님과 인간이 접촉하는 곳이다.

탈성화의 경향은 예수께서 시카르(스켐)의 우물가에서 한 사마리아 여인과 대화하실 때 아주 분명해진다. 그 도시와 연관된 산은 오랫동안 "땅의 배꼽"(판관 9,37. 앞의 262쪽을 보라)으로 생각됐으니 이 장소는 수 세기 동안 사마리아 사람들의 중요한 성지였다. 또한 "땅의 배꼽"으로 생각됐던 예루살렘의 시온 산과(에제 38,12) 비교할 때, 그 여인은 이 산의 중요성에 대해 예수께서 설명해 주시기를 원했다. 그분의 대답은 명백했다. "여인아, 내 말을 믿어라. 너희가 이 산도 아니고 예루살렘도 아닌 곳에서 아버지께 예배를 드릴 때가 온다. 너희는 알지도 못하는 분께 예배를 드리지만, 우리는 우리가 아는 분께 예배를 드린다. 구원은 유다인들에게서 오기 때문이다. 그러나 진실한 예배자들이 영과 진리 안에서 아버지께 예배를 드릴 때가 온다. 지금이 바로 그 때이다. 사실 아버지께서는 이렇게 예배를 드리는 이들을 찾으신다. 하느님은 영이시다. 그러므로 그분께 예배를 드리는 이는 영과 진리 안에서 예배를 드려야 한다"(요한 4,21-24). 하늘과 땅의 것, 그리고 육과 영을 분명히 대조하는 요한 복음서의 기자는 산의 예배와 영의 예배를 대조한다. 요한 복음서에서는 예수님 자신이 진리이시다. 그러므로 2,21에 예수님 자신이 성전이시라는 말씀처럼 이 구절을 백성들이 하느님을 예배하는 알맞은 "장소"로서 자신 스스로를 제시하시는 것으로 해석할 수도 있다. 예배의 장소가 이렇게 예수님으로 이전됐으므로, 그분은 하늘의 세계와 땅의 세계를 잇는 곳이자 인간들이 하느님의 거룩함과 그분의 현존을 체험할 수 있는 곳인 "땅의 배꼽"으로 다시 한번 이해된다.

혹자는 "나는 문이다. 누구든지 나를 통하여 들어오면 구원을 받고…"(요한 10,9)라는 말씀 또한 이와 같은 사상과 관련있지 않을까 의심할 수 있다. 이 말씀은 착한 목자의 문맥에 들어있기에 이 문은 언제나 "양들의 문"(요한 10,7)으로 이해됐다. 그러나 "문"이 되시리라는 주장이 현재의 문맥을 넘어 연관시킨다면 그 의미는 창세 28,17의 "하늘의 문" 개념에서 이끌어낼 수 있을 것이다. 특히 이 기자는 앞의 1,51에서 이미 창세 28장의 베텔 이야기를 사용했기 때문에 더욱 그러하다.

종말론적/묵시적 희망 안에서의 산

히브리 전승에 따르면 "산", 특히 시온 산은 "주님의 날"에 온 민족들이 하느님의 토라를 배우기 위해 모여들고 무기를 평화와 먹거리 생산의 도구로 바꾸는 장소가 될 것이다. 또한 시온 산에서 백성들은 두려움과 노여움으로부터 구원받게 되며, 또한 그곳에서 "샬롬"(שלום)의 평화가 있을 것이다(앞의 291-94쪽을 보라).

이런 "산"의 희망은 이미 예수님 안에서 어느 정도 성취됐다. 그러나 "산"의 묵시적 희망이 완전히 성취되는 것은 성경의 마지막 책인 묵시록에서다. 마지막 환상(21,9 이하)에서 묵시록의 기자 요한은 천사들 중의 하나가 영으로 그를 "크고 높은 산위로"(ἐπὶ ὄρος μέγα καὶ ὑψηλὸν) 데리고 갔다고 보도한다. "높은 산"(ὄρος ὑψηλὸν)은 우리가 마태오의 유혹 이야기와 변모 산 이야기에서처럼 우주적 산으로 이해하게 한다. 그의 환상은 천상에서 내려오는 거룩한 도성 예루살렘에 관한 것이므로, 그 산은 시온 산(에제 40,2 이하를 보라), 즉 천상에 있는 하느님 거처와 대응하는 지상의 건물이었을 것이다(또한 갈라 4,26; 히브 12,22을 보라). 시나이 산 위에 70명의 원로들처럼 요한은 세상을 잇는 곳, 즉 땅의 배꼽에 서 있었다. 고대의 원로들은 보석으로 장식된 발판 위에 이스라엘의 하느님의 발치를 보았지만 요한은 많은 보석으로 장식된 도시에서 하느님의 영광을 보았다. 요한 복음서에서 성전은 예수의 인격으로 대치됐지만 여기서는 전능하신 주 하느님과 어린양이 그 역할을 맡았다(22절). 히브리 성경과 마르코와 루카의 "산"처럼 이곳은 초대받은 사람만이 들어간다. "오직 어린양의 생명의 책에 기록된 이들만 들어갈 수 있습니다"(27절). 그리고 에제키엘(47장)과 즈카르야(14,8)의 예언처럼 여기서도 땅의 배꼽에서 생명수가 흘러 나온다. 그 예언서들에는 성전에서 나왔지만 여기서는 하느님과 어린양의 옥좌로부터 "민족들을 치료하는" 생명수가 흘러 나온다(21,1 이하). 또한 여기서는 모든 민족과 임금들의 영광과 보화들이 이 도시에 흘러 들어온다는(이사 60,1-7을 보라) 순례자의 보편적 희망이 실현된다. 그래서 한편으로 묵시록 기자가 "높은 산"에서 체험한 것은 에제키엘이 성전을 본 체험과 매우 비슷하다. 다른 한편으로 성전 없는 도성을 본 묵시록 기자의 환상은 야훼께서 제3이사야에게 말씀하신 것과 매우 비슷하게 보인다.

> 주님(=야훼)께서 이렇게 말씀하신다.
> "하늘이 나의 어좌요
> 땅이 나의 발판이다.
> 너희가 나에게 지어 바칠 수 있는 집이 어디 있느냐?
> 나의 안식처가 어디 있느냐?"(이사 66,1).

묵시록 기자에 의하면 종말의 날에 이런 문제가 모두 해결될 것이다. 곧 천상의 예루살렘이 시온 산 위로 강림할 것이고, 그곳에는 성전이 없을 것이다. 초대받은 사람들이 주님을 예배할 때 그런 건물은 필요하지 않을 것이다.

신약성경의 "산" 요약

우리는 신약성경 안에서 산 모티프에 대한 서로 다른 이해들을 보았다. 마르코에게 산은 제자들이 초대받아 계시가 주어지는 장소다. 그리고 설교하고 더러운 영을 쫓아내라고, 즉 말과 행동으로 하느님 나라의 현존을 증거하라고 선택된 자들을 파견하시는 장소다. 루카에게서 이런 특징을 더욱 잘 볼 수 있다. 한편 마태오는 예수의 산을 개방하여 군중들이 산에서 토라를 듣고 예수의 치유를 체험할 수 있었다.

중요한 것은 산에 대한 이런 이해의 근거를 연구하는 것이다. 고대근동에서 산이 성화되는 기초는 "태초에" 그곳에 세워진 창조적이고 질서있는 권능 또는 계절의 자연적 순환이었다. 하지만 히브리 성경에서 산, 특히 시나이 산과 시온 산은 백성들이 체험한 역사 안에서 야훼께서 행하신 일 때문에 이스라엘에게 "거룩한" 곳이 됐다. 공관복음서 기자들에게 "산"은 오직 예수의 신원과 관련지었을 때만 특별한 곳이고 때로는 우주적 의미까지도 지니는 곳이었다.

변모 산의 정확한 위치는 알기 힘들지만, 그 산에서 제물이 되고 구원받는 하느님의 아들이라는 예수의 신원이 드러났다. 그러므로 그 산은 '고난'과 '승리'의 두 의미를 지니고 있었다. 공관복음서의 다른 곳에서, 죽음과 부활이 일어나기 이전과 이후에도 "산"은 제자들을 파견하여 하느님 나라의 일, 즉 선포와 치유/구마의 일을 맡기는 곳이었다. "산"에서 이렇게 다른 사람들을 파견하심으로써 예수는 하느님의 아들과 동일시됐다. 왜냐하면 이미 다양한 거룩한 산에서 야훼께서 같은 기능을 수행하셨기 때문이다. 더욱이 예수는 산에서 토라를 주셨고 이로써 권위 있게 말씀하시는 야훼의 기능을 더욱 지니게 된다. 그러므로 이런 본문에서 산 모티프가 변형된 것은 그리스도론의 문제다. 예수의 직무 안에서 "산"의 거룩함은 다름 아닌 그분의 신원과 사명이 드러난 일과 직접적으로 연관된다.

요한 복음서 기자는 산을 외면했다. 게다가 예수의 거룩하심에 대한 어떤 의심도 배제하기 위해서 실제로 거룩한 산의 역할을 부인했다. 지상의 것과 천상의 것을 구분 짓는 이 복음서 기자는 그런 경향으로 너무 기울었기 때문에, 그의 복음에서 "산"은 적극적인 역할을 하지 못했다. 그의 이런 결정의 배후에는 역시 성전을 예수님으로 대치시키는 그리스도론적인 문제가 놓여 있는 것 같다.

끝으로 이런 모든 종류의 산 표상은 묵시록에, 특히 그 마지막 장에 다 나타난다. 그곳에서 구약성경 예언자들의 희망은 성취되고 동시에 변형된다. 모든 민족이 순례를 오는 산은 천상의 도시에 있는데, 그곳의 "성전"은 건물이 아니라 하느님과 어린양이다. 모든 땅으로 생명수가 흘러가고 태초의 에덴처럼 하느님의 의도대로 사는 체험은 이 거룩한 공간에서 이루어진다. 그러므로 그리스도 안에서 성취된 종말론적 완성과 구원을 통해서만 "산"은 신화와 창조의 관계를 회복할 수 있다.

요약과 교회를 위한 몇 가지 의미

이 책의 대전제는 성경 작가들이 다양한 신화적 원천들로부터 온 종교적 모티프와 표상들을 무척 의도적으로 사용했고 이런 표상들을 지속적으로 변형함으로써 성경을 구성하는 요소들을, 심지어 신약과 구약을 조화시키는 수단을 마련했다는 것이다. 더욱이 신약과 구약의 각 기자들이 전승된 자료를 어떻게 재해석했는가를 관찰함으로써 하느님에 대한 이스라엘의 증언과 예수 그리스도에 관한 교회의 선포가 지닌 독특성이 도드라진다. 히브리 성경 기자들에게 그 자료는 메소포타미아, 이집트, 그리고 가나안의 신화론적 체계에서 왔지만, 신약성경 기자들은 히브리 성경 안에서 이미 변형된 전승들을 사용했고 아마도 그리스어 번역인 70인역을 더 자주 사용했을 것이다.

여기서 선택하고 논의한 모티프들, 곧 질서와 혼돈 사이의 전투를 통해 우주의 통치권이 결정되고, 자연과 인류 안에서 생명과 죽음이 순환하고, 거룩한 산이 지닌 특성은 고대 이스라엘의 이웃들이 가지고 있었던 신화론 안에서 서로 밀접하게 관련된다. 앞의 두 주제는 계절의 자연적 순환에 기초한 것으로서 신들이 상호 관계 안에서 패배하고 승리함에 상응하는 순환이다. 셋째 주제는 최고신의 자리를 계승하고 난 다음에 이루어지는 것으로서 "산"이 영원히 거룩하게 되는 이유는 적들을 꺾고 승리했거나 우주에 질서를 세운 것이다. 안정되고 안전한 체제를 유지하기 위해서 변화를 거부하는 신화론의 목적에서 도출된 이들 세 가지 모티프들은 서로 연관되어 있다. 결국 이런 안전은 시간적, 공간적, 그리고 인격적 상응성으로 구성된 체제 위에 설립된 것이고, 생존을 위한 투쟁은 그런 상응성을 통해 어떤 의미를 지닐 수 있었다.

"시간적 상응성"은 질서가 혼돈을 극복하는 수단인 자연의 규칙적인 순환에서 가장 선명히 드러난다. 마르둑에 맞선 티아맛, 또는 바알에 맞선 얌(=얌무), 또는 레에 맞선 아포피스 가운데 어느 것이든, 적대적 세력은 자연 현상을 대표하는 신들이다. 질서의 신은 승리한다. 그는 창조 때 또는 태초의 시기에 세워진 우주의 체제가 지속될 것임을 보장한다. 이런 연관은 바빌로니아의 마르둑과 티아맛에 대한 이야기에서 가장 잘 드러나는데, 해마다 새해가 시작되는 시기에 그 전투를 의례적으로 재현하는 것은 창조와 현재 사이의 상응성에 영향을 미치기 때문이다.

이스라엘의 신학자들이 남긴 시를 보면 충돌 신화를 매우 잘 알고 있었음을 알 수 있다. 그들은 레비아탄, 그물, 화살, 바람과 같은 무기들의 이름을 정확히 알고 있었고, 똬리를 틀다 도망치는 뱀 또는 머리가 많은 뱀을 정확히 묘사했다. 때때로 히브리 예언자들은 역사적인 임금들과 민족들을 꺾으신 야훼의 승리를 묘사하면서 이런 신화적 표상을 사용했고, 그럼으로써 이런 승리를 야훼의 우주적인 승리와 그의 통치로서 해석했다. 다른 경우에 이스라엘의 시인들은 특히 다윗 왕조의 계약과 예루살렘의 선택을 지지하기 위하여 태초에 일어난 이런 형상을 사용했다.

우리는 이 모티프와 관련하여 이스라엘과 그의 이웃들을 비교했다. 그리고 이스라엘만의 독특함은 신화와 역사 사이의 긴장이 아님을 살펴보았다. 오히려 신과 자연 현상 사이의 상응성을 제거하는 것에서 이스라엘이 구별됐다. 따라서 이스라엘의 독특함은 신화가 아니라 신화론이었다. 하느님을 묘사하는 수단이 아니라 바로 하느님 자체에 대한 이해가 달랐다. 이런 근본적인 변화는 하느님으로부터 오는 특수한 계시 때문인 듯 하다. 그 계시의 정확한 시간이나 본질을 지금 결정하기란 불가능하다. 다만 그 새로운 계시가 고대 신화론의 근본적 변형을 일으켰다. 비록 어느 정도 공적인 예루살렘 신학이 어떤 신화적 경향에 기초해서 "현상유지"(status quo)를 지지하는 것처럼 보일지라도, 고대 이스라엘의 신학자들 대부분은 야훼를 역동적 변화의 하느님, 즉 당신의 의지로 그분의 민족과 다른 민족들에게 영향을 미치며 역사를 움직이는 분으로 깨닫고 있었다.

신약성경은 이 신화적 모티프의 어떤 놀라운 변형을 담고 있다. 히브리 성경은 야훼께서 천상에서 내려오시어 혼돈의 역사적인 대표자들을 쳐부수셨다고 묘사하지만, 복음서 기자들은 혼돈의 대리자를 신화적인 것으로 남겨놓고 그 대신 질서를 가져오시는 분을 역사화시켰다. 바로 예수님, 즉 하느님의 아들이다. 그분이 바다, 더러운 영, 그리고 사탄과 싸우고 다스리시는(꾸짖으시는) 것은 하느님 나라를 준비하는 과정에 성취되는 하나의 작은 승리라기보다는 혼돈에 대한 우주적 승리를 가리킨다. 그리하여 신약성경은 예수님에게 "하느님"(θεός)이라고 거의 부르지 않지만, 이 신화론적 주제를 사용함으로써 혼돈의 힘을 지배하고 하느님 나라의 실현을 위해 필요한 것을 성취하는 신적 권위를 야훼에서 예수로 이전시킨다. 따라서 패배와 승리의 신화적 순환은 역사적인 하느님의 아들이 우주적인 차원에서 혼돈을 복종시킬 때 끝나게 된다. 더 이상 바다가 없을 때, 즉 마지막 날이 될 때에만 그 승리—이제 교회에 의해 고백된 승리—는 어디서나 백성들에 의해 체험될 것이다.

교회는 그리스도의 우주적 승리를 선포하면서 세상 안에서 사람들이 체험하는 억압과 불의에 맞서 하느님께서는 계속 싸우고 계심을 잊어서는 안되고 이 점을 언제나 주의해야 한다. 예수께서 로마 군대와 싸운 것이 아니라 우주적 혼돈과 싸우셨기에 교회는 이 세상과 연루되면 안된다고 말할 수 없다. 교회가 두 계약이 담긴 성경에 대해 진지하다면, 패배된 혼돈일지라도 그것이 하느님의 통치에 맞서며 여러 가지 형태로 가장하며 나타난다는 점을 결코 외면할 수 없다. 교회의 구약성경은 하느님께서 흉칙한 혼돈의 괴물을 대표하는 모든 권력과 제도들에 맞서 군대를 일으키셨음을 거듭해서 드러낸다. 그리스도의 승리가 지닌 보편적이고 우주적인 본질은 제도 교회 그 자체를 포함해서 어떤 민족이나 제도라도 '전사'의 심판으로부터 제외시키지 않는다. 결정적인 "꾸짖음"이 이미 발생했을지라도 세상의 모든 체제란 하나님 앞에서는 하찮은 것이다. 그렇다면 교회의 임무는 두 가지 측면을 지닌다. 그것은 첫째로 하나님의 승리가 성취됐음을 세상에 선포하는 것이고, 둘째로 하나님의 통치가 이미 시작됐음을 교회의 고유한 행위와 방법으로 증거하려고 애쓰는 것이다. 이런 질서의 대표자는 혼돈의 한가운데에 있을지라도 다가올 세대를 미리 맛보여주는 것으로 봉사할 수 있다.

신화적 체제의 "인격적 상응성"은 풍산과 불모에 대한 연구에서 살펴보았다. 또한 이 주제의 많은 부분에서 신과 자연 현상의 일치는 매우 분명하다. 왜냐하면 가나안의 바알과 바빌로니아의 이쉬타르가 저승로 내려가는 것은 어떤 계절 동안 식물과 성적 힘이 소멸하는 것에 상응했기 때문이다. 그러나 그와 동시에 가나안 신화에서 성스런 매춘의 역할은 성전 구역에서 신들과 예배자들이 직접 인격적으로 만나는 것과 관련된 듯하다. 그들은 공동체의 생존을 위해서 서로 수태시킨다. 더욱이 몇몇 메소포타미아 본문에서 임금과 여왕의 인격은 풍산신과 풍산의 여신과 상응한다. 이집트에서 호루스신의 육화인 파라오는 영원히 자기 자신을 낳는다.

아마 성경 어떤 곳에서도 이 모티프만큼 탈신화의 경향이 강하게 선언된 곳은 없을 것이다. 히브리 성경에서 야훼께서는 아내의 남편으로, 이스라엘과 다윗 왕조 임금들의 아버지로 그리고 이스라엘의 어머니로 묘사되지만, 그 어느 곳에서도 야훼의 성행위를 가리키는 작은 단서조차 나타나지 않는다. 남편, 아버지 그리고 어머니라는 가족적인 표상은 야훼와 이스라엘 백성 사이에 존재하는 친밀한 관계를 나타내는 유비로서 사용됐다. 야훼의 신부가 풍산의 신이 아니라 오히려 백성이라는 것은 어떤 신화론적인 연관성도 완벽하게 제거한다. 결국 야훼께서는 식물과 인간의 풍산을 책임지지만, 그분의 행위는 참여라기보다는 은총이다. 야훼께서 성적으로 가장 친밀하게 관련되시는 것은 하느님의 모상대로 남성과 여성을 창조하신 것이다. 그리고 즉시 하느님은 그들이 많은 자손을 낳고 번성하도록 축복하셨다(창세 1,27-28). 이 대담한 주장은 남성과 여성의 유비로서 하느님을 언급하는 것을 가능하게 한다. 그리고 그것은 창조시기에 하느님께서 세우신 성적 평등을 가리키기도 한다. 그러나 하느님의 편에서의 성행위는 제시되지 않는다. 야훼께서는 그런 행위에 연루되지 않으시므로 고대 이스라엘인에게 성은 제의적 중요성을 띠지 않았다. 인간의 성은 성적 즐거움을 체험하지 않으시는 하느님으로부터 남성에게 그리고 여성에게도 똑같이 주어진 선물이다.

마리아의 태에서 예수가 잉태되셨다고 이야기하는 신약성경은 신화론에 위험하게 접근한다. 신과 인간 여성의 대표자가 이 드라마의 배우들이라는 사실은 이집트 신화와의 어떤 인격적 상응성을 떠올리게 한다. 그러나 루카 복음서의 기자는 그 잉태를 묘사하기 위해 정확한 낱말들을 선택하여 위험을 피했다. 어떤 성행위도 발생하지 않았고, 그 등장 인물들은 신화론에서 필요한 역할을 하지도 않았다. 성령으로 말미암아 처녀가 잉태한 것이다. 여기서 잉태를 묘사하는 이런 구체적인 말은 성을 더럽히려는 것이 아니라 예수가 하느님의 아들이시라는 주장의 기초를 설명하려는 것이다. 동정출산의 이야기는 성을 도덕적으로 평가하는 것이라기보다는 예수의 신원을 말하려는 것이었다. 이와 마찬가지로, 우리가 살펴본 대로 예수의 고유한 성적 표현에 대한 언급의 부재는 금욕주의를 위한 논거가 아니라 종말론적 메시아로서 그분의 신원과 관련된 것이었다. 예수가 관련됐다고 말해진 유일한 성적인 관계는 그분이 (현재나 미래에) 결혼하여 신부를 얻겠다는 것인데, 여기서 신부는 한 여인이 아니라 교회이다. 그리스도와 교회의 이 관계는 야훼의 신부가 이스라엘 계약 공동체라고 전하는 히브리 성경으로부터 나온 표상을 지속시킨다. 성에 관해서 말하자면, 예수는 여인들과 남자들에게 친구가 되셨고 그들에 관심을 가지셨으며, 화해시키는 그분의 직무는 인간의 죄에 의해 생겨난 어떤 불평등도 폐지했다. 그러므로 성경에서 성적 평등/불평등은 신학적 주제이지 어떤 평범하고 단순한 문화적 현상이 아니다.

오늘날 교회 안팎의 사람들은 인간의 성을 당연한 것으로 보지 않고 어떤 문제로 만드는 것 같다. 성을 "악마화하는", 즉 성은 도덕성을 위해서 어떤 다른 문제보다도 훨씬 더 중요한 금기라고 생각하는 사람들이 있다. 출산을 위한 성의 필수적인 역할을 따로 제쳐놓은 채, 성을 악한 것으로 간주한다. 이따금 창세 1,28이 그 논거로 인용된다. 반면 성을 "신으로 만드는" 사람들도 있는데 그들은 성을 인간들의 상호 관계를 위한 일차적 초점으로 보고, 또한 성을 헌신과 만족의 대상으로, 더욱이 스스로의 가치를 측정하는 기준으로 사용한다. 풍산의 신화와 그에 상응하는 성의 의례적 역할에 대한 성경의 반응을 연구하면서 우리는 이 두 가지 입장 모두가 부적절한 것을 보았다. 성은 아무런 제의적 중요성을 지니지 않으므로 거룩함의 지위로 높여질 수 없다. 다른 한편 하느님은 심지어 그분 자신의 체험을 넘어서는 즐거움, 즉 남성과 여성 사이의 상호 애정을 인간에게 부여하셨으므로 성을 악마적인 것으로 생각할 수도 없다. 성은 하느님이 주신 다른 선물과 마찬가지로 인간의 죄에 의해 남용될 수 있는 선물이다. 하지만 성이 두 연인 사이에서 헌신적인 친밀함의 표현으로 발생한다면 하느님의 영광에 이르도록 누릴 수 있는 것이다. 우리는 하느님의 무성(無性)/양성(兩性)의 본질에 기초하여 야훼께서는 성행위를 수반하지 않은채 이스라엘과 헌신적인 친밀함을 나누시는 분임을 보았다. 또한 인간 관계에서도 그런 것이 가능해야—심지어 고무되어야—할 것이다. 그러나 헌신적인 친밀함이 결여된 성행위는 신화론의 위험으로 이끈다. 곧 성이 관계의 통교보다는 다른 어떤 목적을 이루는 데 자주 이용되는 것이다.

성적 평등의 문제에 대해 말하자면, 교회는 스스로의 해석학적 입장을 신중하게 바라볼 필요가 있다. 그리스도교적 행동과 태도들을 규정하는 데 성경의 모든 부분들이 똑같이 중요한가? 우리는 히브리 성경의 법전에서 남성이 여성을 지배함을 전제하는 수많은 구절들과 신약성경 서간들의 일부를 인용했다. 분명히 이런 구절들은 철저히 검토되어야 할 것들이고, 문화적 상황이나 경전에서 분리되지 않는다. 문화적으로 대부분의 고대 세계는 여성이 남성에 종속된다는 관점을 공유하지만, 그런 일반성이 그리스도교인들을 위한 위계질서적인 규범을 만들지는 않는다. 경전의 관점에서 보자면 창세 1장과 2장은 모두 각기 독특한 방법으로 창조 때에 하느님께서 상호 동등한 배우자로서 남성과 여성을 만드셨음을 알려 준다. 위계질서는 창세 3장에서 하느님의 의도하신 "샬롬"(שלום)이 붕괴하면서 시작된 것이었다. 성경에서 인간의 죄에 의해 발생한 불평등은 그리스도 안에서 하느님의 구원 행위로 말미암아 새로운 공동체가 창조될 때까지 계속된다. "그리스도 안에서는" 남성도 없고 여성도 없다. 이제 교회를 위해 이런 질문을 생각해 보자. 교회는 무엇에 기초해서 판단하고 기준을 세우는가? 인간의 죄에 기초해서? 또는 하느님의 창조와 구원의 바탕 위에서? 우리가 여전히 죄 많은 세상 안에 살고 있다는 것이 그리스도 안에서 폐지된 불평등을 유지하기 위한 변명은 될 수 없다. 그런 변명은 그리스도와 함께 시작된 하느님 나라, 즉 새로운 공동체의 실재를 부정하는 것이다. 여성의 서품에 대한 각 교파의 결정은 어느 것이나 그리스도교 공동체의 절반인 여성의 부족함이나 하찮음에 대한 가정에 기초하지 말고, 서품에 대한 각 교파의 신학에 기초해야 할 것이다.

신화론의 "공간적 상응성"은 거룩한 산의 용어로 검토했다. 이집트나 메소포타미아에서 "산"의 특성을 연구하면서 우리는 창조의 행위에 초점을 맞추었다. 거룩한 산은 우주가 형성될 때 영원하게 세워진 것이다. 그러므로 이 신화론에서 산은 변하지는 절대적인 의미로 거룩하다. 고대 가나안에서는 어떤 창조 이야기도 존재하지 않지만 엘과 바알에 의해 거룩해진 산의 특성은 계절의 영구적인 순환과 관련된 것처럼 보인다. 따라서 산의 거룩한 특성은 자연의 반복 운동만큼 확고한 것이다. 모든 경우에 지상의 거룩한 산은 천상에 있는 최고신의 집과 상응하는 것처럼 보인다. 따라서 신과 인간 세상 사이의 통교가 이루어지는 지점으로 기능하는 것 같다.

고대 이스라엘이 그 이웃들의 신화에서 온 "산"의 형상에 익숙하다는 사실은 그 신화에서 온 특수한 자료들, 즉 산의 꼭대기에서 먹고 마신 70명의 집단, 폭풍과 화산 폭발을 상기시키는 신현의 특징, 바알 이야기에서 온 차폰이라는 이름을 야훼의 시온 산에 적용시킨 것, 하느님 또는 그분의 천사들이 하늘에서 산으로 내려온다는 관념, 3층의 우주에서 천상과 지상의 연결을 묘사하기 위해서 사용된 "땅의 배꼽"이란 용어에서 입증된다.

그러나 우리는 히브리 성경에서 이 모티프가 중요하게 변형됐음을 관찰했다. 야훼 산의 특성은 창조에 기초해서가 아니라 야훼께서 역사 안에서 정하신 용도에 따라서 결정된 것이었다. 그리하여 산은 절대적이라기보다는 상대적인 의미에서 거룩했다. 시나이 산이 야훼의 목적에 따라 이스라엘을 위해 쓰였지만 그 다음에는 중요하지 않게 됐다. 더욱이 시온 산은 바빌론에 유배된 백성들이 하느님의 현존을 접근할 수 없게 됨이 분명해지자 신명기계 신학자들에 의해서 탈성화됐다. 시나이 산과 시온 산 모두 그 장소의 중요성을 결정한 것은 특성보다는 기능이었다. 오직 초대된 사람들만 이 산들에 올라갈 수 있었다. 그러나 그렇게 초대받은 사람들에게 하느님은 당신의 신원과 목적을 드러내 주셨고 당신의 뜻을 실행하도록 지도자들로 파견하셨고 그분의 법으로 백성들을 가르치셨다. 궁극적으로 그 산(시온)은 모든 백성들이 하느님의 뜻과 말씀을 배우도록 모여드는 공간이 될 것이다.

신약성경의 복음서 기자들은 거룩한 산의 모티프를 다르게 사용했다. 요한은 예수 그리스도의 배타적 신성을 확언하기 위해서 거룩한 공간의 관념을 완전히 거부했다. 마태오는 산이 종말론적 공동체가 계시될 공간이라는 희망을 찾아내었다. 그러나 마르코와 루카는 예수가 특정한 추종자들을 초대하시어 하느님의 아들로서 당신의 신원에 관련된 특별한 정보를 주시고 하느님 나라의 전파자로 파견하시는 공간으로 산을 해석한다. 놀랍게도 네 복음서 작가 모두가 골고타를 언급할 때 "산"이란 말을 피한다. 그 대신 그들은 십자가 처형의 장소를 "그곳"이라고 부른다. 이 공간의 기능 역시 검토할 필요가 있다. 특별한 계시와 파견을 위해서 선택된 소수가 초대됐던 산과는 대조적으로 "그곳"은 아무도 초대받지 않았으나, 어떻게든 군중들이 침입하여 보통 그분의 때를 위해서 어떤 다른 계획을 지니신 예수를 귀찮게 하는 공간이다. 그러나 언제나 예수의 반응은 군중들을 환영하는 것이었고 그들에게 어떤 가르침을 주신다. 따라서 "그곳"은 예수의 공개적인 직무, 곧 가르치시고 병을 고쳐주시며 먹이시고 결국 세상의 죄인들을 위해서 죽으시는 공간이었다.

거룩한 인격을 위해서 공간이 탈성화된 요한 복음서의 주장을 교회가 떠올리는 것은 자연스러울 것이다. 우리는 공간에 고정된 것보다는 어떤 인간 지향적 접근을 지지하려 한다. 히브리 성경에서 발견되는 산의 기능들을 지속시키는 마르코와 루카의 전승보다, 산 주제의 종말론적 성격을 확실히 부각시키는 마태오가 우리의 신학에 더욱 적합할 것처럼 보인다. 그리고 산과 그 장소에 대한 이들의 이해는 교회의 공간에 대한 이해를 위해 흥미있는 균형을 제공한다. 만일 "산"이 어떤 이들이 초대되어 하느님과 당신 아들의 신원에 관한 특별한 고지를 듣고 삶을 위한 그분의 가르침을 배우며 하느님 나라의 선포자들로 파견되는 공간이라면, 필자는 그리스도인들이 가족으로서, 특히 하느님의 말씀이 선포되고 성사가 집행되는 예배의 자리라면 언제 어디서나 산 꼭대기의 체험을 누릴 수 있다고 주장한다. 산의 체험 없이 교회는 존재할 수 없다. 따라서 가족이 하느님의 말씀을 먹고 사제들이 파견되는 공간이면 그곳은 "산"이다.

다른 한편 교회는—예수님처럼—산 꼭대기의 체험을 한 다음에는 언제나 내려와서 "그곳"을 발견해야 한다. 그곳은 교회가 공격받기 쉽도록 스스로를 허락하는 공간이며, 군중들이 문제를 제기하고 공개적인 사목이 일어나는 모든 공간이다. 그곳에서 교회는 그 가족 구성원 모두를 통해서 또는 그들 가운데 어떤 이를 통해서 스스로를 세상의 종으로서 드러낸다. 그리하여 "그곳"은 교회가 방해 받았다고 불평하지 않으며, 먹이고 치유하고 가르치며 "골고타라 불렸던 그곳"에서 발생했던 화해를 선포하는 기회로서 사람들을 환영하는 모든 곳이다.

고대 신화에서 온 이 세 가지 주제는 하느님에 관해 말하기 위해서는 신화론적인 언어를 사용할 필요가 있음을 보여준다. 묘사할 수 없는 것을 묘사하고 복음의 효과를 설명하려는 이런 시도는 우리로 하여금 신화론을 포기하더라도 반드시 신화를 사용하게 만든다. 결국 신화가 다른 어떤 방법으로도 묘사될 수 없는 실재의 표현이라면, 신화는 하느님이 새 하늘과 새 땅을 창조하실 때까지 교회 신학의 본질적인 부분이 될 것이다. 오직 그때가 되어야 신화는—바다처럼, 죽음처럼 그리고 거룩한 성전 산처럼—더 이상 존재하지 않을 것이다.

역자의 글

지난 세기에 이 책을 만난 것은 행운이었다. 구약성경과 고대근동 세계를 보는 눈을 열어준 고마운 길잡이였다. 독자들은 역자의 학술적 여정이 여기서 시작했음을 쉬이 알 수 있을 것이다. 고대근동 신화와 구약성경의 관계를 이해하는데 훌륭한 입문서를 새롭게 옮기고 다듬어 내놓는 마당에 몇 마디를 덧붙이고 싶다.

저자 맥컬리 교수의 글은 읽기도 이해하기도 쉽다. 전문 용어로 정교하게 묘사하기보다 구체적인 예를 풍부하게 들어 깨달음을 유도한다. 각주도 절제되어 있다. 그는 구약성경이 고대근동 세계에서 탄생한 문헌이기에, 고대근동의 종교와 신화가 구약성경의 다양한 표현에 영향을 주었음은 당연하고 자연스러운 일이라는 사실에서 시작한다. 맥컬리 교수는 고대근동의 신화와 구약성경의 모티프 사이에 존재하는 시간적, 공간적, 인격적인 구조적 상응관계를 꿰뚫어 보고 구약성경과 신약성경을 종횡무진한다. 그의 인도에 따라 수많은 성경 구절을 성찰하노라면 그리스도교 신학의 뿌리인 성경을 새로운 시각으로 발견하는 기쁨이 일어난다.

나아가 그는 성경이 쓰여질 당시의 이스라엘인들, 다시 말해 시리아-팔레스티나 땅에 살던 고대근동인들에게 이런 구절들이 어떻게 이해됐을지를 설명한다. 그들의 세계관을 형성하고 묘사하는 고대근동 신화에 기반하기에, 저자는 마치 성경 시대의 이스라엘인들의 마음 속에 들어가 있는 것처럼 성경 구절을 생생하게 해설할 수 있다.

결국 독자들은 성경이 쓰여질 당시의 마음과 맥락에서 성경을 이해하고 성경의 가르침을 새롭게 곱씹을 기회를 얻는다. 그리고 신화에 대해 새로운 시각도 얻을 수 있다. 고대근동 신화란 그저 먼 옛날의 희미한 기억도 미개한 정보의 뭉치도 아니다. 오히려 고대근동 신화란 이스라엘인들과 그들의 경전을 이해하기 위해서 꼭 알아야 할 본문이다. 저자는 '신화론'이란 키워드를 통해 고대 이스라엘인들이 고대근동 신화의 언어로 심원한 신학적 메시지를 전승했음을 드러낸다. 당연한 말이지만 고대 이스라엘인들은 고대근동 신화의 언어로 신학하던 사람들이다. 독자들이 이 책을 통해 '성경의 역사성'이란 무엇인지 새롭게 성찰할 기회를 얻는다면 더욱 기쁘겠다.

저자의 탁월한 통찰과 쉬운 문체 덕에 잘 읽히는 책이지만 이 책의 바탕에 있는 기초적인 공부를 따라가는 것은 쉽지 않았다. 역자는 석사과정을 마칠 때 이 책을 출판하고 독일로 유학가서 고대근동의 다양한 언어들, 고대근동의 문헌들을 공부했다. 그리스도교 신학을 공부하는 과정에서 역자는 현대의 신앙 공동체에 이런 고대의 문헌을 소개하고 설득하는 효율적인 방법과 개인적 신앙의 차원에서나 공동체의 차원에서 유익함을 증진하는 길을 자연스럽게 모색했다.

부족하지만 이런 노력을 바탕으로 학위를 취득하고 구약성경의 영성도 고대근동 신화와 깊은 관련이 있음을 드러내려고 『구약성경과 신들: 고대근동 신화와 고대 이스라엘의 영성』(한님성서연구소, 2012, 2018)을 저술했다. 역자의 책과 맥컬리 교수의 책은 고대근동 신화의 문헌을 재료로 사용하며 불트만(R. Bultmann)의 방법론을 바탕으로 신학적 성찰을 시도했다는 공통점이 있다. 역자는 대중을 위해 훨씬 쉽고 짧은 분량으로 『구약성경과 작은 신들: 그리스도교 신앙의 뿌리에서 발견한 고대근동 신화와 언어의 흔적들』(성서와함께, 2021)도 출판했다.

그 사이에 개신교 학자들과 『고대근동 문학 선집』(CLC, 2015) 번역에 참여한 것은 깊이 감사할 일이었다. ANET-K라는 약자로 표기되는 이 책은 구약성경을 공부하기 위한 필수적인 고대근동 문헌을 싣고 있다. 고대근동학과 구약학적 기초에 충실한 연구는 주석학에도 도움을 준다는 사실은 『신명기』(바오로딸, 2016)를 통해 드러내고 싶었다. 이후 역자는 몇몇 논문과 단행본을 내었고 『신학의 식탁』(2020, 들녘)에서 고대근동의 배경에서 고대 이스라엘을 이해해야 하는 이유와 근거를 더욱 기초적으로 설명했다. 이런 여정 중에 한국인들에게 고대근동 3,000년의 역사를 한 눈에 그려주어야 한다는 사실을 깨닫게 됐고 『한국을 위한 고대근동 3천 년』(가제; 근간; 서울대학교 출판문화원)을 준비하고 있다.

고대근동 신화 가운데 이스라엘의 구약성경과 가장 가까운 것은 단연 우가릿 신화다. 우가릿 신화를 한국에 소개하기 위해서는 가장 기초적인 작업부터 시작해야 한다고 느꼈다. 그래서 2010년에 『우가릿어 사전』(한님성서연구소)과 『우가릿어 문법』(한님성서연구소)을 출판하여 우가릿 문학을 체계적으로 번역할 준비를 시작했고 이제 그 결실인 '바알 신화'의 완역을 눈앞에 두고 있다. 바알 신화 완역은 『바알: 힘, 돈, 성의 매혹』(가제; 근간; 한님성서연구소)에 실릴 것이다.

이 모든 여정의 출발점인 맥컬리 교수의 이 책은 저자가 2007년판의 서문에서 직접 밝히듯이 지난 세기 영미권의 신학계에서도 쉽게 받아들여지기 힘들었다. 하지만 이 책이 신학도들은 물론이고 신앙인들에게 아직도 읽힐 충분한 가치를 담고 있다는 사실은 포트리스 출판사(Fortress Press)가 재출간하기로 결정한 것에서 충분히 증명된다.

역자는 약 25년 전에 이 책을 한글로 옮겼는데, 이번에 번역 원고를 새롭게 다듬으며 과거의 오류를 바로잡을 수 있었다. 당시 역자는 석사과정에 있었기에 그리스어와 히브리어는 기초적 수준에서 해독할 수 있었지만 고대근동어를 거의 알지 못했고 고대근동의 신들에 대해서도 무지했다. 이번 기회에 이런 오류들을 모두 세련되게 바로잡은 것은 다행이다.

그 사이에 ANET-K가 한국어로 번역된 점은 큰 도움이 됐다. 그래서 인용된 고대근동 문헌 가운데 ANET-K에 실린 것은 최대한 찾아서 역주에 밝혀 놓았다. 구약성경과 고대근동 신화에 학문적으로 관심을 두는 연구자들이나 신앙인들에게 도움이 되길 희망한다. 다만 맥컬리 교수가 ANET의 너무 오래된 판을 사용했기에 최근 판을 옮긴 ANET-K와 일치하지 않는 경우가 있어 안타깝다.

그동안 고대근동학과 구약학은 눈부시게 발전했다. 그래서 이 책의 통찰은 입문서로서 훌륭하지만 각론적으로 주의해야 할 점이 있다. 우가릿 문헌의 기본적 시각과 각론적 해석은 주의를 요구한다. 맥컬리 교수는 *KTU*(*Die Keilalphabetischen Texte aus Ugarit*, Münster, 1976)를 사용하지 않았다. 디트리히(M. Dietrich), 로레츠(O. Loretz), 산마르틴(J. Sanmartín) 교수가 우가릿 쐐기문자 문헌을 집대성한 본문인 KTU는 우가릿 문헌 연구에 필수적인 본문 판본이다. 역자는 우가릿 문헌을 인용할 때 2013년 최신판인 KTU[3]의 해당하는 곳과 ANET-K의 쪽수도 일일이 역주로 밝혀놓았다. 우가릿 문헌에 관심있는 독자라면 도움을 받을 수 있을 것이다. 이렇게 신화 본문을 더 친절히 밝히려는 노력들을 통해 원저의 각주는 27개였지만 결국 역주를 포함하여 모두 78개로 늘어났다.

우가릿 바알 신화를 '자연의 순환'으로 해석하는 것은 70-80년대에는 일반적이었지만 그 이후에 많은 도전을 받았다. 현재 우가릿 문헌 연구는 '바알의 제한된 등극'과 '고대근동 창조신화 모티프의 재사용'에 근거하여 바알 신화에서 역사성을 찾아내는 일에 큰 진전을 보이고 있다(이에 대한 자세한 설명은 역자의 근간을 참조하시기 바란다). 그러므로 이 책의 제2장을 볼 때는 주의해야 하지만 그럼에도 제2장의 신학적 논리와 성찰은 무척 설득력이 있다. 그밖에 각론적으로 보면 현대의 학자들이 다양한 견해를 제시할만한 곳이 있다. 엔키 등 고대근동 신들의 정체성과 멜키체덱을 설명한 곳이나 구약성경을 설명할 때 벨하우젠의 4원천설에 의존하는 것 등이다. 고대근동과 이스라엘의 성(性)과 관련한 논의는 스칸디나비아 학파의 오류를 극복하지 못했다.

구약학과 고대근동학은 한국에서 아직 낯설다. 한국의 지성은 이 분야에 대해 대개 무지하고 때때로 문맹에 가까운 현상도 볼 수 있어 아직도 안타깝지만, 사실 이 분야는 부단히 발전하고 전진하고 있다. 그러므로 역자가 지적하는 이런 점은 이 책의 약점을 드러내는 것이 아니다. 오히려 이 책의 입체적이고 더 또렷한 이해를 위해 필요한 일이며, 이 책의 가치를 더욱 높여주는 것이라 생각한다. 앞으로도 구약학과 고대근동학은 계속 전진할 것이다.

역자에게 이 책은 거듭된 기쁨과 행운이다. 석사학위를 겨우 마무리할 때를 돌아보면 평신도 신학자로서 미래를 결심하면서도 앞날을 예감하기 힘들던 시기였다. 당시 선진적인 신학서를 옮기며 눈을 뜨게 된 기쁨과 행운은 지도교수님이신 이상일 시몬 신부님을 통해서 왔다. 그리고 안타까운 과거의 출판 관행을 극복하고 잊혀진 책을 새롭게 출간할 수 있도록 문득 제안해 주신 감은사의 이영욱 사장님을 통한 두 번째 기쁨도 선물처럼 크다. 두 분과 그동안의 여정에 함께 해주신 모든 분들께 감사드린다.

출발점으로 돌아와 새로운(חדש) 출발을 다짐한다.

2022년 1월 의정부에서

주원준